本成果受到中国人民大学北京高校"双一流"建设资金支持

基于区位视角的房地产市场分析

余华义　著

中国财经出版传媒集团

经济科学出版社
Economic Science Press

图书在版编目（CIP）数据

基于区位视角的房地产市场分析／余华义著．—北京：经济科学出版社，2022.4

ISBN 978 - 7 - 5218 - 3476 - 5

Ⅰ．①基…　Ⅱ．①余…　Ⅲ．①房地产市场 – 市场分析　Ⅳ．①F293.35

中国版本图书馆 CIP 数据核字（2022）第 037304 号

责任编辑：王红英
责任校对：易　超
责任印制：王世伟

基于区位视角的房地产市场分析

余华义　著

经济科学出版社出版、发行　新华书店经销

社址：北京市海淀区阜成路甲 28 号　邮编：100142

总编部电话：010 - 88191217　发行部电话：010 - 88191522

网址：www. esp. com. cn

电子邮件：esp@ esp. com. cn

天猫网店：经济科学出版社旗舰店

网址：http：//jjkxcbs. tmall. com

北京季蜂印刷有限公司印装

710 × 1000　16 开　16 印张　320000 字

2022 年 4 月第 1 版　2022 年 4 月第 1 次印刷

ISBN 978 - 7 - 5218 - 3476 - 5　定价：56.00 元

（图书出现印装问题，本社负责调换．电话：010 - 88191510）

（版权所有　侵权必究　打击盗版　举报热线：010 - 88191661

QQ：2242791300　营销中心电话：010 - 88191537

电子邮箱：dbts@ esp. com. cn）

前言

　　住房问题关系民生福祉和国家发展大计。住房是人们基本生存需求之一，住房条件与人民的生活质量息息相关。早在千年之前，唐代诗人杜甫怀着天下人人皆可住有所居的美好愿望，写下"安得广厦千万间，大庇天下寒士俱欢颜"的千古诗篇。当今大城市住房压力下，杜甫千年前诗篇仍让许多人感同身受、为之共鸣。由于住房对于家庭的重要性，千百年来，安居乐业的观念深入人心。虽然工业革命使得生产力快速发展，先进的工业技术已经可以使得建筑物能在短期内拔地而起，高层居民楼也变得越来越普遍。然而，尽管一座座高楼大厦在世界各城市林立，但由于经济发展的空间差异和贫富差距等原因，事关民生的居住问题仍然没有完全得到解决。在中国人口众多的现实情况下，住房对中国人的意义更为重要。住房不仅是民生问题，也同样是一个产业问题。房地产业上下游存在诸多行业，房地产的拉动作用巨大，房地产市场的发展状况牵动着全国经济的发展。可以说，房地产经济是我国国民经济的"晴雨表"。因此，住房产业政策及相关制度的实施就尤为重要。我国在 1998 年开始实施住房商品化制度改革，国内房地产市场得到快速发展。但房地产市场的高速发展，也引发了一系列社会问题。近年来，中央高度重视住房保障制度的建设，力图让低收入人群可以在城市中谋生存、求发展时可以有一方容身之地。同时，中央政治会议定下了"房住不炒"的基调，注重发挥房地产的居住功能，抑制房地产的投机性，避免社会贫富差距继续拉大。强调从城市经济发展、房地产市场状况实际出发，"因城施策"、实事求是地解决地区房地产市场中的问题。地方政策通过积累政策实施经验，力求建立房地产市场长效机制，保持政策的连续性和稳定性，有利于稳地价、稳房价、稳预期目标的实现。只有房地产市场健康可持续发展，人民的居住条件和生活质量不断改善，全社会共同富裕的目标才有望实现。

然而，对房地产市场进行有效的宏观调控并非易事。与市场经济中的一般商品相比，房地产的一个突出特征就是它的区位性。普通商品可以通过运输实现在各个地区市场之间的转移，而由于土地的不可移动性，房地产只能固定在具体的区位上。居民可以通过运输普通商品享受该商品带来的效用，而居民要享受某套住房的效用则必须亲自动身搬住进去。对开发商而言，选择好的区位非常重要。而对于一般居民而言，购房的首要考量因素也是区位。正是房地产的这种特征，使得不同区位的房地产市场存在不可消除的差别。从我国的国情来看，我国国土疆域面积辽阔，区域经济发展状况不平衡，各地区的人口分布和土地稀缺性也完全不同。东中西部各个城市的房价之间存在相当大的差异。从单个城市的角度来看，市区房价也会高于郊区房价，进一步地，由于公共服务基础设施的分布差异，城市内部房价也呈现出高度分化。同时，学校、医院、地铁等因素都会影响不同区位的房价走势。

区位理论具有悠久的历史。早在 1826 年，杜能在巨著《孤立国同农业和国民经济的关系》中提出了地租、运费是影响农业布局的决定性因素的观点，标志着农业区位论的诞生。在第二次工业革命的背景之下，产业迁徙和工业布局的问题受到韦伯等学者的重视，工业区位理论应运而生。再到后来，克里斯·泰勒创立了中心地区理论，区位理论随着社会的发展得到不断完善和拓展。在区位论的基础上，空间经济学开始发展起来，它研究的是空间的经济现象和规律，研究生产要素的空间布局和经济活动的空间区位。克鲁格曼、藤田昌久等人在空间的研究工作方面做出了重要的贡献，使得空间经济学成为经济学的一个重要研究领域。进入 21 世纪，经济全球化和区域经济一体化势不可挡，空间区位在经济活动中的重要作用越来越引起人们的重视，空间经济学逐渐进入了主流经济学领域。

空间经济学，可以用来分析很多跟区域经济集聚和分化相关的问题。例如，用空间经济学的思路，我们可以探讨为什么硅谷和中关村成为了 IT 的重镇而陆家嘴则是金融企业趋之若鹜的圣地？为什么上海周边还会有诸如杭州、南京之类的次级城市？然而，主流的空间经济学理论，关注的主要还是工业和商业的空间问题。空间经济学方法对房地产领域的关注还并不够。房地产领域有很多的问题，值得用空间经济学的思路来进行分析。例如，为什么中国一线城市房价远远高于其他城市，而城市的某些区位的房价远高于其他区位？又是什么因素驱动着某些区域的房价以远快于其他区域的速度上涨？

毋庸置疑，区位因素在地区房地产市场差异中起着关键性的作用。房地产市场的均衡，不仅是供给和需求在总量上的平衡，更是区位意义上的均衡。从区位的视角对房地产市场的均衡机制进行多维度的探讨是非常必要的。从宏观角度来看，国家为保证社会发展的综合效益，就要进行土地资源的合理配置和高效利用，通过国土空间规划、城市规划等方式使各个区位的土地得到最佳利用。从房地产市场的微观主体来看，房地产开发企业不仅需要对房地产项目的地理位置进行选择，也需要对其所处的自然生态环境、经济文化与社会环境涉及的多种因素进行研究判断和分析，确定项目的可行性及盈利性。事实上，房地产项目自身的物理属性所构成的"实物价值"仅代表了房地产的初始价值，而区位因素在更大程度上决定了房地产的"增值价值"。除此之外，经营性企业也需要对房地产的租赁成本和区位优势进行权衡，进而选择最佳位置配置房地产。而从购房者角度来看，房地产的需求包括居住需求和投资需求，其区位优势可带来更高的居住享受和投资回报，这使得住房需求呈现出空间分化的特征，进而导致房价的空间分化。

本书拟从地理空间意义、房地产对空间的依赖性、房地产空间均衡的过程出发，从空间经济学的视角全面分析我国房地产市场的发展，探讨不同的政策如何对房地产市场的区位均衡产生影响。此外，本书还从房地产的区位异质性属性出发，分析了居民对区位选择的影响机制；从区位视角探讨了房地产市场对经济发展的跨地域影响等。同时，本书构建了一个在中国制度环境下，房地产的政策对不同区域房价变动空间异质性影响的分析框架。本书探讨两类房地产调控政策的区位异质性效果：（1）全国性政策，即对所有区域施加相同影响的政策；（2）单独对某个区域施加影响的政策。具体而言，在经济、地理和人口等不同的约束条件下，本书将探讨：（1）全国性的房地产调控政策（如货币政策）以及全国性房地产政策方针如何引发了不同城市房价的区位异质性反应；（2）城市级的房地产调控政策（比如"限购"、行政区划调整、学区政策调整等）影响城市房价走势的机制，受什么条件制约；（3）市级（区县）的房地产调控政策如何影响周边城市（区县）房价的变动。这在一定程度上弥补了学术界在这方面的不足。同时，本书有利于学界深化对房地产市场本质的理解。本书也为政策设计者提供了从区位角度分析房地产市场问题的思路，为政府更好地实施房地产宏观调控提供有益的参考。

本成果受到中国人民大学北京高校"双一流"建设资金支持。

目录

第一部分　房地产和区位的理论分析

第二部分　宏观视角下房地产市场的区位异质性

第 7 章　中国住房分类财富效应及其区位异质性 / 134

第三部分　微观政策对房地产市场的区位异质性影响

第 8 章　房价的空间影响因素及其对住房限购政策效果的影响：以北京市为例 / 157

第 9 章　城市行政区划调整对房地产区域市场的影响：以上海市为例 / 170

房地产和区位的理论分析

第 1 章

用区位的视角理解房地产

1.1 市场化改革提高了房地产的区位属性

住房需求是人们最基础和最必要的需求之一，是实现安居乐业、社会稳定和促进经济发展的重要条件。一个国家的居民居住条件，是反映这个国家发展和富裕程度的重要指标。但人口基数庞大和土地资源相对稀缺，是我国的基本国情。这决定了我国持续存在着住房压力，与住房相关的问题一直为社会所广泛关注。"安得广厦千万间，大庇天下寒士俱欢颜"，是中华民族千百年来的梦想。"金窝银窝不如自己的狗窝"更是深刻体现了中国人对于"居者有其屋"的向往。

改革开放前，我国长期实行的是住房福利分配制度。住房建设、分配、管理都由政府和国有企业来统筹承担。在住房福利分配制度下，住房建设资金大多来自中央和地方的财政投入，但低廉的房租不仅无法收回建设投入，甚至不能维持房屋的维修养护，大量的危旧破房得不到改造。1958 年到 1978 年，我国住房投资占基本建设投资的比例基本维持在 8% 以下。① 住房福利分配制度下，中国居民住房短缺问题十分突出。1985 年国家统计局的调查，40% 的居民住在不到 4 平方米的空间，而一对年轻夫妻通常和一对老夫妻以及孩子们住在一个房间。60% 的家庭内没有下水道设施，71% 以上的居民没有厨房。②

改革开放后，我国开始探索住房福利分配制度的改革。从出售公房试点、民建公助建房试点、提租补贴试点的探索，到国有土地使用权有偿出让、住房公积金制度的建立，再到福利分房和房地产市场的双轨制，我国旧的住房分配体制逐

---

① 张群. 居有其屋——中国住房权问题的历史考察 [D]. 北京：中国社会科学院研究生院, 2008.
② 李基铉. 中国住房双轨制改革及其不平等性 [J]. 社会主义研究, 2006 (3).

渐向住房市场化过渡。特别是 1998 年，国务院下发《关于进一步深化城镇住房制度改革、加快住房建设的通知》，要求彻底停止住房实物分配，全面实行住房分配货币化改革后，我国房地产市场开启了发展的"快进键"。伴随房地产业的快速发展，中国的房地产企业从无到有、从国企先行到民企崛起，队伍逐渐壮大。2018 年，全国房地产企业数量达 9.8 万个，比 1998 年的 2.4 万个增长 3.1 倍，其中 5 家房地产企业位列世界 500 强。房地产业也是吸纳就业的重要领域，2017 年底中国城镇单位就业人数总计 4.2 亿，其中从事房地产业的有 444.8 万，建筑行业有 2643.2 万，两项合计占到总就业的 7.4%。① 房地产业具有较长的产业链，其在生产、流通和消费等过程中对其他产业具有很强的"关联效应"和"扩散效应"，房地产业的增加值对整个国民经济增长具有较大的乘数效应。中国房地产业的繁荣，对相关产业的发展具有很强的带动作用。房地产全面市场化改革前的 1997 年，全国城镇人均住房面积为 17.8 平方米，而到 2000 年彻底停止福利分房后，城镇人均住房面积上升到 20.3 平方米，而到 2019 年城镇人均住房面积更是提高到了 39.8 平方米。中国告别了住房严重短缺的时代，总体而言实现从"蜗居"到"宜居"的历史性转变。②

在计划经济年代，由于居民基本依赖于单位福利分房解决居住问题，且严格的户籍制度限制了居民的迁徙，住房的区位属性并不十分突出。然而，房地产市场化改革之后，伴随着人民的收入水平稳步提高和人口的大规模迁移，民众对于住房的要求也逐渐呈现出多样化趋势，住房区位属性的重要性日渐增加。

1.2　中国的国情与房地产区位属性

从微观的视角而言，房地产业界历来都有"区位为王"的说法。房地产市场中的参与者，都愈加认识到了区位在房地产开发和经营上的重要意义。住房作为一种具有重要经济意义和民生意义的商品，总是与特定的地理位置相关联，具有区位属性。居民进行购房选择时，必然会考虑到住房区位所带来的各种影响。城市住宅的区位，不仅关系到住房直接使用者，也就是居民的日常生活，同时对于住宅周边的人文及自然环境也会产生显著的影响。对于城市政府而言，住房的

---

① 资料来源：《中国房地产统计年鉴 2019》。
② 资料来源：《中国房地产统计年鉴 2020》。

区位选择同样具有重大的现实意义。随着我国的城市化进程速度不断加快、城市规模不断增长和城市内部空间分布的变化，城市中的居住空间分布也不断变化着。同时，居民自身属性的特点，比如社会地位、教育背景、职业特点、家庭结构等因素的不同，也对城市中的居住空间分化产生着显著的影响，这些变化对于我国城市的空间利用布局、城市规划、住宅建设与开发都产生了重要的影响。通过对城市住房配置进行优化，有利于更好地在城市中形成合理的住宅布局，由此可见，在这样的背景下，研究居住空间的分布和住房区位选择，极具时代特色和现实意义。对城市住宅区位进行定性和定量的分析为当前的住房建设选址提供了一个解决思路。

从我国的人口和地理特征来看，我国的国土面积虽然居世界第三位，但适宜于人口居住的平原、低矮丘陵和盆地仅占陆地面积的 34%，山地、高原、高大丘陵占陆地面积的 66%。我国的人口高度集中在东南部，以胡焕庸线（黑河—腾冲线）为界，全国 94% 的人口生活在东南 43% 的土地上，而西北 57% 的土地，分布着戈壁、沙漠、高原，仅 6% 的人在此居住。这种人口和地理特征，意味着我国东、中部地区的住房稀缺性，整体远高于西部地区。改革开放后，中国出现了"孔雀东南飞"的人口大规模迁徙现象，更加剧了人口和住房在空间上的不匹配性。近年来，"人随产业走，人往高处走"的特征进一步强化，我国人口向城市群、都市圈集聚，东北、西北人口持续流出。如图 1-1 所示，2010~2020 年东部人口占比上升 2.15 个百分点，中部下降 0.79 个百分点，西部上升 0.22 个百分点，东北下降 1.20 个百分点。分省来看，广东、浙江、江苏 3 省人口分别增长了 2169.2 万、1014 万、608.7 万人；而甘肃、内蒙古、山西、辽宁、吉林、黑龙江等 6 省区人口萎缩，则分别减少 55.5 万、65.7 万、79.6 万、115.5 万、337.9 万、646.4 万人。这种趋势下，东部地区，尤其是东部地区大城市住房需求进一步加大。

房地产全面市场化改革以来，我国房价的区域差距也是十分明显的。城市群之间、大城市之间，或者城市圈内不同城市之间、城市内部不同区县之间，甚至同一区县不同商圈之间，都存在明显的房价差异。造成这种区位房价差异的原因错综复杂，包括自然地理条件、经济发展水平、土地供给能力、人口规模与结构、交通与区位条件、公共服务能级等。

随着我国整体房价的上涨，城市间房价差距普遍存在逐渐拉大的趋势。① 多

---

① 钱净净. 中国城市间房价分化的经济学解释［J］. 河南师范大学学报（哲学社会科学版），2016 (3).

样化影响因素的共同作用导致了城市间房价差异，而造成不同区域、不同等级城市间房价差异的主导因素及组合特征亦不尽相同。

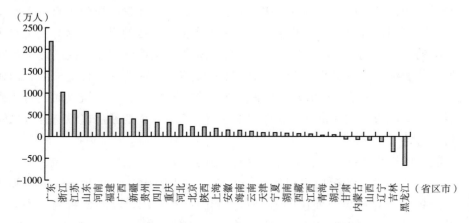

图1-1 中国2010~2020年分省人口规模变化

资料来源：历年《中国统计年鉴》.

基于图1-2的2001~2017年中国70个大中城市住房价格的长期整体变化趋势来看，一线城市的房价上涨速度快于二线城市，而二线城市又快于三线城市。加之一线城市、二线城市的房价水平远高于三线城市，这形成了一线城市、二线城市、三线城市房价的梯度分化（见图1-3）。而一线和二线城市，在住房供给面积上，也存在分化（见图1-4）。

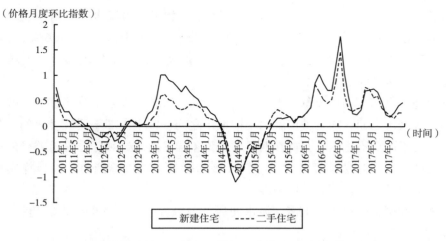

图1-2 2011~2017年70个大中城市住房价格的长期趋势和变化周期

资料来源：国家统计局网站，http://www.stats.gov.cn/.

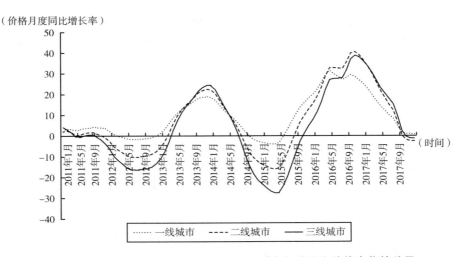

图1-3　2011~2017年一线、二线和三线城市新建住宅价格变化的差异

资料来源：国家统计局网站，http://www.stats.gov.cn/.

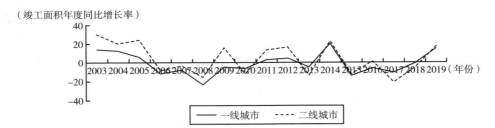

图1-4　2003~2019年一线和二线城市住房供给的差异

资料来源：历年《中国统计年鉴》.

　　在城市群内部，不同城市、不同区县之间的房价在过去10多年间也表现出明显的分化趋势。宋伟轩等（2020）分析了2008年、2013年和2018年长三角地区房价的空间分布，分析表明，长三角地区的房价表现出高度的空间分化格局。核心城市（上海）、中心城市（南京、杭州）和发达城市（苏州、宁波、合肥、温州）呈现出了房价的"热点"，而其他城市在房价的平均值上与上述城市相比，相差较大，房价相对较低。而具体到城市内部的区县尺度，我们可以看到高房价又主要呈现在核心城市、中心城市和发达城市的城市核心区域。

　　细化长三角区县层级的房价变化，也能明显看出房价区位分化的特征。整体来看，2008~2018年间，长三角不同类型区县的房价走势表现由核心城市城区、中心城市城区、发达城市城区、其他城市城区、核心圈层县市到外围地区县市依次递减的规律。并且，在不同的年份区间，不同区域的房价涨幅具有很大的差异。

　　然而，长期以来，中国城镇住房制度改革中，在一定程度上存在重视住房数量而忽略住房区位问题的倾向。中国住房改革的目标是"建立市场配置和政府保障相结合的住房制度，推动形成总量基本平衡、结构基本合理、房价与消费能力基本适应的住房供需格局，有效保障城镇常住人口的合理住房需求"。① 但除了"量、质、价"等普通商品的基本特征外，城市商品住房的不可移动性决定了商品住房还具有区位的不可替代性和供给的地域性特征。

　　在房地产全面市场化改革后，住房分配方式由实物分配转变为货币化分配，增强了房地产市场在资源配置中的基础性作用，也减弱了城镇居民的居住选择对工作单位的依附关系。有较多的文献发现，中国许多大城市住房价格的空间分布呈现出与西方国家城市房地产市场类似的特征。除新旧、面积、户型、楼层、密度等建筑属性外，商品住房周边环境、生活配套以及到就业岗位、公共服务设施和交通设施的距离，成为了影响居民住房选择的主要因素，并反映在住房价格上。而不同区位的房价变动，也在一定程度上影响着居民的居住地选择。房地产市场和区位之间表现出了错综复杂的关系。

　　房地产的调控政策，也可能具有区位异质性的政策效果。近年来，中央加强了对房地产市场的宏观调控，先后强化了土地、购房限制、税收、差异化信贷等多种调控手段。然而，过去学术文献对房地产调控政策的区位异质性效果关注并不多。

　　此外，房价具有跨空间上的传导特性。即因为人口迁移、资产转换、空间套利等因素，某个地区的房价变动会在空间上带动周边地区房价变动。显然，针对某个城市的房地产宏观调控（比如住房限购），也可能影响周围城市房价的变动。抑制特定城市房价的"因区施策"政策可能对周围不同城市的房价存在"按下葫芦又起瓢"的政策效果。即，抑制了部分城市的房价变动，又会引发了周边城市房价的变动。事实上，就一个区域整体的房价稳定而言，"按下葫芦又起瓢"的房价调控政策显然并不能达到预期的政策效果。那么，近年来中国部分城市（北京、上海、深圳等）较为严格的住房调控政策，是否是引致周围城市或周围城市部分区域的房价变动的主要原因呢？这是值得关注的重要问题。

---

　　① 来自国家发展和改革委员会《国家新型城镇化规划（2014–2020 年）》。

第 2 章

房地产的区位属性

2.1 商品、资产和房地产的概念

2.1.1 商品

商品（commodities）是用于满足购买者欲望和需求的产品，是在没有强制条件下用于交换的使用价值。商品只有通过交换过程，才能实现使用价值转移。商品的出现是由于生产过剩和使用权管理权交换的需要。商品的交易行为一般发生于市场中。

在狭义概念中，商品是一种区别于无形服务的有形物质产品。就商品本身而言，商品能以有形的方式交付给购买者，并且它的所有权也一并由销售者转移给了顾客。例如，苹果是有形的商品，相对而言，理发则是一种无形的服务。虽然在经济理论中，所有商品被认为是有形的，但在现实中某些类别的商品，如信息，只以无形资产形式存在。

商品能为消费者提供效用，但商品通常具有边际效用递减的规律。商品具有价格弹性。商品弹性越强，其替代品就越多。例如，牛肉涨价，需求的交叉弹性会促使消费者购买更多的羊肉来替代。对于价格弹性较高的商品，相对较小的价格变动足以导致比较大的需求变化。

2.1.2 资产

资产（asset）指企业或个人透过交易或非交易事项所获得之经济资源，能以货币衡量，并预期未来能提供效益者。简而言之"当持有一项物品，这物品会自动使现金流向你的口袋，就是资产"①。在财务会计中，资产是企业拥有的任何资源，如机器、厂房、商誉、专利等有形资产与无形资产。一般来说，资产体现了一种所有权，货币可以兑换商品体现了选择权。

资产包括两个要义。第一，资产的本质在于它蕴藏着未来的经济利益。也即是说，无论是有形的还是无形的，若要成为资产，必须具有产生经济效益的能力。因此，不能以事物的取得是否支付了代价作为判断其是否为资产的标准，而要看其是否蕴含着未来的经济收益。在现实中，虽然成本是获取资产的重要条件，而且成本也是资产计价的重要原则。但发生成本并不一定导致未来的经济收益，而未来经济利益的增加也并不必然伴随着成本的发生，例如，捐赠、中奖等。第二，企业（或个人）的控制权是资产的法律界定。也就是说，企业（或个人）通过控制资产，使得资产所产生的经济收益能可靠地流入本企业（或个人），为本企业（或个人）提供服务。

2.1.3　房地产

房地产是指覆盖土地并永久附着于土地的一类实物，比如住宅、写字楼、商业门面房等。房地产同时是实物、权益、区位三者的综合体。房地产一般被称为不动产（real property 或 immovable property），与之相对应的概念是动产，即除房地产以外的个人私产（personal property 或 chattel）。在技术层面上，一些人试图把房产和地产相分离，同时将房地产所有权与房地产的使用权相分离。在不动产归于民法权限下的同时，普通法中使用的是房地产（real estate）和不动产（real property）来界定这种权利。在房地产交易中，其交易标的也可以有三种存在形态：土地（或土地使用权）、地上附着的建筑物的物质实体、房地产的权益。在个人财产所有权得到保障的前提下，房地产已经成为商业交易的主要组成部分。

房地产商品的属性是房地产商品内在的本质，具体表现在房地产商品生产和交易的各个阶段、各个方面，主要包括以下五点：

第一，房地产是用于交换的产品，具有价值和使用价值。其价值必须通过市场，在等价交换的前提和基础上进行交易从而最终得以实现。

第二，房地产的开发经营活动属于市场经济的范畴。房地产开发经营过程中

---

① 罗伯特·清崎. 富爸爸，穷爸爸［M］. 北京：电子工业出版社，2003.

投入的有形和无形的资本以及劳动力，应在房地产商品交易中得到补偿，并获得一定的利润。也就是说，通过交易收回的部分应大于其投入的部分，因为只有这样，才能保证房地产开发经营活动的良性循环。

第三，房地产的买卖（包括土地使用权的出让）、租赁、抵押、信托、入股等，都是实现房地产商品经济关系的具体交易形式，房地产的分配和消费都要实行市场化经营，按商品属性进行交易。

第四，与房地产有关的税费体现出其商品属性。国家收取的有关土地出让金，其本质是国家房地产所有权或其他产权的经济实现形式。国家征收房地产营业税、契税、土地增值税等税收是国家调节分配的一种强制性行为。而国家收取房地产相关费用，其经济实质是国家对其投入开发资金的回收或提供相应服务的一种补偿。

第五，房地产既具有消费属性，又具有投资属性，也就是说房地产具有商品和资产合二为一的特性。这也是房地产区别于其他物品的最大特点之一。居住需求是人们生活所必需的"衣、食、住、行"四大需求之一，因而满足人们居住需求的房地产产品是居民生活的基本消费品，其分配在体现经济效益原则的同时，也应遵循社会发展目标及相应的社会公平原则。另外，房地产产品还具有投资属性，人们可以通过购买房地产获取资本收益。一般来说，房地产的投资回报主要为租金回报和销售收益。

正因为房地产具有商品和资产的双重属性，居民购买房产的动机除了自住之外，在很大程度上也是为了追求投资回报。资产价格的波动是非常复杂的，在很多情况下并不完全符合一般商品市场中的供求规律。仅从市场供求的视角去研究房价，显然不能让我们系统地理解和把握房地产价格的决定机制。但无论从商品还是资产的属性去看待房地产，区位对于房地产的重要性都是不言而喻的。

区位是人类活动实体占有的场所，既指事物所处的具体位置，又指该事物与其他事物之间的一种空间联系。区位不仅从点、线、面等角度界定了物体的空间位置，而且从空间联系角度揭示了人们社会经济活动中位置选择以及空间分布的规律。区位是一个综合性的概念，包含绝对区位和相对区位两层含义。前者指地理因素在地球表面的空间位置，可凭借经度、纬度和海拔加以精确测定；后者指特定地理空间与周围地理事物的相对位置关系和空间联系。绝对区位是固定不变的，它反映了地理因素中某些重要的自然特征，如气候及地形条件等；相对区位是发展变化的，可用交通距离、交通运输难易程度，以及经济、政治、社会联系等因素加以衡量。总之，绝对区位指位置，而相对区位则指事物与其他事物的空间联系。

　　加拿大经济学家歌德伯戈（Goldberg）和钦洛依（Chinlog）在《城市土地经济学》一书中曾经说过："城市土地的决定性因素，第一是区位，第二是区位，第三还是区位。"① 不同的区位是决定土地价值的重要因素之一，对于房地产开发这一经济行为来说，土地是其进行楼盘开发的空间基础，因此不同区位的土地会对其开发活动产生迥然不同的影响，开发商在不同区位上开发的房地产产品类型也会具有很大差异，这是使得不同地块上开发的楼盘在价格上存在显著差异的重要原因。

2.2　房地产的异质性

　　对于很多商品而言，都有标准化的特征。比如，虽然华为生产了很多型号的手机，但是针对某一型号的手机（比如华为 P50），则是同质的。在不同的渠道，购买到的正品华为 P50 手机，各方面的性能都是一样的。这时，如果不同渠道销售的 P50 手机之间存在较大的价格差异，理论上而言，由于套利的存在，这种差异很难持续下去。因为理性的消费者可以货比三家，选择价格有优势的渠道进行购买，价格有优势的商家在销路好的情况下可能选择涨价，而原来价格高的商家为了促销会选择降价，最终会使得不同渠道销售 P50 手机的价格趋同。

　　大米、小麦、大豆等农产品，石油、煤炭、铁矿石等大宗商品，同一种类商品的个体之间基本上可视为同质的。在市场充分竞争的条件下，同质商品的价格具有趋同性，各个地区之间的商品价差主要表现为运输成本的差异。同时，由于近似同质的商品可以在全国甚至全世界的市场上大规模交易和流动，一旦发生可能影响供给和需求的重大事件，商品价格波动会迅速传导到全国乃至世界市场，甚至引发系统性危机。

　　但对于房地产市场而言，每一宗物业都是异质性的。房地产不像工厂生产出来的汽车、计算机等产品那样整齐划一，每宗房地产都有自己的独特之处，如同没有两个完全相同的人那样，世界上没有两宗完全相同的房地产物业。由于每幢物业的用途不同，所在的地理位置和规划要求不同，其不可能像普通商品一样，按照同一套图纸和方案进行批量化生产或大规模复制。每一幢物业会因其用途、面积、高度、结构、材料、装饰、朝向、设备、通风性等因素或条件的不同而产

---

① ［加］M·歌德伯戈，［加］P·钦洛依. 城市土地经济学［M］. 北京：中国人民大学出版社，1990.

生诸多差异之处。即使是采用同样的设计、结构、材料、设备和装饰等，也会因建造的时间、施工队伍和房屋周围地质水文条件的不同而相差甚远。可以说，只有类似的、可以经济上替代的房地产商品，而没有完全同质的房地产商品。

房地产的异质性，使得房地产市场上难以出现相同物业的大量供给，不同房地产物业之间不能完全替代。从市场结构而言，房地产市场不可能形成完全竞争市场，房地产价格千差万别并容易受个别因素的影响。不同城市或者区位的房价存在着显著的差异性，相近区位的不同楼盘之间的价格也是迥异。对于房地产价格而言，同一单元楼里，不同楼层、户型存在着价差，同户型在不同单元楼中的价格也不尽相同。因此，某个物业的价格变化，并不必然引起其他物业价格以相同比例变化。特别是不同区位、不同类型的房地产，其价格的关联性可能更低。

当然，尽管房地产有异质性，但一些房地产物业之间存在一定程度的替代性，特别是住宅之间、写字楼之间、商业门面房之间。因而房地产物业之间还是存在着某种程度的竞争，其价格上有一定程度的牵掣。

房地产的各种异质性中，最大的异质性还是区位异质性（见图 2 - 1）。房地产的区位异质性与房地产的不可移动性高度相关。房地产在建筑上必须固定于一处具体的土地上。虽然改善交通条件能改变某个区位的通达程度，城市规划的调整和城市化的进程能改变某个区位相对重要性，但由土地经纬度所决定的位置是不可能改变的。房地产可被定义为土地及地上定着物和同地上利用相联系的地下改良物，因而房地产不具有可移动性。如果人们想在某一处新的地理位置上使用某个功能的物业，其只能在该块土地上开发这种功能的物业，而不可能把某个具有该功能物业搬迁过去。

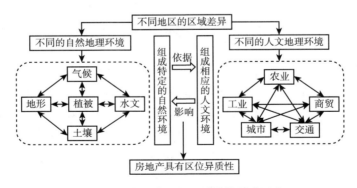

图 2 - 1　房地产区位异质性的影响因素

资料来源：笔者绘制。

当然，随着现代科学技术的发展，迁移整栋楼已经成为可能，但这和房地产具有位置固定性并不矛盾：首先，这种事例还很少，房屋不像其他商品一样可以通过运输工具运往全国乃至世界各地，因此不能决定事物总体的性质；其次，房屋的迁移是有条件的，迁移的幅度也是极其有限的，目前还很难把整栋房屋迁移出去几十米、几百米，更不可能把农村的房屋搬进城市，把上海的房子迁进北京；最后，房地产的迁移成本是高昂的，如果不是出于特定的文物保护或避让交通路线等目的，从成本—收益模型的角度考虑，也不会轻易将房地产进行迁移。

影响区位的因素有很多，其中主要有五个方面：一是自然地理和环境方面的因素；二是经济社会和人口聚集的因素；三是城市基础设施和市政设施建设和发展的因素；四是城市社会设施发展的程度；五是历史、社会和文化传统方面的因素。以上因素可以概括分为两类，即自然地理因素和经济社会因素。自然地理因素提供了区位发展的自然条件；而经济社会因素是区位发展的根本原因或决定性的因素。不同的区位会在自然条件、历史底蕴、社会经济发展水平等诸多方面存在差异，各类区位因素又会通过相互影响，形成特定的区位综合环境，并由此形成了显著的区位差异。区位差异，首先表现为自然环境的差异，这包括不同地块在空气质量、气候、地形、水文、土壤、植被等方面的不同；其次，表现为经济方面的差异，经济发展地区间非平衡性也是一个不容忽视的事实，这使得房地产在不同区位上的经济稀缺性明显不同；再次，人文活动上的差异，在不同区位上居民从事的活动有很大差异，这些活动或多或少会对当地房地产的价值产生影响；最后，法律法规导致的异质性，房地产的价值，在很大程度上受到法律法规的影响，比如，在不同的国家或地区，房地产是否收物业税、遗产税、交易环节的税费等都具有明显的差异，这些都直接引发了房地产的区位异质性。

房地产的区位异质性导致一部分房地产会相对具有区位优势。区位优势指某一区位所拥有的那些对该区域经济发展起积极作用的、相对于其他区域具有比较优势的区位因素。不同区位的区位条件和区位因素一般存在差异，并显著影响着区位所属区域的经济发展水平。当某一区位具有一种乃至多种优于其他区位的区位因素时，这种区位因素即区位优势。区位优势既可指全国范围内的，也可指一国或一地区范围内的，还可以指一个城市或者城市中某一区域内的优势。无论何种类型的优势，始终都是一种相对优势。某个区位可能在某个特定类型上具有某种优势，但在其他类型上就可能不具有优势。

2.3　房地产缺乏流动性导致的区位属性

2.3.1　信息不公开，尽职调查时间长

对于普通商品来说，其可以通过标准化的生产线生产，各项参数也是公开透明的，在保证品控的情况下，购买同一品种的产品可以带给消费者相同的使用体验。互联网的出现更是大大促进了信息获取的便利性和透明性，网络监督和网络规范条例也可以使得在官方平台发布的信息一定是真实准确的。对于普通商品来说，消费者既可以通过在网络平台获取参数信息和用户评价，又可以通过实体店近距离感受使用商品的体验。

某些虚拟商品，如公司股票，尽管普通人无法通过自身能力了解到标的公司的具体情况，但信息披露制度要求了上市公司必须以招股说明书、上市公告书以及定期报告和临时报告等形式，把公司及与公司相关的信息，向投资者和社会公众公开披露。同时上市公司也会聘请专门的审计机构对公司财务状况进行尽职调查，以保证信息的完整性和真实性。

房地产具有异质性，无法标准化衡量，这也就导致了关于房地产的信息是不透明且难以搜寻的。哪怕购房者有获取到房源信息的渠道，也无法保证信息的真实性。户型图、楼层平面图等信息都是扁平化的，购房者很难通过此类信息获取对房源的充分认识。实地看房时购房者也会面临信息不对称的情况，作为买房的购房者是信息缺乏的一方，处于买卖中的不利地位。购房者很难通过短短数十分钟的看房，了解到房源的全部信息。比如，购房者通过看房能够了解房源的户型、采光效果、通风效果、装修情况，但一些隐性信息无法了解，如屋顶和水管是否在未来会漏水、邻里关系是否和谐、套内面积是否准确、建筑质量是否过关等。房地产经纪人的出现在一定程度上能够为购房者提供相对准确的市场信息和技术支持，但经纪人与销售者之间仍存在信息不对称，并且这也给购房者带来了新的与经纪人之间的信息不对称。

因此作为购房者，很难随时了解到房地产行情、房地产管理机关办公情况、楼盘销售状况等信息。详尽了解需要大量的时间成本和一定的认知门槛，并且存在无法获取所有真实信息的风险。

信息不公开，尽职调查时间长使得购房者很难在短时间内准确了解到意向房

产的全部真实信息，对于不同区位的房地产来说，更是增加了购房者获取信息的难度。因为其从一套房产中获取的信息很难直接套用到另一套区位不同的房产上，而获取每一套房产的信息所需要耗费的时间成本都是巨大的。因此购房者在了解房产信息时，往往会局限于其附近的区域或者他所熟悉的区域。因此，某些特定人群可能会共同关注某个区域的房地产市场，而房地产开发商为了迎合某类购房者，可能在某个区域开发特定的房地产项目。这些都会引发房地产具有区位属性。

2.3.2　租金、合同、租户、建筑质量

《民法典》第七百二十五条规定：租赁物在承租人按照租赁合同占有期限内发生所有权变动的，不影响租赁合同的效力。也即是说，在租赁关系存续期间"买卖不破租赁"，出租人将租赁物出售给他人，对租赁关系不产生任何影响，买受人不能以其已成为租赁物的所有者为由而否认原租赁关系的存在并要求承租人返还租赁物。原租赁合同在买受人（新的所有人）和承租人之间继续有效，双方无须重新签订租赁合同，承租人可依据原租赁合同继续占有使用该租赁物，租金和使用条件按照原合同执行。

对于有自住需求的购房者来说，"买卖不破租赁"的法律规定使得其在购买二手房时，无法随时要求承租人搬离，存在不能及时入住的风险。特别是对于部分法拍房来说，会存在恶意长期租约的情况，而购买到含有租约的法拍房的买受方仍需承担租约的规定，出现法拍房腾房难的现象。

此外，建筑质量也会影响到房地产的流动性。房屋建筑产权的归属年限长达70年，《民法典》第三百五十九条也规定住宅建设用地使用权期间届满的，自动续期。但是大部分住宅的建筑质量并不足以支撑居住者能够在不降低居住体验的情况下居住70年甚至更长时间。哪怕住房当年验收时通过了建筑工程质量认定，也会存在年久失修或者建筑及装修风格老旧等问题。这使得高房龄的二手房在流通时往往需要额外支付高额的维修费用，进一步降低了住房的流动性。

与此同时，租金、合同、租户、建筑质量等因素也都具有本地化特征，无法标准化衡量。对于每一户房屋来说，其租金、合同和租户都是不同的，所面临的租赁情况也不尽相同。尽管对于某些特殊区位（比如学校或者产业园附近），其租户和租金可能会相对同质化和市场化，但仍旧会有些细微差别。因为租赁合同是主观化的，租赁双方可以商议合同的期限、权责及费用，所以不同区位房屋的

租金、合同及租户会有较大差别。建筑质量也与建造房屋的时间和建筑商密切相关，虽然能够用于买卖的房屋都通过了建筑质量验收，但不同小区之间的建筑质量具有差异化特征。比如说楼栋墙体粉刷的小区经过长期的风吹日晒雨淋会有墙皮脱落的风险，而大理石立面的楼栋墙体剥落的可能性会小一些。租金、合同、租户、建筑质量的差异化赋予房地产浓厚的本地化特点，也导致了房地产的区位属性。

2.3.3 交易成本高

住房的耐久性、固定性和异质性意味着住房市场上交易成本是很重要的，同时也意味着房地产具有高昂的交易成本。相比金融市场和大多数消费品市场，住房交易需要高成本的搜寻以获得有关价格和商品属性的信息。住房交易可能要和金融部门进行复杂的谈判，还要和住房市场参与者讨价还价。而且，主动选择在住房市场中并不常见，市场参与者可能发现住房市场的选择比其他市场的选择更具不确定性。特别是讨价还价本身对不经常买房的家庭来说成本就很高昂。

住房市场不是一个单一的新古典交易市场，而是多个占有方式、地点、大小和质量各不相同的子市场的重叠。它既是交易资本品（房地产资本）的市场，又是交易消费品（住房服务）的市场。住房交易成本可被划分为五大类：搜寻成本、法律和管理成本、调整成本、融资成本和不确定性成本。每一类成本都由可辨别的成分构成，其中有些成本很难衡量和量化，但是非常重要。

第一，搜寻成本。住房的异质性以及它特殊的空间特性使得确定可获得的住房是昂贵的。住房市场选择的实质是在住房大小、质量、地点和价格之间的权衡。通常，确认和评估这些特征包括了对不同地点住房的物理性质的考察。有些考察可以简单地从一处房产前开车而过，或者查看报纸广告来进行。但涉及做成购房决策时，所花费的搜寻成本是高昂的。温伯格等（Weinberg et al.，1981）在匹兹堡和凤凰城两个城市的住房市场进行试验，发现匹兹堡中等家庭平均花费61 天进行搜寻，凤凰城的中等家庭平均花费 37 天进行搜寻。如果家庭在搜寻期间每周只花费 5 个小时，那么他们总共将要花费相当于一个半或者一个工作周来搜寻住房，这是相当耗费时间的。[①]

---

① Weinberg D H, Friedman J and Mayo S K. Intraurban Residential Mobility: The Role of Transactions Costs, Market Imperfections, and Household Disequilibrium [J]. Journal of Urban Economics, 1981, 9 (3): 332 – 348.

由于制度的原因，中介和中间人在搜寻过程中能提供一些服务替代。但与此同时中介会收取高昂的佣金，尽管能减少搜寻的时间成本，但增加了搜寻的经济成本。互联网技术的发展可以帮助购房者在很短的时间内获得大量的住房选择信息，但住房市场的搜寻成本还是很高的。技术能够帮助购房者消除考虑中的不适当选择，但是最终还是得对房屋进行实地考察。

第二，法律和管理成本。租房者和购房者之间的法律和管理成本是不同的。租赁合同可能有具体的定金支付、关键费用和其他费用。这可能是几个月的房租，但是在一些合同中，这些费用到租赁期满的时候应该返还。但是这些费用将会导致人们的现金流问题，特别是对低收入租房者来说。

对于购房者来说，合同执行期间的法律和管理费用更大。购房者需要缴纳契税、房屋维修基金、交易费等，出售房屋者也需要缴纳增值税、个人所得税、交易费等费用。

第三，调整成本。搬迁的调整成本包括支付的费用和精神成本。支付的费用包括转移财产的费用以及搬迁之后遭到损坏不能再使用的家具的价值。短距离搬迁，尤其是市内搬迁的成本往往比长距离搬迁的成本要低。搬家的精神成本则更难确定。原则上，精神成本和交易成本可以表示为某个具有稳定社会经济特征的家庭为继续在原有住房生活所愿意支付的最大成本。

第四，预期和不确定性。家庭对于未来的预期和不确定性增加了搬迁的交易成本。如果存在任何合约成本，那么利率下降的预期将使得住户即时的搬迁更加昂贵，即使选用浮动利率也是如此。税收变化的预期将影响使用者的资金成本，从而影响了住户的搬迁决定和他们的购房倾向。

第五，融资成本。除了协商和登记合约、确保产权以及其他的交易成本之外，可能还有纯粹的住房市场交易的融资成本，并且这些成本对于一些购房者来说可能是很大的。对于签订固定利率抵押贷款合同的房屋所有者来说，市场利率的增加可能增加抵押合同本身的价值。当利率上升，以合同利率计算的月供可能就有很大的折现值。除非抵押贷款可完全转让，不然此价值就会随着搬迁而彻底消失。仅此因素就会大大增加住房的交易成本。

抵押融资市场的其他制度方面会增加一些家庭购买住房的交易成本，或从住房所有权市场中完全挤出某些家庭。比如说尽管风险很低，但人力资本的无法抵押性和等额付贷款的联合作用使得一些较年轻的家庭根本不能进入住房购买市场。

虽然总的来说，房地产的交易成本非常高昂，但是不同的区位，房地产的交易成本可能是不一样的。从交易成本的角度，房地产也会表现出区位特点。

2.3.4　投资流动性差

投资的流动性是指投资者在必要的时候，将投资迅速地转换成等额现金的能力。房地产投资的流动性相对较差，由四方面的因素导致。其一，有相当大比例的房地产是出于生产经营或自住目的而建造的，如果不进行交易，房地产投资只能通过折旧的方式缓慢回收。其二，房地产使用一段时间后被出售时，由于各种原因，该房地产可能难以及时卖掉，或由于需要大幅折价才能卖掉导致所有者不愿意出售。想出售的房地产滞留在投资者手中，投资就沉淀在该房地产上。其三，当房地产被当作资产进行经营时，投资通过租金的形式回收，过程也较为漫长。其四，如果投资者使用按揭贷款购置房地产时，银行的某些按揭还款要求，也可能限制投资的流动性。

房地产投资流动性差，导致投资者一旦选定购置某一区位的房地产，会面临较长时间无法变现的风险。持有房地产的高昂时间成本导致进行房地产的区位选择十分重要，投资者在进行房地产投资时，必须慎重考虑所投资的区位，以及由此衍生的升值潜力和变现难度。因此房地产投资流动性差，导致了房地产具有区位属性。

2.4　房地产不可分割性导致的区位属性

不可分割性指某种商品具有一个最小度量单位，在此单位之下其性质不可能维持不变。绝大多数商品都是不可分的，但这一性质并不是十分重要。比如说把一把餐椅分成两半，那两把半张的餐椅几乎无用，但是它对于市场需求的分析没有多大区别。因为市面上流通的许多可供出售的餐椅，以至于把餐椅的数量从一千万零一把减少到一千万把对经济学层面的分析并不会造成多少精度上的误差。还有些产品，比如大米，最小单位可以以粒来计算，但在实际生活中，人们往往是用称重的方式加以购买。大米既可以按一斤买，也可以按二两卖，所以大米的不可分性也不会影响其交易。

有些商品的最小单位具有一定价值。比如汽车，虽然归属于动产，但因为涉及一定的价值，为对其权利进行更好的管理和处理纠纷冲突，所以需要登记。而在其他场合，最小单位和利益密切相关，因此需要一些特殊的分析方法。比如一架波音 747 客机对任何一家航空公司来说都是一笔巨大的支出，因此在进行航空公司的经济学分析时，必须将每架波音 747 飞机都纳入考量。

由自然属性决定的不可分割的投入导致了规模经济和范围经济。这种不可分割性使得厂商即使只生产少量产品也必须拥有某种特定的设备，而该设备的部分的生产能力并未被利用。在这种情况下，厂商增加产出水平，成本并不会成比例地上升，即该厂商尚未达到规模经济的水平。如果不可分割并非特别专门化，那么公司可以把这些产品加到生产曲线上，联合成本不会等于总产出与公司相同的几个专门化企业的各项成本之和，这种情况被称为范围经济。

对于金融产品来说，不可分割性对其的限制更小。以股票为例，在证券市场上一手是股票交易的最低限额。按照上海证券交易所和深圳证券交易所的规定，每一手等于一百股。如果是贵州茅台这类单股价值较高的绩优股，一手交易的最低价格就要十几万乃至二十几万元，具有一定的投资门槛。但是投资者除了通过直接投资股票，还可以通过购买证券投资基金的方式间接持有标的公司股票。证券投资基金是一种集合证券投资方式。证券投资基金通过发售基金份额募集资金形成独立的基金资产池，聘请基金管理人来管理、基金托管人来托管，以资产组合方式进行证券投资，基金份额持有人按其所持份额享受收益并承担风险。随着互联网的发展，基金的投资门槛进一步降低。在支付宝等网络平台上，不少基金最低投资金额仅需 10 元，与交易所 1 手股票所需的资金量相去甚远，增加了投资者投资的灵活性和便利性。

房地产具有明显的财产属性。根据 2011 年中国家庭金融调查（CHFS2011）数据，计算出中国 2011 年城市和农村居民的住房占家庭资产的比重分别为 37.6% 和 59.2%。[1] 李凤等进一步根据 CHFS2013 和 CHFS2015 数据计算出 2013 年和 2015 年中国居民住房占家庭资产的比重分别为 68.3% 和 70.1%。[2] 可见，房地产构成了中国很多家庭最重要的财产。房地产也是很多企业、社会团体的重要财产，是其进行资本经营、融资的重要手段。由于房地产价值量大，因此也是很多地方政府征收财产税的主要标的。房地产的发展过程实际上是一个国家和地区财富积累的过程。由于房地产实物形态的长期稳定性和实际用途，使它成为社会财富的"聚宝盆"以及衡量一个国家和地区富裕程度的重要指标。在动产、不动产和知识产权等财富的构成形式中，不动产所占的比例很高。

---

① 甘犁，尹志超，贾男，徐舒，马双. 中国家庭资产状况及住房需求分析 [J]. 金融研究，2013 (4).

② 李凤，罗建东，路晓蒙，邓博夫，甘犁. 中国家庭资产状况、变动趋势及其影响因素 [J]. 管理世界，2016（2）.

　　房地产产权具有可分割性。从本质上而言，交易是财产权利的转让，而不必然表现为财产实体的交换。每一种房地产权利所包含的权利大小构成了这种权利价格的基础。房地产交易的对象可以是房地产所包含的一系列权利的整体，也可以是部分权能的集合体或某一项具体的权利。作为实物形态的房地产对财产的分割具有较强的限制，但房地产权利财产的分割则相对灵活、便利。房地产除了可由个人单独拥有外，还可通过法律和契约形成不同的所有权形式。以共有形式构成的房地产所有权大致可以分为三类：分别共有、共同共有以及信托共有。

　　尽管房地产的产权可以分割，但对于自用需求，尤其是住宅来说，产权分割的情况并不多见。无论是自住还是投资，大部分购房者并不会将住房的使用权和产权割裂开来。事实上，单套房屋的使用权是无法割裂的（群租的情况除外）。大部分购房者除了因为住房贷款的缘故会将房屋的部分产权暂时移交银行作为贷款的担保，其余产权部分仍归自己所有。在最终偿还完全部贷款和利息之后，可将抵押的房屋产权从银行取回，从而拥有独立的房屋产权。

　　因此，房地产价值高且实体具有不可分割性，这也会导致房地产具有强烈的区位特征。比如一个人不可能将海淀的客厅和丰台的卧室拼在一起，最后把拼凑好的房屋放在朝阳。甚至他不可以因为满意自家的卧室朝向和邻居的客厅布局，而拼凑一套新房屋。因此住房必须是整套买卖的，购房者必须确定自己对房屋的地理位置和每处构造都基本满意。同时也因为房地产的不可分割性，单套房屋的价值对于个人来说是具有一定投资门槛的，并且不同区位的房屋价格往往不同，投资门槛也有高有低。

2.5　房地产无法标准化交易导致的区位属性

　　标准化是指在社会实践活动中，对于重复出现的事物，权威机构通过制定统一的标准，进而产生良好的行业秩序和社会效益。而标准化交易，指的是在交易的全链路环节里，通过拆分各个独立环节并制定各环节内外部的规则，使得整个交易链路各环节标准化。标准化交易可包括商品标准化、业务/服务流程标准化、业务规则标准化、定价标准化等。

　　房地产天然是一种非标准化产品，具有异质性特点，并且存在信息不对称和认知偏差。如果强行对房地产进行标准化，可能会遇到标准化非常困难并且标准化后成交率变低的问题。并且作为大宗商品，房地产的过户手续比较复杂，牵扯到二手房交易时更是如此。房地产无法标准化交易是中介在房地产市场中广泛参与的重要原因之一。

经纪活动是房地产开发经营过程中不可或缺的重要环节，它对于提升房地产的流通性、活跃房地产市场具有积极的意义。经纪活动与经纪人在我国及世界其他国家早已有之。经纪是指在市场上撮合买卖双方的行为，而经纪人则是指为买卖双方牵线搭桥、说合以促进交易而收取佣金的人。在现代经济社会，从完整的法律意义来理解，经纪人是指在经济活动中，以收取佣金为目的，享有民事权利，独立承担民事责任，为促成他人交易而进行居间、信息服务以及委托代理服务的经济组织和个人。

互联网的发展深刻改变甚至摧毁了很多线下传统的商业业态，例如电商的蓬勃发展对实体店造成了巨大冲击。但对于房地产中介来说，虽然会受经济周期的影响出现行业波动，但事实上很少受互联网因素的影响。人们对线下房地产中介的需求从未减少过，也没有互联网公司可以取代实体中介店门。

传统房地产中介的优势主要体现在产品和成本两方面。在产品方面，互联网产品具有高度标准化的特征，而对于房地产中介来说，其很多工作技能和知识无法标准化，尤其是涉及某些特殊的房屋买卖。比如业主售房原因、邻里关系、社区环境等，这种本地化甚至私人化的信息是互联网公司很难提供的，因而也无法以互联网产品的形式提供给客户；在成本方面，整个房地产交易过程中会涉及合同、税务、贷款、估值等各种领域，具有一定的技术壁垒。虽然理论上买卖双方可以自己投入时间来了解必需的信息，但对于个人而言这需要很高的学习成本，并且理论转化为实践也需要一个过程。时间成本则是另外一个重要问题，卖方通常没有足够的时间去应付海量的咨询、筛选潜在的意向客户并接待众多看房者，但专业中介可以解决这个问题。此外，房地产交易对于多数家庭来说都是具有相当大风险的交易，所以买卖双方都需要房产中介的信用加持来降低风险。通常而言，房地产中介比买卖双方拥有更多的经验和知识，可以在一定程度上保证交易的顺利进行。

当然，不可否认互联网的发展给房地产行业带来了一些改变，比如越来越多的房产信息可以在网上发布，既让房产信息更加透明，减少了信息不对称性，又扩大了房地产中介可以接触到的客户范围。但这些改变并没有影响房地产中介行业的基本运营模式，只是增加了房地产中介的运行效率和降低了营销成本。其根本原因在于互联网只能提供标准化的粗略信息，而房地产中介则一直掌握着更有价值的本地信息，始终处于价值链最核心的部分。

房地产经纪人本质上提供的仍是线下服务，前期的房源筛选可以借助互联网来完成，但看房和过户的过程依然是线下的，无法轻易被互联网所取代。这种特征也导致了单个房地产经纪人的服务范围较小，呈现本地化的特征，进而产生了一定的区位属性。

2.6　房地产无规模经济效应导致的区位属性

企业生产的规模往往是影响长期平均总成本的重要因素，有规模效应的企业的长期平均总成本往往取决于其产量水平。如果产量增加的速度大于投入品增加的速度，即产量以更大的比例增加。在这种情况下，所有投入品都增加 1 倍，会导致产量增加大于 1 倍，这种情况被称作规模效益递增。如果产量增加的速度低于投入品增加的速度，即产量以较小的比例增加。在这种情况下，所有投入品增加 1 倍，产量的增加会小于 1 倍，这是规模效益递减的情况。如果产量与投入品按相同的比例增加，从而所有投入品都增加 1 倍，产量也增加 1 倍，这种情况被称为规模收益不变。

规模收益又被称为规模经济，规模经济的出现源于劳动分工、专业化和技术因素。随着更多劳动和技术设备投入生产，管理者就有可能进行更细的分工。提高各种投入品的专业化程度，进而提高效率。亚当·斯密在其名著《国民财富的性质和原因的研究》中，描述他参观一个针厂的见闻。在这个针厂中，一个工人抽丝，另一个工人拉直，第三个工人截断，第四个工人削尖，第五个工人磨光顶端以便安装圆头；做圆头要求有两三道不同的工序；装圆头是一项专门的业务；把针涂白是另一项；甚至将针装进纸盒中也是由一个工人专门负责。由于这种专业化，该针厂平均每个工人每天能生产几千枚针。这可以说是通过专业化实现规模经济的一个很好的例子。

从概率的角度看，规模收益递增也是可能的。例如，由于数量较大的消费者群体的总体行为更加稳定，厂商的库存量就不必与其规模成比例地增加。有时候规模经济可能是某种几何关系的结果。例如一个 4 米 ×4 米 ×4 米的箱子容积是一个 1 米 ×1 米 ×1 米的箱子的 64 倍，但所需要的材料仅是小箱子的 16 倍（与表面积有关）。网络外部性也是造成规模经济的重要因素。在技术驱动型部门中，越多人使用同样的商品时商品对个人的价值越大，也就是说，任何个人从商品中获得的边际收益都要依赖于使用该商品的人数。

现有证据表明，在一定的产量范围内，某些行业在某些时候存在规模收益递增的现象。该类行业的长期平均成本曲线往往呈锅底型，即随着生产规模的变大，长期平均成本先下降再不变最后上升，也就是由规模经济变为规模收益不变再变为规模不经济。普通商品往往是可以享受规模经济的，在一定的生产量范围内，生产规模越大，平均成本越低。因此企业可以根据生产要素数量组合方式变化规律的要求，通过合理配置生产要素、适当扩大生产规模的方式，获得最佳的经济效益。

然而，规模经济对于房地产来说并不适用。房地产具有很高的开发与经营成本。房地产开发涵盖从前期调研、策划、征地、拆迁、设计、施工、营销、预销售、产权登记到物业管理的全过程。针对不同的项目，每一阶段都会有不同的要求和成本。第一，在投资决策阶段，需要专业人士利用较强的信息敏感性和大量的消息来源做出开发设想，组织专业人员进行实地调研分析何种产品类型能更好满足市场需求，并进行时机、区域、产品类型与质量的机会选择。第二，在依法取得土地使用权阶段，需要房地产开发企业通过合规且低成本的方式有偿取得区位适合的特定地块的土地使用权。第三，可行性研究阶段，房地产开发企业既需要研究项目本身的可行性，也需要研究项目融资的可行性。项目可行性研究包括很多方面的工作，主要有市场调研、建筑方案设计、项目经济分析等，可行性研究的根本目的是实现项目决策的科学化、系统化，避免或减少投资决策的失误，提高开发建设项目的经济、社会和环境效益。第四，前期准备阶段，在完成开发项目决策后、正式开发建设前，还需要做一些具体的工作，主要包括项目招投标、资金筹措、规划设计和项目报建等。房地产开发资金包括自有资金和信贷资金，后者所占的比重较大。筹措房地产信贷资金要与当地政府发展居住产业的思路相结合，要与住房制度改革相结合，要与城市规划相结合，还要与当地发展速度相结合。第五，项目实施阶段，该阶段其实是将设计图纸实体化的一个过程，在这个阶段需要将开发过程涉及的资金、人力、材料、机械设备等聚集到一个特定的空间与时间上，通过一系列具体的管理行为使资源整合，最终形成一定的实体建筑产品。第六，销售阶段，该阶段对于房地产开发而言至关重要，它是连接生产和消费的桥梁，销售成果可以看成市场对房地产开发成败的检验。只有良好的销售才能使开发企业的房地产投资得到回收并取得利润，使房产的价值得以顺利实现，满足不同类型购房者的需求，并促进房地产业的发展。

房地产产品通过一系列的开发行为形成之后，便作为一种特殊的商品进入房地产流通领域。流通过程的房地产经营活动，主要包括房地产销售、租赁以及房地产抵押、典当、房屋置换等形式。同时，一些房地产开发商后续还会从事物业管理活动。物业管理的好坏对于开发商形成良好的口碑，持续进行房地产开发有着重要的意义。

对于新房来说，房地产企业拿到的地块差异很大。房地产企业需要因地制宜，在异质性的地块上进行开发。普通工业企业根据同一张设计图纸就可以在世界各地批量生产相同的商品，而房地产企业受地块的大小、形状、位置甚至建造风格的限制，同一家地产公司在同一城市开发的楼盘往往也是不尽相同的。同时，房地产公司的开发活动会受到容积率的限制。容积率又称建筑毛密度，指一个规划地块上的总建筑面积与净用地面积的比值。对于住户来说，容积率直接关乎居住的舒适度。虽然从房地产开发企业的角度，提高容积率可以降低地价成本在房屋中占的比例，增加固定地块上的建筑密度也是某种意义上的扩大生产，可以享受规模经济的好处。但这样做会严重降低居民的生活舒适度，也会造成一定的安全隐患。我国政府对各类居住用地的容积率进行了一定的限制。一般来说，6 层以下多层住宅容积率为 0.8～1.2，19 层以上住宅为 2.4～4.5。

对于二手房来说，每套房都是有差异的。大部分时候同一时间同一小区在市面上流通的住房数量只有几套，并且它们的面积、户型、位置、装修情况各不相同，更别提不同小区在市面上流通的二手房了。流通中的二手房相对于每个楼盘统一建造的新房来说异质性更大，连成规模都谈不上，就更无规模经济可言了。

房地产缺乏规模经济效应导致房地产的分布往往较为分散，虽然会有住宅区的形成，但往往也是不同房地产公司开发的，并且每个住宅小区的占地面积都有一定的限制，小区规划、建筑样式和住宅户型也各不相同。这就导致了不同区位的小区之间具有很大的差异，开发商无法通过规模经济效应建造出大批量相同的房屋，进而使得房地产具有强烈的区位属性。

2.7　回报和风险异于金融产品导致的区位属性

风险是实现预期收益的不确定性。投资者必须愿意承担这些风险，以实现预期收益。尽管风险这个词具有负面含义，但不确定性的作用却是双向的，例如有可能发生导致资产价值升高到预期水平以上的事件。风险并不等同于投机，投机有赌博的含义，意味着高度的风险性，而许多证券都有风险，但投资者在一段时期内应该获得正收益。

投资者实现的实际收益率在很多时候会不同于预期收益率，这种收益率差异的来源通常可以区别为两类风险：系统性风险和非系统性风险。系统性风险指影响所有可比投资收益率的因素，包括市场风险、利率风险、再投资收益率风险、购买力风险 、汇率风险等。例如当市场价格整体上升时，多数证券的价格也会上升。特定资产收益率与其他所有同类资产的收益率之间存在系统性关系。由于这种系统性关系的存在，通过购买多笔资产分散投资组合并不会降低这种风险。因而，系统性风险又被称为不可分散风险。而非系统性风险也被称为可分散风险，它取决于具体资产特有的因素。例如某家公司的利润可能由于内部员工管理矛盾而下降，其他同行业的公司可能没有遇到同样的问题，因此它们的利润并不会受损，甚至可能因为暂时停止经营公司的顾客转而购买它们的产品而上升。在这种情况下，该公司的利润变化独立于影响行业、市场或整体经济的因素。由于这种风险只发生具体公司身上，因此通过构建分散化的投资组合可以降低这种风险。非系统性风险一般可以分为两个类别：商业风险和金融风险。商业风险是与企业本身性质有关的风险，并不是所有企业的风险都相同。例如一般来说，钻探新油田的风险比经营商业银行更高。使用财务杠杆是金融风险的主要来源，借入资金为企业融资可能会增加风险，因为债权人可能会要求债务人满足某些条件才能获得资金，比如提供担保品或限制股利支付。这些限制意味着利用债务融资的公司承担了更多的风险。当销售收入和利润上升时，这些约束可能不会造成负担，但在财务紧张时期，公司无法满足这些条件可能导致经济损失和破产。没有使用借入资金购买资产的公司不会有这些额外责任，自然也就不存在这种金融风险。

风险与已实现收益率是否等于预期收益率的不确定性有关。风险的衡量强调了收益率与平均收益率的差异程度，或者收益率相对于市场收益率的波动性。平均收益率附近的离散度越高，表明该资产的风险也越高，因为投资者对资产收益率的确定程度较低。离散度越高，投资产生大额损失的机会越高，相应地，产生大额收益的机会也越高。然而，收益升高的可能性与风险升高的可能性是相伴随的，风险降低意味着投资收益率可能降低。在金融领域经典的资本资产定价模型中，投资组合的收益率等于无风险资产获得的收益率和风险溢价之和，其中风险溢价取决于市场收益率超过无风险收益率的程度和投资组合的离散度与市场离散度之比，后者衡量了投资组合的系统性风险。也就是说，当投资者构建充分分散的投资组合以分散掉非系统性风险时，金融产品的风险越高，可能获得的回报也就越高。

房地产通常具有保值和增值属性，它是相对稀缺的商品，其供应受到严格限制。而随着城市的人口增加、经济的繁荣和社会的发展，居民对房地产的需求会日益增长。从长期来看，房地产的价格趋势是不断上涨的，而且房价的上涨幅度通常大于或等于综合物价水平的上涨幅度。另外，政府对房地产周围进行基础设施建设会带来房地产价值的增值，比如修建道路、地铁、配建公交站等，修建广场、公园、公共绿地，修建医院、学校，调整城市规划，改变城市发展目标定位等。开发商在开发房地产项目时配建商业、教育和养老设施，也会带来房地产的增值。同样，购买了房地产家庭对房地产进行改良投资，例如更新或添加设备、重新进行装饰装修、监督物业管理等，也往往会带来房地产价值的提升。因而，在一般情况下，拥有房地产不仅可以实现保值，而且能够获得增值。从这一角度来说，房地产具有资本品的明显属性，在其使用过程中能有效减少通货膨胀的影响，甚至使所有者获得巨额增值收益。

然而房地产的定价却不能简单用资本资产定价模型来表示。房地产具有保值和增值的属性，抗风险能力比一般的投资品要强。尤其是对于一二线城市来说，"人多房少"的矛盾尤为突出，住房存在供不应求的局面。并且大城市对高素质人才的吸引力较强，其具备较强的购买力，更容易承受得起大城市的高房价。这意味着一二线城市的住房具备持续上涨的态势，也就是说，在收益高的地区（一二线城市），投资房地产的风险还较低。

房地产投资回报异于金融产品，也就是说，房地产投资风险和回报率之间的关系不可以简单地用风险指数加以测算，而是会和房地产所处的地理位置有关，因而房地产具有显著地区位属性。

第 3 章

居民对区位房地产的选择机制

3.1 居住区位选择的相关概念

3.1.1 区位的概念

"区位"（location）一词最初来自德语"standort"，意为"站立之处"，它最早是由 W. 高次（Launhardt）于 1882 年提出。"stand"为站立场所、立脚点之意，"ort"为场所、位置。中文"区位"一词始于对杜能（Von Thünen）的《孤立国同农业和国民经济的关系》① 的翻译，意为分布地点及区域。勒施（Losch）的《经济的空间分布》一书中这样描述区位："凡是有生命的事物都需选择正确的区位，一经营好的企业，建设一座城市及能够得到发展的集聚区，也都需选择正确的区位。"②

地理学研究最早使用了区位的概念，地理学者认为区位除了能够指代空间的位置外，还具有放置某事物于某位置或为特定目标而标定一个地区、范围的含义。换句话说，区位是人类活动必须选择的空间场所。区位的概念包含着绝对区位与相对区位两种含义，其中，绝对区位指的是地理要素和事物在地球的三维表面上的空间位置，它可对经度、纬度和海拔加以精确的度量；而相对区位指的是特定地理要素与周围地理事物的相对位置关系以及地理空间中多种要素相互的空间联系。绝对区位是固定不变的，它揭示了地理要素和事物的某些重要的自然特征，如气候和地形条件。相对区位则并非固定的，它是发展变化的。相对区位可

---

① ［德］约翰·冯·杜能. 孤立国同农业和国民经济的关系［M］. 北京：商务印书馆，1986.
② ［德］奥古斯特·勒施. 经济空间秩序［M］. 北京：商务印书馆，1995.

通过空间距离、交通运输的成本以及经济、社会、政治联系等因素来加以衡量。因此，其可随着科技发展、交通改善，以及政治、经济和社会联系的加强而从一个条件较差的区位变为一个重要的经济区位。

虽然区位这一概念在不同的学科中有不同的含义，但是其本质是一致的，都是指代人类活动在空间上的反映，是人类活动或者行为占有的场所，是空间位置与空间联系的统一。区位包含了三层含义，分别是自然区位、经济区位和交通区位。其中，自然区位刻画了某一事物与其周围的陆地、海洋、河流等自然地理事物之间的空间关系；经济区位表示人类经济社会活动创造的各种经济事物的空间关系的总和；交通区位反映了某地域的交通运输方式、线路、设施等之间的关系，交通区位的优劣往往会决定该区域的经济价值。经济区位又可以分为宏观区位、中观区位、微观区位三个层次。其中，宏观区位指的是某个行政区划（如城市）在一定的地域范围内所处的位置或者地位；中观区位指的是行政区划内部（如城市内部）的不同地段之间的相对位置及其相对关系；微观区位指的是某宗土地在行政区划（如城市中）的具体位置及其周边的环境条件。

3.1.2　区位因素

区位因素指的是影响区位主体进行区位选择的重要因素，区位选择的主体有政府、房地产开发商、企业、消费者等。在区位主体的区位选择中扮演着决定性作用的区位条件就是区位因素（见表3-1），区位因素种类繁多，有经济因素与非经济因素。各种区位因素通过相互作用与相互联系，形成特定的区位状况。

表 3-1　　　　　　　　　　　　区位因素构成①

区位因素	因素构成
自然因素	影响区位质量的自然条件、生态资源和地理位置等
地价因素	直接影响工业、商业和住宅区位的地租和地价因素
交通运输因素	交通运输的可获得性及其价格对区位影响极大
生产要素因素	劳动、资本等要素的数量、质量及其价格水平
公共服务因素	教育、消防、治安、电力供应、供排水条件及其他设施
集聚因素	主要指空间集聚的规模效应和外部效应
科学技术因素	科学技术水平及其发展趋势

---

① 王大治. 城市住宅开发投资区位选择的理论分析 [D]. 大连：东北财经大学硕士论文，2003.

区位因素	因素构成
制度文化因素	经济、政治、法律等正式的制度和地域文化观念、风俗习惯等非正式的制度
市场因素	决定区域市场的分布、结构、规模等因素，特别是居民的收入水平及其分布特征等
信息通信因素	影响区位的信息网络和通信条件
政策因素	财政、金融、税收、规划、住房、公共设施等政策

资料来源：王大治. 城市住宅开发投资区位选择的理论分析［D］. 大连：东北财经大学硕士论文，2003.

3.1.3 住房区位和区位选择

住房区位是指住房在城市区域中所处于的地理位置，同时，它还包括该位置的出行便捷程度（通达性）以及在该位置上可以获得的非经济方面的满足程度。具体来说就是在该位置上可以获得的工作、教育、医疗、购物、娱乐等活动所需要的成本（包括交通成本、时间成本等），以及该位置上的自然环境和人文环境等对居住者心理健康的影响。从宏观的角度来看，住宅区位主要指一个国家或者地区，区位包括了政治稳定性、意识形态等因素。从中观的角度来看，住宅区位主要指城市地域，区位包括了社会文化环境、户口政策等因素。从微观的角度来看，住宅区位具体到某个街道、某个小区等，区位包括自然环境、交通条件、生活服务设施和人文环境等因素。

区位选择指的是主体对某一场所以及该场所周围的自然环境、交通条件、人文环境和经济环境等因素的选择。住宅区位选择的主体是居民，所进行的选择是基于上文提到的微观层面的选择，也就是对街道、小区的选择，在这个选择中，不仅是对于住宅所处的具体地段的选择，更是对其周围环境因素的选择。

对于住宅区位的选择是每个家庭都会遇到的问题，住宅区位选择是一个极其复杂的决策过程，居民在选择中是追求自身效用最大化的"理性人"，受到个人偏好的影响，居民个人属性的差异将会影响到住宅区位选择，在现实的居住选择中人们会根据自己的个人情况以及需求去选择令自己最满意的区位。

限于我国目前的城镇化水平，对居住区位选择的研究还仅限于城市。城市居住区位，作为城市空间的一部分，一方面具有空间位置的独特性，另一方面，作为地域空间系统和社会空间系统的复合，它同时还具有"社会关系"的内涵。因此，可以将城市居住区位归纳成：不仅是城市空间中居住区所坐落的地理位置，还是与之发生关联的各种社会关系的总和。

3.1.4　城市居住空间

城市居住空间不仅是指城市地域空间内某种功能建筑的空间组合，同时也指人们日常行为、生活、居住活动所整合社会统一体而成的社会—空间系统。哈维（Harvey，1973）提出了社会空间统一体（social-spatial dialectic）的概念。①这也是马克思主义地理学空间分析理论体系中的一个核心概念。概念的基本含义是社会和空间是一个辨证的统一体，它们相互作用，相互依存。那么这个概念在城市居住空间层面的含义是：一方面，人们的社会活动在创造、改变着居住空间，人的价值观、态度、行为同时也在影响着居住空间；另一方面，人们生活和工作的居住空间又是人类生存所必需的物质基础和社会基础，这又会影响着在这里居住和工作的人们的行为与态度。

所以，城市居住空间既不是一种可以独立自我组织和演化自律的纯粹的空间，也不是一种纯粹非空间属性的社会生产关系的简单表达。城市居住空间具有社会文化、自然及经济等多种属性，它同时兼具物质空间和社会系统的特征。在空间形式上，地理空间是它的外在形式，而社会空间则是它的内在实质。社会空间与其内在的社会关系通过一个外在的"地理空间"而体现出来。并且，城市居住空间不是一个静态的空间，它是一个动态变化的空间，随着时代的发展变化，城市居住空间的表现形式也会不同。

3.2　区位理论

人类活动离不开一定的场所空间，关于这方面的理论构成了区位理论，区位理论中有关于经济活动的理论，即为经济区位理论，其中包括了农业区位论、工业区位论、商业区位论等。在古典政治经济学的地租理论与比较成本学的基础上，渐渐发展出古典区位理论，在这一时期产生了杜能的农业区位论、韦伯的工业区位论以及廖什的市场区位论等。后来的 20 世纪 50 年代之后逐渐发展起现代区位理论，出现了反映市场以及聚落的空间配置理论，即中心地理论。

---

①　Harvey D. Social Justice and the City ［M］. Oxford：Basil Blackwell，1973.

3.2.1 杜能农业区位论

《孤立国对农业及国民经济之关系》奠定了农业区位理论的基础，在这本书里，德国农业经济学家杜能（Von Thunen，1826）全面地解释了他关于农业区位的思想。① 顾名思义，农业区位论，是有关于土地用于何种农业生产方式的理论，以达到在每一个不同的区位都能实现利用效率的最优。杜能也最早关注到了运输费用对于农作物布局的影响，发展了以李嘉图为代表的古典政治经济学的地租理论。在一个均质平原上，有一个中心城市，从中心向外形成同心圆状分布的农业地带，这些不同的地带也就是"杜能圈"（见图 3-1）。由于不同的圈层与城市的中心距离不同，在其他条件不变的情况下这会产生运费的差异。从而运费的不同会影响到每个区位的农业生产的剩余不同，这种剩余可以理解为农地的利润。

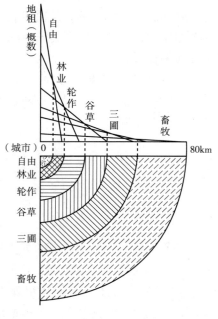

图 3-1 "杜能圈"

资料来源：李小健. 经济地理学 ［M］. 北京：高等教育出版社，2002.

---

① Von Thunen. （translated by Warterberg C M）. Von Thunen's Isolated States ［N］. Pergamon Press，1960（8）：13-26.

　　杜能的这一理论有几个重要的假设条件：平原中央有一个中心城市，平原的土地是均质的，市场是完全竞争的，价格是固定的，运费是距离的函数。根据这样的假设，即在中心城市周围，在土地、自然、交通等条件相同的时候，不同地方与中心城市距离的不同带来的运费的差异，使得不同地方农产品纯收益不同，纯收益于是成为市场距离的函数。因此，形成以城市为中心，由内向外呈同心圆状的农业地带。

　　杜能的理论是区位理论的先驱，这个理论主要说明了在一样的土地条件下，由于运费的差异会出现农业在不同地带的利用差异。城市中心是产品的消费地，而周边地区则是农业产品的生产地，这两者之间的距离产生的不同运费差异会带来不同农业生产方式在空间上呈现的同心圆的分布状态。

3.2.2　韦伯工业区位论

　　工业区位论是关于工业企业合理选址的理论。该理论的内容是通过对运输费用、工资成本等因素进行计算和分析，得到成本的最低点或者说是利润最大的点，工业企业的区位选在这样的成本最低点。

　　德国经济学家韦伯（Weber，1909）的《工业区位论》最早提出工业区位论。[①] 20 世纪初的德国，已经迈入了工业时代，现代工业有了较快的发展。韦伯为解释工业活动的区位，从交通费用、劳动力工资和聚集经济这三个方面来考虑。韦伯认为是区位因子决定了生产场所，每一个经济活动有一个特定的区位，那么这个经济活动之所以选择这个区位而不是其他的区位，一定是因为它所选择的区位具有一个其他区位都没有的优势，那么这种优势就是区位因子。区位因子又包括了一般因子、特殊因子与集聚分散因子。运费和劳动力等与一般的工业生产有关的因子也被称为一般因子；与某些特定工业有关的因子是特殊因子，比如一般的工业生产不会关注的空气湿度；聚集因子是促使企业为降低生产或销售成本而集中在特定场所的因子，分散因子则是促使企业为避免企业集中而带来的不利影响而分散布局的因子。

3.2.3　中心地理论

　　资本主义经济在 20 世纪高度发展，城市化进程加快。工业、商业、服务

---

　　① 　Alfred Weber.（translated by Friedrich C J）. Theory of the Location of Industries ［N］. The University of Chicago Press，1929：45 – 56.

业等经济活动在城市集聚。德国经济学家克里斯泰勒（Christaller）在《德国南部的中心地原理》中系统阐述了中心地的理论。[1] 一个区域的地理中心被称为中心地，往往是一个区域的商业中心，可以向周边地区提供商品和服务。中心地提供的商业服务有数量的差异，级别比较高的中心地能够提供更多和更高级的服务，其辐射范围也更广。而较低级的中心地可以提供的商品与服务的种类少，档次也较低，这种中心地的辐射范围小，其分布比较广泛。克里斯泰勒提出由于存在竞争机制，各等级的中心地所在市场区域都会演化成正六边形，每一级的中心地会组成一个递减的多级六边形空间模型，并且所有的中心地达到了空间上的均衡。

3.3　住房区位理论

3.3.1　住房区位"过滤"理论

住房区位"过滤"是住房市场中普遍存在的现象。伯吉斯（Burgess，1928）[2] 的研究认为随着时间推移，高收入的家庭有向城市外围居住的趋势，而收入较低的家庭则会不断靠近市中心居住。也就是说高收入家庭在市中心的住房老化后，会搬到远离城市中心的地方居住，这些留在市中心的老旧住房会让收入较低的家庭来居住，这样的一个"入侵"和"演替"过程就形成了住房市场的过滤。基于此，伯吉斯提出了著名的环形城市模型，也被称为同心圆模型。在这一模型中，围绕着城市中心向外扩展形成一圈一圈的不同的功能用地。

随着城市的发展，低收入家庭的居住空间不断向外，迫使高收入的家庭向距离城市中心更远的地区搬迁。利用同心圆土地利用模式进行分析后认为，城市区域不断扩展时，城市中心的处于内环区域会向外延伸，侵占与其相邻的外环区域，从而土地利用产生演替。

---

① Christaller W. （translated by Bakin C W）. Central Places in Southern Germany [J]. Englewood Cliffs，1933 （6）：12 – 20.

② Burgess E W. Residential Segregation in American Cities [J]. The Annals of the American Academy of Political and Social Science，1928 （140）：105 – 115.

3.3.2　家庭生命周期对住宅影响的理论

罗西（Rossi, 1955）[①] 提出了家庭生命周期理论。他认为一个家庭随着时间的变迁，会呈现出家庭结构上的变化，比如小孩出生、小孩外出上学离开家庭等。当家庭的成员结构发生变化，那么相应的对于住宅的需求也会发生变化，于是需要通过迁居来满足自己的住宅需求。罗西分析了处于不同阶段的家庭与其迁居的关系，把人的一生分成了几个不同的生命阶段，如表 3 - 2 所示，不同的生命周期阶段对于住宅的需求不同，呈现出"回旋镖"式的发展模式。即在年轻的时候居住在市中心，中年时期迁居到城市外围，到老年时回归市中心地带这样一个发展的模式。

表 3 - 2　　　　　　　　　家庭生命周期理论与住宅区位选择

家庭发展阶段	区位选择	家庭特征	主要考虑因素
年轻型家庭	市中心区域	离开父母的单身型家庭或者结婚后没有孩子的家庭	到达工作单位距离和生活服务设施
年轻型后期或中年型家庭	城市的郊区外围地带	已有小孩，收入不高的家庭	房价较低
中年型后期或老年型家庭	郊区的高级住宅或者回到市中心地带	孩子长大离家，家庭收入提高	居住面积较小

资料来源：笔者整理。

3.3.3　"互换理论"

阿伦索（Alonso, 1964）提出了研究城市住宅的区位租金与距市中心距离之间关系的"互换理论"，之后在"互换理论"基础上建立起了单中心城市模型。[②]该理论假定城市存在一个唯一的市中心，市中心也是居民就业的中心。由于存在着通勤成本，随着与市中心距离越来越远，居民需要支付的通勤成本也就越高，

[①]　Rossi P H. Why Families Move: a Study of the Social Psychology of Urban Residential Mobility [M]. London: Sage, 1955.

[②]　Alonso W. Location and Land Use [M]. Massachusetts: Harvard University Press, 1964.

那么住在离市中心越近的地方，则可以省下越多的交通成本。居民在进行住宅区位选择时，会同时考虑区位的租金和通勤成本，因此在距离市中心越远的地方，其租金会越低，因为居民需要负担更重的交通成本。

3.4 居民的住房需求与区位

3.4.1 马斯洛需求理论

美国社会心理学家马斯洛（Maslow，1943）把人的需求层次从高到低分为了五个层次（见图 3 - 2）。[1] 第一个层次是生理上的需要，即维持人类生存的最基本的需求，包括了衣食住行等。第二个层次是安全上的需求，即保障人类自身的安全，希望摆脱丧失财产威胁、避免一些职业病等，能够在晚年实现老有所养、病有所医。第三个层次是情感上的需要。情感上的需要又包括三个方面：友情的需要，即是伙伴和同事之间保持友谊和真诚；爱情的需要，人人都希望得到爱情，去爱别人并且接受别人的爱；成为归属的需要，人有一种归属于一个群体的需求，希望成为群体中的一员，在群体中建立起感情与归宿。第四个层次的需要是被尊重的需要，也就是自己被他人所尊重。第五个层次的需求是自我实现，这也是最高层次的需要，它是指将个人的理想抱负以及个人的能力发挥到最高，干称职的工作，能够发挥自己的潜在的能力去实现自我价值。

从居民对于住区选择来看，居民的居住需求不仅仅包括了对住房的需求，还有对于住房周边环境的需求，居民购买住房更像是对于区位的购买，住房区位与其能够享受到的教育、医疗等公共服务资源息息相关。此外，居民的居住需求也有高低层次之分，随着居民收入的提高，其对于居住的需求层次也会提高。

居民住房需求层次的提高，也暗含着居住区位的改变。比如，当居民实现了对生理需求的住房需求后，安全需求、社交需求等更高层次的需求，会驱使居民选择更好的区位上的住房。这样，随着居民收入的提高，对于住宅需求的层次不断提高，其住宅区位选择也会不断改变。

---

① Maslow A H. A Theory of Human Motivation [J]. Psychological Review, 1943, 50 (4): 370 – 396.

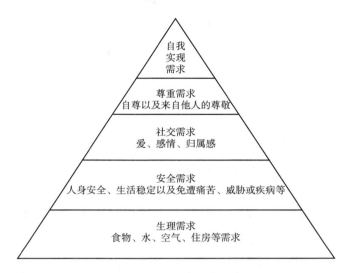

图 3 - 2　马斯洛需求层次

资料来源：Maslow A H. A Theory of Human Motivation ［J］. Psychological Review，1943，50（4）：370 - 396.

3.4.2　消费者效用理论

效用（Utility）的概念是由丹尼尔·伯努利（Daniel Bernoulli）在解释圣彼得堡悖论时提出的。[①] 日常用语中，"效用"意味着"有用性"，在经济学中，效用是某个人想要得到某物的程度的一个指标。消费者的效用即为满足人们某种需要的能力。消费者之所以消费商品和劳务，是因为在此过程中他们的一些需求和兴趣可以得到满足，比如消费食物可以充饥，多穿衣服可以御寒，听演唱会可以得到精神的享受等，对于住房的消费也是如此，居住需求是消费者的一个基本的需求。总效用（Total utility）指消费者在一定时期消费一定数量的某种商品所获得的满足的总和。居民是进行住宅消费的主体，居民进行住宅区位选择时，是追求效用最大化的理性人，他们会依据自身的需求以及能力来作出能满足自己最大需求的选择。

住房作为一种商品，能给消费者带来效用。但住房给消费者带来的效用的大小，很大程度上受到住房区位的影响。一个远离工作地点的豪宅给居民带来的效

---

① 圣彼得堡悖论是由丹尼尔·伯努利的表兄尼古拉·伯努利（Nicolaus Bernoulli）故意设计出来的一个悖论。

用，可能远远小于一个离工作地点近的普通住宅给居民带来的效用水平。这样，消费者在既定收入约束下对住房效用最大化的追逐，在一定程度上伴随着对住房区位的追逐。

3.4.3 住宅消费

住宅消费指的是人们购买住房以用来满足自住的需求。住宅消费是人们生活消费的重要方面，住宅是人们最基本的生活资料，又是人们的享受资料和发展资料。居民个人及其家庭在居住生活中，消费住宅的行为就构成住房消费。一个住宅受到住宅质量和维修保养情况的影响，有一定的使用年限，一般房屋的产权是70年，当过了这个期限，住宅需要进行更新或更换，也就是说在进行住宅消费的时候，住宅也在消耗。

住房消费是以一家一户为单位进行的，属于个人及家庭的消费行为。受中国传统观念的影响，中国的自住型住房的购房需求被认为是一种"刚性需求"，根据中国人民银行调查统计司城镇居民家庭资产负债调查课题组2019年对中国20个省份的3万余户城镇居民家庭的资产负债调查，发现中国城镇居民家庭的住房拥有率达到了96%，而在城镇居民的家庭资产中，住房占比近七成。但中国不同城市、不同区位，住房自有率差异非常大。北京、上海、深圳等一线城市的自有住房拥有率低于全国其他城市地区。贝壳研究院2019年发布《粤港澳大湾区房地产市场白皮书》显示，当前粤港澳大湾区11城中有8城住房自有率低于60%，其中深圳住房自有率仅为23.7%。

3.4.4 住宅消费的需求层次分析

与马斯洛的需求理论相似，住宅消费也有不同的需求层次。住宅需求也有五个层次，分别是生存需求、安全需求、享乐需求、社会归属感和投资需求。

第一个是生存需求。生存是人类最基本的需要，而住房能够满足人们对于居住的需求，能够满足人们的生存需求。然而，当住房的价格过高时，人们购买或者租赁住宅的成本过高，从而能够用在其他方面的资金变少，最终会影响到人们正常的生活需要。房价收入比是一个很好的衡量房价的指标，一般认为房价收入比的合理取值是4~6，中国的一些城市的房价收入比超出合理的范围，2020年深圳的房价收入比甚至达到了48，过高的房价影响到了其他生存资料的支出。此外，住宅所在区位周边的一些生活服务设施等也会影响到人们的生存需求。

　　第二个是安全需求。在满足一个基本的生存需求之后，人们对于住宅还有安全方面的需求。安全需求与生存需求一样都是人们最基本的需求。其中安全包括了住宅本身的建筑安全、其设备的安全，住宅所在的社区周边的安全情况也不容忽视。

　　第三个是享乐需求。当人们满足了生存和安全需求之后，人们对于住宅产生了享乐需求。住宅不应当只是作为人们的一个简单的居住场所，还应该具备可以让人们享受生活的功能。在人们满足最基本的生存以及安全需求之后，如果有多余出来的资金，他们愿意为了住宅的享乐需求进行额外的付费。因此，对于收入高的群体来说，他们会更加考虑住宅的享乐需求。随着时代的发展，人们越来越考虑房子的外观，在房地产的开发上，我们可以看到许多的高档社区，除了周边的配套服务设施齐全，地段优越，其对于住宅建筑的设计，也充分考虑到了美学，往往会有一些特定的主题，比如有些住宅区会打造出中式的苏州园林般的小区环境。这些外观设计上的美会吸引人们去购买住房，让消费者获得视觉、听觉、触觉上的舒适感受。

　　具体来看，一个居住区域要满足人们的享乐需求，需要满足以下的三种条件：一是住宅社区的容积率，容积率越小的社区，人们居住的体验感就会越好；二是住宅环境的健康与否，绿色的环境、清新的空气、可供运动的设备，这些更有利于满足人们对于健康的需要；三是住宅所在社区的生活便利程度，便利程度越高的社区，更能吸引人们的入住。

　　第四个是社会归属感。人离不开社会关系，人们对于住宅有情感上的需求。一个社区由各种各样的人组成，那么人与人之间的关系也是这个住区的一个组成部分。良好的邻里关系，温馨而又富有人情味的社区，是人们所希望的环境。如果一个社区能够吸引一些具有相同的兴趣爱好的消费者来入住，那么消费者也会对住宅区产生社会归属感。

　　第五个是投资需求。住宅是价值巨大的资产，有不少人购买住宅是因为它的增值属性。由于土地的稀缺性，房地产具有保值、增值的特性，在中国，有不少人选择房地产作为一种投资渠道。选择投资房地产的人群通常也是社会中的中高收入人群，在生存和安全等需求被满足后，人们会考虑将住房作为投资品。房地产的投资价值也只能对于某一特定的时点而言，房价是不断变化着的，受到金融环境、政府政策等的影响，一处房产可能在某一时刻具有投资价值，但在另一时刻可能就不具备任何的投资价值。除了时点之外，住房的投资需求受到区位的影响非常明显。有些区位的住房具有较高的投资价值，而有些区位的住房则缺乏投资价值，难以做到保值增值。

3.4.5 异质性与住房偏好

住房是一种典型的异质性商品，住房的异质性主要是由其区位和内部特征引起的。由于位置的固定性，不同区位的住宅存在着显著差异，这种差异主要体现在可达性、当地公共服务设施、环境质量、邻近地区风貌等方面。我们主要讨论的是由区位引起的住宅异质性。

住房偏好指的是由于购房者的收入差异和消费习惯的差异，使他们在对住宅商品的价值判断和心理感觉上表现出一定的倾向性。兰卡斯特（Lancaster，1966）提出的偏好理论认为，住宅产品的异质性，使得住宅本身所具有的一系列特征成为影响效用的主要因素。[①] 在住房市场中，偏好是一直存在的。消费者的消费选择与住房本身特性紧密联系在一起，住宅异质性的存在给购房者的消费行为提供了大量的选择机会和可能。

住房的异质性和住宅消费偏好使住宅市场按照大小、位置、质量被分割为不同的细分市场。市场的细分使得在每个细分市场内的住房拥有相对共同的属性，购房者也有相对接近的偏好。其中，以区位划分进行细分市场划分，是一种普遍的细分市场划分方式。这使得不同区位的房地产市场呈现出跟不同的住房偏好相对应的状况。

3.5 居民的自然、社会及经济属性与区位选择

居民的属性可以分为自然属性、社会属性和经济属性这三种（见表3-3）。居民属性的差异会导致居民的区位选择观的差异。拥有相似或者相同属性的居民往往有着相似的区位选择观，倾向于选择临近的居住区位。居民在选择区位的时候主要考虑通勤方便、居住区域的物质环境、生活环境、人文环境、社会关系、安全与教育等导向，居民不同的属性会影响到居民的区位选择导向，居民的属性与区位选择导向一起，或者是单向主导，或者是多项的自由组合，这些一起构成了不同的区位选择观。居民的自然属性包括居民年龄、性别等；居民的经济属性

[①] Lancaster Kelvin J. A New Approach to Consumer Theory ［J］. Journal of Political Economy，1966，74（2）：132－157.

主要是指居民的收入；居民的社会属性包括居民的受教育程度、从事的职业类型等。如图 3 - 3 所示，居民的三种属性共同作用形成居民的区位选择观，居民的属性与区位选择观一起决定了居民的住宅区位。

表 3 - 3　　　　　　　　　　　　　　居民的不同属性

属性	类别	名称
自然属性	年龄	青年
		中年
		老年
	性别	男
		女
经济属性	收入	个人收入
		家庭收入
社会属性	受教育程度	初中及以下
		高中或中专
		大学以上
	职业类型	行政及事业单位
		科研院所及教职人员
		国有企业
		私营企业
		商业、服务业
		外来务工人员
		其他

资料来源：笔者自制。

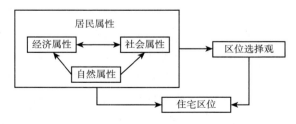

图 3 - 3　居民属性对住宅区位选择的影响

资料来源：笔者绘制。

居民的自然属性包括居民的年龄、性别、所在的家庭阶层和家庭结构等。许多研究结果表明居民随着年龄的变化，其对于住房的偏好也会改变，从而在选择住宅区位时会出现不同的倾向。年轻人群在进行住宅区位选择时倾向于邻近就业地，更多考虑通勤的因素；随着年龄的增长，会重视选择社区的生活环境和教育等因素，一方面是家庭收入提高，另一方面是有了孩子之后，会有小孩上学的需求。老年人群又会逐步回归城市中心区，对于年老的人群而言，他们更看重靠近亲属以及依赖其他的社会关系，因此会倾向于回归城市中心。

居民的经济属性差异直接反映在居民的收入差异上。收入较低的家庭由于其住房的支付能力有限，会倾向于选择房价较低的住区。在区位的便利程度相同的情况下，这类的家庭对于居住的物质环境要求较低，比较注重生活的便利程度，而不是很关注居住区周边的环境。而对于中等收入家庭来说，由于有一定的住房支付能力，在选择住宅区位时会对住宅区域周边的物质环境有一定要求，重视周边的绿化环境和卫生条件，同时还会倾向于选择人文环境较好的区域。对于高收入群体而言，他们在选择住宅区位时会更重视住宅区位的人文环境和教育等因素，在中国，高收入人群也会倾向于居住在城市的中心区域，这一点和发达国家略有不同。

居民的社会属性包括居民的受教育水平和从事的职业等。居民的社会属性也会影响到家庭对于住宅的支付能力和区位选择的偏好，具有相同或者相近社会属性的居民在进行住宅区位选择时具有趋同性。例如，受教育水平比较高的居民会倾向于周边人文环境和教育环境较好的住宅，科研院所和教育行业的从业者会倾向于选择一些邻近学校的住宅区位。

3.6 居民的自然属性与区位选择观

居民的自然属性包括年龄、性别、家庭的结构和家庭所处的阶层。首先，居民年龄的变化会导致居民所在的家庭结构的变化。基于家庭生命周期理论，家庭结构类型的变化会导致居民对于住宅区位以及住宅类型的选择产生明显的影响。在不同的家庭生命周期中，一个家庭对住宅区位有着不同的选择偏好。在一个完整的家庭生命周期中，一个家庭不会一直居住在同一个地方，而是会随着家庭生命周期的演变而多次搬迁。有研究从大量的个体的居住变化过程中发现，家庭对于住宅区位的选择呈现出一些规律性，一般是先从城市中心向城市外围搬迁，随着时间推移又会逐渐向城市中心靠拢。

一般家庭类型包括了单身家庭、青年夫妇家庭、中年夫妇家庭和老年夫妇家庭等。单身家庭指的是刚毕业参加工作的年轻人，这一类人群尚未结婚，没有与小孩相关的需求，但是对于通勤以及社交的需求比较大。由于刚毕业参加工作，往往收入不高，可能会选择独居或者是合租的形式。考虑到通勤的需要，这类单身家庭往往居住在市中心离工作地点比较近的繁华区域，同时还能满足自己的社交活动的需要。青年夫妇家庭指的是刚结婚或者刚有小孩的家庭，这个时候的住宅区位选择不仅要考虑通勤以及社交的需要，还需要考虑生活的便利程度、小孩上学的需要等。对于住宅类型的选择也往往是两居室或者三居室的住宅。同时由于收入水平的提高，往往有能力自己贷款买房。中年夫妇家庭指的是孩子已经进入青少年时期的家庭，这一时期家庭的收入水平较高，由于孩子正值青少年，正是教育的关键时期，此类家庭对于子女教育的要求比较高，会倾向于选择有较好教育资源的住宅区。老年型家庭的子女已经离开家庭，因此他们有着更强的情感需要，会倾向于居住在市中心，靠近他们亲属的地方，同时住宅区还需要有比较完善的公共设施以及比较好的医疗资源。

不同的性别也会影响到住宅的区位选择，女性和男性在选择住宅时所侧重考虑的要素会有所不同。性别对于人们的心理和偏好都有重要的影响，女性可能会更加注重住宅周边的物质条件与生活条件，男性可能更多考虑通勤的需要以及周边的人文环境。居民所处的家庭阶层会对住宅选择产生影响，居民倾向于选择与自己相同社会阶层的人居住在一起，这样便于交流，且有一定的认同感，不同的家庭阶层对住宅区位的需求不同。

3.7　居民的经济属性与区位选择观

居民经济属性主要是指居民的收入水平。一个家庭对于住宅区位的购买和租赁的决策需要基于其收入水平。不同区位的住房的价格有很大差异，消费者在选择住房时，经济属性对于他们的区位选择的偏好影响很大，经济属性是关键因素。比如当一个年轻的单身家庭在进行住房区位选择的决策，由于处于单身阶段，这一类人群大多数是就业导向为主的住房区位选择偏好，那么他的收入水平决定了在距离就业所在地的远近差不多时，他有能力负担的价格。由于收入水平有限，在主要考虑就业导向时，他可能需要放弃对于生活环境、物质环境等要求。从经济学的角度来看，收入的水平决定了一个人的预算约束，如果把住房当作是商品 1，所有其他的消费看作是商品 2，那么收入越多意味着能够用于住房消费的部分就越多，就更有能力选择更好的住宅区位。因此，高收入人群的住房区位选择所受的约束较小，他们选择区位时可以综合考虑到多种因素，而收入水平较低的家庭往往会先满足自己最主要的需要，比如就业导向的年轻人为了选择离就业地近的区域需要放弃对住房区位的其他要求。进行住房区位选择的过程也是人们根据自己的收入进行住房区位选择，进行一些区位条件取舍的过程。

因此，不同收入人群所能实现的住房的需求等级也不同。低收入人群对于住宅的需求基本上是生存和安全需求，他们需要选择便于工作以及生活的区位，对于其他方面的要求不高。中等收入人群在住房需求上基本可以达到对于享乐的需要，这类人群一般具有稳定的收入。他们对于住宅除了生存与安全的需要外，还有对于享乐的需求。高收入群体对住房还会有投资的需求，他们的住房往往可以满足在生存、安全以及享乐方面的需要，他们往往居住在环境较好的高档住宅区。住房对他们而言也是一种很重要的投资品，是一种资产配置方式。

用互换理论可以更好地理解这一点，在互换理论中，有这样几个假设，一是城市是一个平坦的大平原，CBD 是一点，且所有人都在 CBD 上班，随着距离 CBD 越来越远，那么通勤成本将会越高，那么节省下来的通勤成本的不同就会使得不同区位的地租不同，产生一个区位地租，那么最后就会使得高收入的人群居住在靠近城市中心的地方，低收入的人群居住在远离城市中心的地方。

3.8 居民的社会属性与区位选择观

居民的社会属性主要是指居民的受教育程度、职业、民族等。相同社会属性的居民在进行住宅区位的选择时也往往会倾向于选择相似的居住区位。不同受教育程度的居民有不同的住房区位选择偏好，受教育程度越高的居民越希望自己居住的区域有良好的人文环境，受教育程度低的居民往往不会重视居住的人文环境，他们更在意其他生活的方面。同时，受教育程度高的居民会更加重视教育因素，尤其是邻近大学这一因素。

居民职业上的差异也会影响住宅区位的选择。对于一些收入较高的职业，比如高级管理人员、明星、私营企业主等高收入的群体，他们对于住宅的享乐要求较高，在选择时也更加的自由。对于从事教育行业或者是政府机关的人员，在区位选择上会更看重人文的环境以及住宅区周边的生态环境。一般收入或者低收入的家庭，没有那么多在住宅区位选择上的自由，大部分会选择像经济适用房这样的住宅类型。从社会学的角度来看，人们倾向于和与自己有着相同价值观的人住在一起，这样也便于日常的交流，有一定的群体间的认同。人们对于服务有不同的偏好，有相同偏好的人会住的近一些，从而高收入者往往会聚集在一些具有优质服务的住宅区。

3.9　居民的具体区位选择导向

3.9.1　就业

选择就业导向的居民多是受到其自然属性的影响，年龄的不同影响着居民的住宅区位选择，年轻人会更多考虑就业的因素，他们会将通勤成本作为一个主要的考虑因素，往往会选择靠近就业地的住宅区（见表 3 - 4）。根据家庭生命周期理论，年轻人比如刚毕业的大学生，或者处于工作时期的单身居民，由于这一类人群不需要考虑婚姻以及教育等因素，就业成为他们最重要的考虑因素，因此这一类人会倾向于选择靠近市中心的区域，以便于上班通勤以及进行各种社交活动。从住宅的消费结构来看，这种单身的年轻人的住宅类型往往是一居室或者二居室，多属于单独的租赁或者与人合租。从性别的方面来看，受到不同性别的天生考虑问题的差异以及社会分工的影响，男性可能在选择住宅区位的时候理性因素更多，会较少考虑社会联系以及生活和娱乐的需求，因此男性会比女性更多地考虑通勤的因素，男性会倾向于选择靠近工作地的住宅区位，一些研究的实证结果也能说明这一点。

表 3 - 4　　　　　　　　　　　　　居民住宅区位选择因素

区位导向	因素名称
就业	邻近单位
物质环境	绿化
	邻近公园
	滨水
	环境安静与否
	环境卫生状况

区位导向	因素名称
生活条件	基础设施
	娱乐休闲
	所处城市位置
	交通因素
	医院
	购物方便
人文环境	人文景观因素
	人群素质
	社会阶层同质性
社会关系	社会关系依赖
	靠近亲属
安全	安全因素
教育	就学因素
	邻近大学

资料来源：谭一洛，杨永春，李甜甜. 基于居民属性视角的转型期中国城市居民住宅区位选择研究——以成都市为例 [J]. 地域研究与开发，2015（2）.

3.9.2　物质环境

物质环境包括靠近公园、绿化条件、环境的安静状况和周边卫生状况、是否有污染等。物质环境导向也主要是受到居民的自然属性的影响，从年龄的方面来看，年长的人可能会更加注重物质环境，随着居民年纪的增长，可能会由原来的更多考虑就业因素转变为更加注重身体健康，而住宅区域周边的绿化、卫生状况以及环境安静的程度都会影响到整体的居住体验，比如空气是否清洁以及晚上休息是否会有噪声干扰等，一些靠近公园的地方也有利于老年人散步和运动，综上来说年龄越大的人可能对住宅周边的物质环境会更加重视。从性别方面来看，男性和女性在这方面的差异可能并不明显，因此主要还是受到年龄的影响。

3.9.3　生活条件

生活条件包括住宅周边的基础设施、休闲娱乐设施、购物中心、医院、交通状况等。生活条件与居民的自然属性关系不大，但是与居民的经济属性关系密切。生活条件几乎是涵盖了居民日常生活的衣食住行的方方面面，极大地影响着居民的居住品质，而休闲娱乐、购物中心、医院、交通等情况又是与一个区位的房价紧密相关。根据马斯洛的需求理论，人们满足最基础的生存需求之后就会去追求安全与享乐等方面的需求，在家庭收入很有限的时候，住房商品满足的仅仅只是一个基本的居住需求，这个时候的住房需求也比较刚性，但是当家庭的收入水平提高的时候，基本的居住需求已经不能够满足居民的需要，他们追求更多享乐的活动，就比如住宅周边的一些休闲娱乐设施、购物中心等，同时他们有了更多住宅区位的选择，对于居住区位的生活条件要求就会更高，其所选择的住宅区位的生活条件就会更好。

3.9.4　人文环境

人文环境包括住宅区位的人文景观因素以及周边的社会阶层和人群素质。居民的三种属性都和人文环境导向关系密切。从性别方面来看，男性可能会比女性更加看重住宅周边的社会阶层与人群素质。从居民的社会属性来看，受教育程度较高的居民可能会对人文景观因素以及住宅区周边的人群素质等更加的看重。从居民的经济属性来看，收入水平较高的居民可能会对住宅周边的人文环境有更高的要求，因为收入较高的群体在满足他们基本的居住需求和享乐方面的需求之后，会进一步的对自己居住区周边的人群素质以及社会阶层有要求，倾向于居住在接近相近阶层的区域。

3.9.5　社会关系

社会关系主要是指靠近亲属或者其他的社会关系依赖。社会关系主要与居民的自然属性有关，主要是与年龄有关，随着人年纪的增长，会倾向于回到一个熟悉的社会关系的环境中，年老的人更喜欢靠近亲戚或者是依赖于其他的一些社会关系。家庭生命周期理论能够很好地说明这一点，在儿女都离开家的阶段，这个时候父母倾向于回归原来居住的地方，这个时候的家庭由于没有了就业以及教育等方面的需要，开始回归于熟悉的社会关系网络中，因此对于年纪较大的人来说，在选择住宅区位时，是否靠近亲戚或者其他的社会关系也是一个重要的考虑因素。

3.9.6　安全

安全因素主要指的是住宅的安保情况、居住区的安全系数。安全因素与居民的经济属性和社会属性有关，这一点也可以用马斯洛的需求理论来解释，在满足了人的基本生存需要之后，开始有了安全的需求。收入较高以及受教育程度较高的居民会更注重住宅区位的安全因素，在居民收入水平较低的情况下，选择住宅区位往往考虑的是最基础的因素，没有更多自己选择的余地，但是收入高的家庭会考虑更多的因素，可以根据自己的偏好进行更为自由的选择，其中安全因素也在他们的考虑范围之内。

3.9.7　教育

教育因素主要是指是否邻近一些中小学和是否邻近大学。教育因素与居民的自然属性和社会属性都有关联，在家庭生命周期中，当处于有孩子需要上学的时期，在进行住宅区位选择时会考虑到是否方便孩子就学，以及学校的质量如何，学区质量可能会成为这一时期家庭的重要考虑因素。同时居民的受教育程度也会影响到教育因素，受教育水平越高的居民越倾向于选择一些邻近大学的住宅，因为周边的人群素质会较高，相对来说有一个更好的社会环境。

第二部分

宏观视角下房地产市场的区位异质性

第4章

货币政策、房地产市场情绪
与房价的时空联动

4.1 导　　言

自 1998 年全面房地产市场化改革以来，中国房地产业迅速成长为国民经济的重要支柱产业。与此同时，中国的房价也一路攀升，成为民生的焦点议题。中国房地产市场化改革后，中国的货币政策也开始了近 20 年的相对宽松期。1998 年中国广义货币（M2）存量和 M2/GDP 分别为 10.45 万亿元和 122.6%，到 2017 年这两个数值则分别达到了 167.68 万亿元和 202.1%。较多文献发现，宽松的货币政策是中国房价上涨的重要驱动力（李健和邓瑛，2011；徐忠等，2012；陈诗一和王祥，2016）。然而，中国房价上涨表现出明显的非平衡性。1999 ~ 2016 年间，全国商品房价格平均上涨了 264.15%，而北京、上海、广州和深圳的涨幅则分别为 441.03%、507.17%、295.71% 和 652.83%。由于不同区域在经济发展水平、资源禀赋、金融结构、住房供给等方面具有差异，货币政策在传导过程中往往会产生区域差异性，房价的非平衡上涨可能受货币政策的区位异质性的驱动（Fratantoni and Schuh，2003；Rubio，2014；Yu and Huang，2016）。此外，不同地区房价之间可能存在溢出效应，即单个地区的房价变动会驱动其他地区的房价变动（Iacoviello and Neri，2010；Vansteenkiste and Hiebert，2011）。这样，货币政策对某地区房价产生直接影响后，又会通过溢出效应影响其他城市房价，即货币政策可以通过溢出效应间接产生对房价的区位异质性影响。那么，中国货币政策直接引发的房价的空间异质性响应，以及由房价溢出效应导致的间接的空间异质性响应各有多大？过去文献缺乏相应的分析。

　　行为金融理论认为投资者情绪和行为对资产价格的形成和变动具有重大影响，这会引起资产价格偏离其内在价值。行为金融文献也关注到了投资者情绪会受到货币政策的影响（Chen，2007；Kurov，2010；Lutz，2015）。陈旭昇（2007）和柯洛夫（Kurov，2010）发现市场状况（熊市或牛市）会影响投资者情绪对货币政策的响应。鲁特兹（Lutz，2015）发现，无论是常规型货币政策还是非常规型货币政策，都会对投资者情绪产生极大影响。房地产市场情绪也可能受到货币政策的影响。当央行执行较为宽松货币政策时，风险偏好较高的投资者获得按揭的门槛降低，住房成交量会上升，媒体和购房者的关注增加。进而，中性风险偏好者（如刚需）形成房价上涨预期，进入市场，使得房地产价格迅速进入上升通道，并进一步强化市场看涨情绪。中国货币政策变动是如何影响了房地产市场情绪，过去文献探讨较少。由于不同地区房地产市场具有极大的差异，货币政策对不同城市的房地产市场情绪可能具有异质性影响。本章试图对中国货币政策引发的不同城市房地产市场情绪异质性响应给出实证上的证据。

　　为什么货币政策会引起不同城市房价和市场情绪存在区位异质性响应，这也是我们想探讨的内容。房地产市场是一个地域性很强的市场，城市经济和社会条件会影响房地产市场的表现。那么，城市经济和社会条件，是不是导致不同城市房价和市场情绪对货币政策冲击的响应表现出差异的原因呢？本章选取了五项衡量城市经济社会发展水平的指标：人均产出、土地供应、金融发达程度、市场化程度和失业率，分析了为什么这些指标可能导致不同城市房价和市场情绪对货币政策冲击的异质性响应。其后，通过实际数据，我们验证了这些指标显著影响了不同城市房价和市场情绪对货币政策冲击的响应幅度差异。此外，本章发现地方政府的住房限购会在一定程度上抑制房价和市场情绪对货币政策冲击的异质性响应。2011 年 1 月 ~ 2017 年 12 月期间，限购政策的强度可以明显划分为三个期间：2011 年 1 月 ~ 2014 年 9 月的严格限购期、2014 年 10 月 ~ 2016 年 9 月的限购放松期和 2016 年 10 月 ~ 2017 年 12 月的再次严格限购期。通过比较不同的样本区间内房价和市场情绪对货币政策的异质性响应程度，可以发现在限购严格期异质性响应程度较低而在限购放松期异质性响应程度较高。住房限购在一定程度上起到了缓解货币政策引发房价和市场情绪异质性响应的效果。

　　中国不同城市间房价如何跨空间影响市场情绪，以及市场情绪是如何跨空间影响不同城市的房价，是本研究要探讨的另一重要问题。过去已有不少文献关注了房地产市场情绪对房价的影响（Piazzesi and Schneider，2009；Hui and Wang，2014）。然而，市场情绪对房价的跨空间影响并未被过去文献所关注。比如，投资者强烈看好北京的房地产市场时，北京周边或与北京存在密切联系城市的房地产市场也可能受到关注，进而导致这些城市的房价上涨。投资者的情绪，也存在一个与资产价格的反馈过程，即资产价格的变动会反过来影响投资者的情绪（Shiller，2003）。在股票市场上，投资者情绪受股价的反馈特征得到了现实数据的支持（Greenwood and Shleifer，2014）。但过去文献较少关注市场情绪是如何受到房价变动的影响的。事实上，一个城市房价的持续上涨，可能引发投资者的投资热情以及普通民众的焦虑，这会进而加剧市场上看涨房价的情绪。同样，房价对市场情绪的影响也可能是跨空间的。比如某个城市的房价上涨，可能引发媒体和不同城市民众的关注和讨论，这会刺激其他城市民众对当地房地产市场的情绪。不同城市，其房价对其他城市市场情绪的影响程度有何差异，本章给出了实证上的证据。

　　本章的分析框架，涉及全国性的宏观变量货币政策，以及分城市的变量市场情绪和房价。为此，本章使用了包含全国性变量以及分城市变量，并且允许变量之间截面关联的 GVAR（Globe Vector Autoregression）模型（Dees et al.，2007；Pesaran et al.，2009a，2009b）。通过该模型，我们不仅能够分析全国货币政策冲击对各城市市场情绪和房价的影响，也能够分析单个城市房价冲击对其他城市市场情绪的跨空间影响以及单个城市市场情绪冲击对其他城市房价的跨空间影响。此外，对于货币政策引发的市场情绪和房价的区位异质性，我们进行了直接效应和间接效应的分解。

4.2　相关研究回顾

　　在宏观经济学领域，斯科特（Scott Jr，1955）最早提出了货币政策效果在不同区域的异质性问题。在蒙代尔（Mundell，1961）提出最优货币区理论之后，货币政策效果的区位异质性问题更加被学界所重视。卡里洛和迪芬拿（Carlino and Defina，1998）认为不同区域在经济发展和要素禀赋等方面存在巨大的差异，这使得不同区域对货币政策变动的反应强度和时滞存在不同，进而造成了货币政策效果的区位异质性。多恩布什等（Dornbusch et al.，1998）认为欧元区不同国家的金融结构（如企业融资结构、商业银行稳健性、非银行融资可得性）差异会导致统一货币政策产生区位异质性效果。货币政策同样可能对不同地区的房价有异质性效果。法坦托尼和舒赫（Fratantoni and Schuh，2003）认为这种异质性与地区间产业结构和经济条件的差异有很大关系。卢比奥（Rubio，2014）通过包含住房和抵押限制的两个国家的新凯恩斯均衡模型，解释了统一货币区内货币政策对不同国家房价的异质性影响。贝瑞贾等（Beraja et al.，2017）认为时变的住房净值地区分布会通过住房按揭再贷款渠道（mortgage refinancing）引起宏观货币政策对房价的区位异质性效果。大量文献通过不同国家的实证研究发现了货币政策对区域房价的异质性影响，如巴佛－博涅（Baffoe-Bonnie，1998）、法坦托尼和舒赫（Fratantoni and Schuh，2003）基于美国的实证，杨赞等（Yang et al.，2010）基于瑞典的实证，余华义和黄燕芬（Yu and Huang，2016）基于中国的实证等。由于不同城市间房价存在溢出效应，溢出效应会进一步强化货币政策对房价的异质性影响。然而，过去文献并未对货币政策对房价的异质性影响中直接效应和溢出成分进行过分解。城市经济社会变量以及城市住房政策（比如住房限购）是否影响城市房价对货币政策的响应幅度，过去文献也缺乏相关探讨。

过去文献对货币政策如何影响投资者情绪也进行了不少研究。伯南克和库特纳（Bernanke and Kuttner，2005）认为货币政策变动本身就会传递出乐观或悲观的情绪。由于货币政策也是投资者关注的重要信息，也会被媒体分析解读，投资者可能进一步对乐观或悲观情绪进行放大。鲁特兹（Lutz，2015）发现常规型和非常规型货币政策都会对投资者情绪产生很大的影响。柯洛夫（Kurov，2010）发现不同市场条件下货币政策对投资者情绪的影响具有差异，熊市中对投资者情绪变化更敏感的股票受货币政策的影响更大。然而，过去文献主要关注的是货币政策对证券市场中投资者情绪的影响，并未涉及房地产市场。由于房地产市场是一个区域性很强的市场，货币政策是否会引发不同区域房地产市场情绪的异质性响应，哪些因素会影响这种异质性响应，目前还是学界亟待探讨的问题。

投资者情绪对资产价格的影响是行为金融理论的一个热点领域。德隆等（DeLong et al.，1990）认为"噪声交易者"的加入，为资产价格的决定因素中添加了"噪声交易风险"，从而产生价格异常波动。赫什雷佛和托赫（Hirshleifer and Teoh，2003）认为情绪和感情会影响投资者的风险厌恶度，乐观情绪与股市泡沫有正相关性，而悲观情绪会使投资者的损失规避程度增加。贝克和伍格勒（Baker and Wurgler，2006）将由封闭式基金折价、周转率、IPO 数量、IPO 首日平均收益、总发行的股权数量和股权溢价这 6 个指标加权得到的 BW 情绪指数与股票市场横截面收益之间的关系进行实证研究，发现情绪对不易估值和套利的股票（高波动性股票）价格的影响更大。舒梅灵（Schmeling，2009）通过对多国数据的实证分析，发现投资者情绪与股票市场未来收益之间呈现负相关关系。房地产作为一种资产，其价格变动也在一定程度上受到市场情绪的影响。凯斯和席勒（Case and Shiller，1988）、席勒（Shiller，2007）通过调查和案例分析，发现购房者存在大量非理性行为，并指出房价偏离经济基本面，与非理性繁荣、人类弱点和对房价变动的反馈关系有关。帕泽斯和斯切内德（Piazzesi and Schneider，2009）通过对居民家庭的行为调查，发现了动量交易（momentum trading）群体规模在房地产市场繁荣末期快速增加。他们还通过住房搜寻模型，考察了在成交量没较大增加情况下少数乐观交易者如何抬高房价。阿贝尔等（Arbel et al.，2009）发现以色列房地产市场中动量交易行为很明显。博内梅尔和约拉德（Brunnermeier and Julliard，2008）从货币幻觉角度对房价偏离基本面进行了解释。其认为购房者在低通胀时往往将名义利率下降视为实际利率下降，低估未来按揭的实际成本，这种货币幻觉导致了错误定价。吉内索沃和梅耶（Genesove and Mayer，2001）通过波士顿郊区住房出售者行为的调查数据，发现业主的损失厌恶会影响其售房报价。若彻（Roche，2001）通过都柏林房地产市场数据，发现消费者的流行（fads）对房价具有极大的推动作用。柯兰普和梯特若格鲁（Clapp and Tirtiroglu，1994）认为好消息（或坏消息）会引起房地产市场参与者造成正面（或负面）的态度，从而加剧消息对房价的影响。诺威 - 马科斯（Novy-Marx，2009）认为房地产市场参与者对冲击的反应会放大冲击最初的影响，反过来又引起进一步的强化反应。虽然大量文献讨论了市场情绪对房价的影响，但这些文献基本都是把市场情绪和房价放在同一空间范畴加以讨论。某个地区的房地产市场情绪是否会跨区域影响周边区域房价，过去文献并未涉及。

投资者的情绪，也受资产价格变动的驱动（Shiller，2003）。资产价格变动引发情绪变动，得到了大量文献的支撑。安德瑞森和卡鲁斯（Andreassen and Kraus，1990）发现，让实验者在模拟市场中进行交易，当价格呈现一定趋势后，他们倾向于用过去价格的变化来进行交易。马瑞蒙等（Marimon et al.，1993）的实验发现，人们会根据价格波动去适应性地总结经验。德彭特（De Bondt，1993）根据实验和投资者调查，发现人们会将过去的趋势加以外推。然而，较多文献发现投资者的判断往往出现系统性的偏差。巴巴瑞斯等（Barberis et al.，1998）构建的包括表征性和保守性偏差的投资者情绪模型显示，投资者做决策时更多地依赖于过去的价格模式，而对新事件（如盈余公告等）反应不足。丹尼尔等（Daniel et al.，1998）认为投资者过度反应或反应不足是由于过度自信或有偏的自我归因（self contribution）。在房地产领域，过去文献较少关注房价变动是如何影响市场情绪的。

如何度量投资者情绪是行为金融学的重要问题。传统的情绪度量主要是利用代理指标和问卷调查两种方式来实现。代理指标法通常选取一些客观变量作为衡量投资者情绪的代理指标。德隆等（DeLong et al. , 1990）认为封闭式基金折价率可以反映噪声交易者的情绪变化。布朗和卡利夫（Brown and Cliff, 2005）将成交量或流动性视为衡量公众投资情绪的有效指标。贝克和伍格勒（Baker and Wurgler, 2006）选取了封闭式基金折价率、股票换手率、IPO 数目、IPO 平均首日回报率、权益资本发行与债务资本发行的比率和股利溢价这 6 个变量来构建投资者情绪的综合指数。代理指标法存在的问题主要有两方面：一是这些代理指标并不直接反映投资者情绪，其会受到很多因素的影响，包含了大量非情绪信息；二是代理指标的选取具有较强的主观性。问卷调查法一般是由机构设计问卷或统计标准，通过抽样调查的方式得到受访者信息，进而统计出衡量投资者情绪的指标。这类情绪指标比较有代表性的包括美国个体投资者协会（American Association of Individual Investors）指数、投资人情报（Investors Intelligence）编制的看跌情绪指数（Bearish Sentiment Index）、华尔街著名分析师马克·胡尔波特（Mark Hulbert）编制的 HSNSI 指数（Hulbert Stock Newsletter Sentiment Index）等。不少学术论文利用这类情绪指标，探讨了投资者情绪与证券市场表现之间的关系（Fisher and Statman, 2000；Lee et al. , 2002；Kurov, 2010）。然而，问卷调查法在获取情绪指标上可能出现样本代表性不足以及信息失真的问题，比如受访者主观上做出与内心真实想法并不符的反馈。此外，问卷调查法的情绪指标主要是针对证券市场，目前缺乏针对房地产研究的情绪指标数据。

随着互联网的普及，社交平台和搜索引擎成为了民众获取信息资讯最主要的渠道。由于社交平台的发文和搜索引擎信息检索反映了民众的关注点和心理活动，通过互联网大数据来量化民众情绪成为了近年来学界的热点。丹波特等（Danbolt et al. , 2015）和斯干诺斯等（Siganos et al. , 2017）利用以 Facebook 文本大数据构建的情绪指数分别对报价人公告超额回报（bidder announcement abnormal returns）和股市交易量做出了很好的预测。约瑟夫等（Joseph et al. , 2011）利用对股票名称关键词的 Google 检索数据作为投资者情绪的代理指标，较好地预测了超额收益和交易量。笪治等（Da et al. , 2014）以 149 个美国家庭关注词汇（如衰退、失业、破产等）的 Google 检索量指数（Search Volume Index, SVI）为基础构建了情绪指数 FEARS，并发现该指数对资产价格、波动性和基金流量有很好的预测力。目前还罕有文献尝试用互联网大数据方法来量化房地产市场情绪，本章也是这方面的一种探索。

4.3 房价和市场情绪对货币政策的异质性
响应及其空间联动的机制分析

本章的分析框架包括从货币政策导致的房价和市场情绪的直接区位异质性反应、房价和市场情绪的跨区域联动，以及由溢出效应所引起的间接的货币政策对房价和市场情绪的异质性反应。该框架由图 4 - 1 所示。

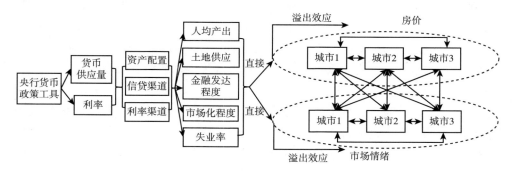

图 4 - 1 房价和市场情绪对货币政策的异质性响应及其空间联动的机制

资料来源：笔者绘制。

一般而言，中央银行可利用多种政策工具，通过中介目标变量（货币供应量和利率两类）作用于最终变量来实施货币政策。央行采用货币供应量中介目标时，会通过调整基础货币和货币供应量的规则性政策操作，来实现对通货膨胀和产出的调控。央行采用利率为中介目标时，会盯住一个合理水平的利率"锚"。当通货膨胀或产出偏离目标时，央行会在锚定利率基础上根据目标缺口状况对利率进行相应调整，从而实现调控目标。在实践上，中国央行的货币政策操作体现出利率工具和数量工具并行调控的特征（王曦等，2017）。因此，本章同时选取了货币供应量和利率两个变量来衡量中国央行的货币政策。

从宏观角度，货币政策变动会通过利率、信贷、资产配置等渠道对房地产市场产生影响进而影响房价。从利率渠道来看，其变动会对住房供需以及房价变动预期产生直接影响。实际利率降低会导致资金使用者成本下降和住房需求增加，推动地价和房价上涨。从信贷渠道来看，货币政策会改变银行信贷的供给和可得性，以及外部筹资成本与内部筹资机会成本之间的"外在融资溢价"。在房地产市场，信贷渠道可通过贷款门槛、贷款上限和首付比例等方式影响购房者的资产负债和住房需求，进而影响房价。信贷渠道还可通过"金融加速器"的机制，改变抵押品价值，放大对房地产市场的冲击效应（Bernanke et al.，1996）。此外，货币政策还可以通过改变资产配置方式影响房价。住房作为一种资产，如果货币政策变动引发其价格相对于其他资产的变动，会导致投资者改变资产组合。当宽松的货币政策引发房价相对其他资产价格的更快上涨时，会引起投资者将其他资产转为房产，进一步推高房价。

从城市层面来看，城市的经济社会条件会直接影响城市房价对货币政策的响应。

第一，经济发展水平会影响房价对货币政策的响应幅度。城市不同的经济发展水平，意味着城市中的企业对货币政策变动的敏感性不同（Carlino and Defina，1998）。不同经济发展水平的城市，其居民的购房行为和开发商的开发决策对货币政策变动的敏感性会有很大差异。这样货币政策变动会对各城市经济进而房价水平产生不同的影响。

第二，金融业发达程度会影响房价对货币政策的响应幅度。货币政策是通过对金融机构的经营活动以及金融市场产生影响，进而影响企业和居民的生产、投资和消费等行为的。金融业机构和金融市场的发达程度，会影响到货币政策的传导。在金融业较发达的城市，货币政策能通过金融机构和金融市场传递到房地产市场，对购房者和开发商产生较大影响；而在金融业不发达的城市，货币政策对购房者和开发商的影响效果会相对有限。

第三，土地供应的充足程度会影响房价对货币政策的响应幅度。土地供应越少，意味着土地的需求弹性越低，需求上涨引起的价格上涨幅度也越大。当宽松的货币政策引发住房需求增加时，如果土地弹性较低，则需求增加引起的房价上涨幅度较大；如果土地弹性较高，则需求增加引起的房价上涨幅度会相对较低。

第四，市场化程度会影响房价对货币政策的响应幅度。在市场化程度较高的城市，资源配置在很大程度上是通过市场竞争机制完成的；而市场化程度较低的城市，资源配置并不能完全做到市场化，非市场因素会对企业和个体活动产生较大影响。而货币政策是建立在市场机制上的，其政策效果跟市场化程度有很大关系。市场化程度较高的城市，货币政策对其房价的影响作用较大；而在市场化程度较低的城市，货币政策对其房价的影响作用较小。

第五，失业率会影响房价对货币政策的响应幅度。对于个体而言，失业会限制其住房按揭能力。当总体失业率较高时，即使宽松货币政策下，因居民的按揭能力受到限制，整体住房需求也难以提高。另外，失业率反映了劳动力市场隐性的制度吸引力。如果城市的制度缺乏吸引力，比如劳动力市场歧视、企业非公开招聘等，扩张性货币政策难以为当地创造就业岗位，并增加住房需求。这样，失业率较高的城市，其房价受到货币政策的影响也较小。

城市的经济社会条件也会直接影响城市房地产市场情绪对货币政策的响应。根据之前分析，各城市房价对货币政策的响应，会因经济社会因素的不同存在差异。而市场参与者会根据各城市经济社会条件的不同，去推断货币政策变动引发的房价走势，并形成市场情绪。房价对货币政策响应较大的城市，其房地产市场情绪会比较较高；反之亦然。然而，市场情绪可能存在对信息的过度反应。一方面，市场参与者认知偏差的存在，这会使其对房价变动的判断有偏于真实的房价对货币政策的响应。另一方面，参与者有限理性形成的"追涨""杀跌"心理，会导致市场情绪响应放大由城市经济社会条件决定的房价对货币政策的响应。

除了货币政策直接引起房价和市场情绪的异质性响应外，不同城市房价和市场情绪对货币政策的响应，也会受到房价和市场情绪的溢出效应的间接影响。不同城市间房价的相互影响，即房价溢出效应是房地产市场普遍的现象（Iacoviello and Neri，2010；Vansteenkiste and Hiebert，2011）。而不同城市的市场情绪也可能存在溢出效应，即某城市房地产市场受关注，市场情绪高涨时，其他城市房地产市场情绪也可能受到传染。这样，货币政策对某地区房价和市场情绪产生直接影响后，又会通过溢出效应影响其他城市房价和市场情绪，即货币政策可以通过溢出效应间接产生对房价和市场情绪的区位异质性影响。

此外，不同城市间的房价和市场情绪可能存在跨空间的相互影响。学界普遍承认市场情绪会对资产价格（证券和房价）产生影响（Baker and Wurgler，2006；Genesove and Mayer，2001）。然而，与证券市场的地域无差别性不同，房地产市场是一种地域性很强的市场。某个城市的房地产市场情绪不仅会对本城市房价产生影响，也可能对其他城市房价产生影响。比如北京房地产市场情绪高涨时，北京周边或与北京存在密切联系城市的房地产市场也可能受到关注，进而导致这些城市的房价上涨。投资者的情绪，也受资产价格变动的驱动（Shiller，2003）。某城市的房价快速上涨，可能引起民众对本地房地产市场的关注和本地房地产市场情绪的高涨。同时，这种房价对市场情绪的影响，也可能是跨空间的。比如某个城市的房价上涨，可能引发媒体和其他城市民众的关注和讨论，这会刺激其他城市民众对当地房地产市场的情绪。本章在第 6 小节，给出了中国不同城市间房价和市场情绪跨空间相互影响的证据。这种房价和市场情绪跨空间相互影响，也间接引起了不同城市房价和市场情绪对货币政策的异质性响应。

政策因素可能影响房价和市场情绪对货币政策冲击的响应。住房限购是中国政府应对房价过快上涨的一项重大政策，是典型的住房需求抑制政策。当货币政策转向宽松时，住房限购能够在一定程度抑制住房需求的增加，进而抑制房价对货币政策的响应。同样，限购政策也可能在一定程度上影响市场情绪对房价的响应。可以预期，在住房限购较严厉状态下，房价和市场情绪对货币政策响应的异质性程度会较低。因而，随着限购政策的变动，在不同时期内，不同城市房价和市场情绪对货币政策的异质性响应幅度应该不同。

4.4 实证模型和数据

4.4.1 实证模型

为实证研究货币政策对不同城市房价和市场情绪的异质性影响，以及房价和市场情绪的跨区域联动，我们采用了 GVAR 模型（Dees et al.，2007；Pesaran，Schuermann and Smith，2009a，2009b）。在这个模型中，35 个城市通过关联矩阵相互影响的 VAR 系统被详细刻画出来；而货币政策冲击不仅会直接影响某个城市，也会间接地通过城市间的交互作用影响其他城市。具体而言，GVAR 模型考虑了城市之间三种相互联系的途径：

途径 1：各城市变量受全国层面外生变量的共同影响，包括广义货币供应量和实际利率水平的变动。

途径 2：某个城市变量 x_{it} 依赖于其他城市该变量 x_{it}^* 的当期和滞后值。

途径 3：第 i 个城市会受到来自第 j 个城市所受到的当期冲击的影响，这种关联性通过误差的协方差矩阵加以反映。

对于任意一个城市 i 都可以表示为一个 VARX(p_i，q_i) 模型。

$$X_{it} = \alpha_i + \sum_{j=1}^{p_i} A_{ij} X_{i,t-j} + \sum_{j=1}^{q_i} B_{ij} X_{i,t-j}^* + \sum_{j=1}^{q_i} C_{ij} Y_{t-j} + \varepsilon_{it} \qquad (4-1)$$

其中，α_i 是截距向量；A_{ij}，B_{ij}，C_{ij} 是系数向量矩阵；ε_{it} 是异质的城市自主冲击的向量，其被假定为无序列相关的，均值为 0，即 $\varepsilon_{it} \sim i.i.d\left(0, \sum_{it}\right)$。向

量 X_{it} 包含一系列代表本城市情况的变量。星标向量 X_{it}^* 包含了一系列能够影响本城市且能刻画变量溢出效应的外部（foreign-specific）变量。外部变量通过对其他城市的对应变量取加权平均的方式得到。对于滞后阶数 p_i 和 q_i，我们通过 AIC 标准进行选取，最大滞后阶数限定为 3。

具体而言，X_{it}^* 可以按以下方式构建：

$$X_{it}^* = \sum_{j \neq i} w_{ij} X_{jt} \qquad (4-2)$$

我们采用了空间计量经济学中常用的距离权重构建方法来构建权重项 w_{ij}，该权重项能够刻画两个城市间的相互影响会随距离的增加而减少（Tobler，1970）。即：

$$w_{ij} = \begin{cases} 0, & \text{if } i = j \\ 1/d_{ij}, & \text{if } i \neq j \end{cases}$$

在实证中，空间权重项需要进一步做标准化处理。向量 Y_t 包括了全国共同变量，比如广义货币供应量和实际利率水平。共同变量服从以下过程：

$$Y_t = \alpha_x + \sum_{j=1}^{p_x} D_j Y_{t-j} + \sum_{j=0}^{q_x} E_j \tilde{X}_{t-j} + \varepsilon_{xt} \qquad (4-3)$$

其中，α_x 是截距向量，D_j 和 E_j 系数矩阵；ε_{xt} 是一个简化的残差向量，该项量被假定为无序列相关的，均值为 0，且伴随着满的方差 – 协方差（full variance-covariance）矩阵 $\sum_{xx}$。全国向量 $\tilde{X}_t$ 由各城市变量取加权平均计算而得，即 $\tilde{X}_t = \tilde{W}_t X_t$，其中 $\tilde{W}_t$ 是一个以各城市 GDP 为基准构造的时变权重矩阵。滞后阶数 p_x 和 q_x，我们也通过 AIC 标准进行选取，最大滞后阶数限定为 3。

GVAR 模型允许城市间相互影响，这是通过城市间的协方差矩阵实现的：

$$\sum_{ij} = \text{cov}(\varepsilon_{it}, \varepsilon_{jt}) = E(\varepsilon_{it} \varepsilon_{jt}') \text{ for } i \neq j \qquad (4-4)$$

其中，$\sum_{ij}$ 的代表性元素为 $\sigma_{ij,mn}$，它刻画了城市 i 的第 m 个元素与城市 j 的第 n 个元素之间的协方差。因此，针对某个城市的冲击可以跨空间影响其他城市，且不会被共同变量或外部变量所消除。

我们把每个城市的权重矩阵写为 W_i，则有 $X_{it}^* = W_i Y_t$。因而，我们可以把每个城市的模型写为：

$$G_{i0} X_{it} = \alpha_i + \sum_{j=1}^{p_i} G_{ij} X_{i,t-j} + \sum_{j=0}^{q_i} C_{ij} Y_{t-j} + \varepsilon_{it} \qquad (4-5)$$

其中，$G_{i0} = (I - B_{i0}W_i)$，$G_{ij} = (A_{ij} + B_{ij}W_i)$。我们可以把所有城市模型压缩为：

$$G_0X_t = \alpha + \sum_{j=1}^{p} G_jX_{t-j} + \sum_{j=0}^{q} C_jY_{t-j} + \varepsilon_t \qquad (4-6)$$

其中，$X_t = (X_{it}', \cdots, X_{Nt}')'$、$\varepsilon_t = (\varepsilon_{it}', \cdots, \varepsilon_{Nt}')'$、$G_0 = (G_{10}', \cdots, G_{N0}')'$、$\alpha_0 = (\alpha_1', \cdots, \alpha_N')'$、$G_j = (G_{1j}', \cdots, G_{Nj}')'$、$C_j = (C_{1j}', \cdots, C_{Nj}')'$，$p = \max(p_i)$，$q = \max(q_i)$。

由于 $\tilde{X}_t = \tilde{W}_tX_t$，我们可以进一步写为：

$$\Lambda_0Z_t = \beta_0 + \sum_{j=1}^{p} \Lambda_jZ_{t-j} + \mu_t \qquad (4-7)$$

其中，$Z_t = (X_t', Y_t')$ 包括了所有的城市以及全国的共同变量，并且 $\Lambda_0 = \begin{pmatrix} G_0 & -C_0 \\ -E_0\tilde{W}_t & I \end{pmatrix}$，$\beta_0 = \begin{pmatrix} \alpha \\ \alpha_x \end{pmatrix}$，$\Lambda_j = \begin{pmatrix} G_j & C_j \\ E_j\tilde{W}_t & D_j \end{pmatrix}$，$\mu_t = \begin{pmatrix} \varepsilon_t \\ \varepsilon_{xt} \end{pmatrix}$。

给定 Λ_0 为可逆矩阵，我们可以取得 GVAR(p) 模型的简化形式：

$$Z_t = \gamma_0 + \sum_{j=1}^{p} G_jZ_{t-j} + \nu_t \qquad (4-8)$$

其中，$\gamma_0 = \Lambda_0^{-1}\beta_0$，$G_j = \Lambda_0^{-1}\Lambda_j$。$\nu_t = \Lambda_0^{-1}\mu_t$ 是一个简化形式的冲击，其均值为 0 且有满方差 – 协方差矩阵 $\Omega = \Lambda_0^{-1} \sum (\Lambda_0^{-1})'$。

因而，GVAR 模型的动态特征，包括脉冲响应函数，都可以通过 Z_t 过程决定。方程可以通过递归的方式求解，并计算脉冲响应，具体过程可见迪斯等（Dees et al.，2007）。

4.4.2　数据获取方式和描述性统计

本章的 GVAR 模型包括影响全国宏观货币政策变量以及城市级的变量。宏观货币政策变量包括实际抵押贷款利率（rr）和实际广义货币供应量的增长率（M2r）；城市级的变量包括房价增长率（HPr）、房地产市场情绪指数（SI）、人均可支配收入的增长率（incomer）、通货膨胀率（inflation）、城市人口增长率（popr）。在构造以各城市 GDP 为基准的时变权重矩阵 $\tilde{W}_t$ 时，还需要用到各城市的 GDP。所有变量均为月度数据，样本区间为 2011 年 1 月 ~ 2017 年 12 月。利率和广义货币供应量数据取自中国人民银行网站，除房地产市场情绪指数以外的各城市级的数据，取自《中国经济景气月报》、前瞻数据库、各城市统计局网站、各城市统计年报等。货币计价的数据，我们扣除了通货膨胀率。各城市的 GDP 和人均可支配收入是季度数据，我们使用了 Chow-Lin 插值方法（邹至庄和林安洛，1971）估计了这两个变量的月度序列值，插值中使用了各城市固定资产投资完成额、社会消费品零售额的月度序列作为参考值。各城市的人口是年度数据，我们也采用了 Chow-Lin 插值方法估计其月度序列值，参考的月度序列是各城市的社会居民用电量。

在构建房地产市场情绪指数上，本章首先采用随机森林法将新浪微博采集的关键词进行过滤，之后通过主成分法对这些过滤后的关键词的百度指数进行构建房地产市场情绪指数。

随着网络的普及，社交平台成为公众抒发个人意见、释放情绪的主要渠道。由于社会经济环境与公众心理相互作用，经济政策等的变化往往引起情绪型舆论大量集中社交平台集中传播。针对某一主题，社交平台中的言论用语中会出现一系列相关词汇。新浪微博是中国最流行的社交平台之一，微博的言论用语在反映民众情绪上很有代表性。我们对 2011 年 1 月 1 日 ~ 2017 年 12 月 31 日以"房地产"为关键词的新浪微博进行文本采集，并将采集到的博文进行词性识别和词频统计，过滤掉无意义词语（如"我们""而且""后来""那些"等），可以得到包含 457 个词语的初始有效词表。[①]

我们对这 457 个初始关键词的百度搜索指数进行统计，发现有 102 个词语未被百度指数收录在统计范围内，因此房地产情绪指数的候选关键词由剩余 355 个关键词组成。利用大数据分析中常用的随机森林（Random Forest）算法，可以分析这 355 个候选关键词对房价变动率的重要性。我们运用随机森林法计算出了这 355 个关键词对房价变动率的关键性衡量值 Mean Decrease Accuracy 和 Mean Decrease Gini。[②] 其中，Mean Decrease Accuracy 用来衡量把一个变量的取值变为随机数后随机森林预测准确性的降低程度；Mean Decrease Gini 则通过基尼系数计算每个变量对分类树每个节点上观测值异质性的影响来比较变量的重要性。这两个值越大，表示该变量越重要。我们以这两项指标均大于 1 作为选为核心关键词的标准，共有 195 个核心关键词入选。

在谷歌 2010 年退出中国市场后，百度在中国引擎市场占据绝对垄断地位，

---

① 对于新浪微博的文本采集，我们使用了深圳视界信息技术有限公司研发的八爪鱼采集器（软著登字 00547832 号）。

② 我们利用了 R3.5.0 软件中的 randomForest 包。

使用百度数据观察民众关注度和情绪具有普遍的代表性。[①] 基于百度搜索的海量数据，百度指数可以计算出每个关键词的在不同地区用户中的关注度数值。百度指数的网页端指数于 2006 年 6 月推出，而包含网页端和移动端的综合指数于 2011 年 1 月后推出。为了全面衡量网页端和移动端的用户行为，我们使用了 2011 年 1 月 ~ 2017 年 12 月的百度综合指数。由于百度指数并未提供搜索数据的下载功能，我们自行编写了基于 Python 的网络爬虫（web scraping）程序，批量获取了每个关键词的分城市的月度时间序列数据。

之后，我们采用主成分（principal component analysis, PCA）方法来构建分城市的房地产情绪指数。PCA 的目标是用一组较少的不相关变量代替大量相关变量，同时尽可能保留初始变量的信息。这些推导所得的变量称为主成分，它们是观测变量的线性组合。对主成分的个数进行判断，最常见的是三种基于特征值的方法。卡塞尔 – 哈里斯（Kaiser-Harris）准则建议保留特征值大于 1 的主成分；卡特尔（Cattell）碎石检验则绘制了特征值与主成分数的图形，该检验建议将图形弯曲变化最大处之上的主成分都保留；平行分析法建议，如果基于真实数据的某个特征值大于一组随机数据矩阵相应的平均特征值，那么该主成分可以保留。对于不同城市，我们都可以按照这三种方法综合判断主成分的个数，并以此构建房地产市场情绪指数：

$$SI_i = \sum_{j=1}^{n} \lambda_j SI_{ij} / \sum_{j=1}^{n} \lambda_j \qquad (4-9)$$

其中，n 为主成分个数，λ_j 表示第 j 个主成分的方差贡献率，SI_{ij} 表示第 i 个城市的第 j 个旋转后的主成分。[②] 对主成分进行旋转目的是使结果更具有解释性。最常用的旋转法是极大方差旋转法，它试图对载荷阵的列进行去噪，使得每个成分只是由一组有限的变量来解释。即载荷阵每列只有少数几个很大的载荷，其他都是很小的载荷。利用极大方差旋转法，我们发现在 35 个城市中，主成分共计解释的方差都在 70% 以上，这表明主成分较完整地解释了市场情绪指数，利用随机森林—主成分方法构建的房地产市场情绪指数是合理的。表 4 – 1 给出了数据的初步统计结果。

在本章的 GVAR 模型中，W 是基于城市间距离的权重矩阵。本章利用 Arc-GIS 10.0 软件导入"国家基础地理信息系统"的中国 1：400 万地理信息系统数据库，实现了对中国 35 个大城市间的两两距离的测算。

---

① 基于艾瑞咨询的调研，2011 年 1 月和 2018 年 1 月，百度的中国市场份额分别为 77.7% 和 69.74% 。
② 对于样本中的 35 个城市，得到的主成分个数在 6 ~ 8 之间。

表 4 – 1　　　　　　　　　　　　　　　　数据初步统计

		平均值	标准差	最小值	最大值	样本量
$M2r_t$	总样本	0.011	0.011	− 0.013	0.037	72
rr_t	总样本	0.035	0.012	0.004	0.054	72
HPr_{it}	总样本	0.253	0.886	− 5.800	9.300	N = 2520
	组间		0.290	− 0.137	1.007	n = 35
	组内		0.840	− 5.410	8.871	T = 72
SI_{it}	总样本	56.212	59.863	1.121	539.2	N = 2520
	组间		44.989	3.847	217.502	n = 35
	组内		40.216	− 108.789	377.911	T = 72
$incomer_{it}$	总样本	0.915	0.655	− 2.138	6.283	N = 2520
	组间		0.133	0.689	1.261	n = 35
	组内		0.642	− 2.462	5.938	T = 72
$inflation_{it}$	总样本	0.176	0.646	− 2.900	3.300	N = 2520
	组间		0.024	0.128	0.225	n = 35
	组内		0.645	− 2.892	3.275	T = 72
$popr_{it}$	总样本	0.006	0.055	− 0.075	0.980	N = 2520
	组间		0.016	0.001	0.091	n = 35
	组内		0.053	− 0.161	0.895	T = 72

注：样本区间为 2011 年 1 月 ~ 2017 年 12 月。

资料来源：笔者计算而得。

4.5　识别策略和统计检验

4.5.1　识别策略

传统的 VAR 模型的参数识别策略是将部分变量系数设定为 0。但这种设定可能缺乏理论支撑，并导致模型估计结果产生偏误。利用符号约束来识别参数的方法是近年来为解决传统识别过程中约束条件过紧问题而提出的新的识别方法（Arias et al.，2018）。符号约束基于先验理论限定脉冲响应的方向，用较为宽松的不等式约束实现模型识别，能有效降低主观因素影响。符号约束的条件个数相对比较灵活。此外，由于不同变量受冲击后响应的时滞存在差异，符号约束可以对不同阶段的变量符号设定不同的约束。表 4-2 给出了我们的识别策略。

表 4-2   货币政策冲击的识别

	M2 增长率冲击		利率冲击	
	当期	一期之后	当期	一期之后
HPr_{it}	?	?	?	?
SI_{it}	?	?	?	?
$incomer_{it}$	0	≥	0	≤
$inflation_{it}$	0	≥	0	≤
$popr_{it}$	0	?	0	?

注：≥表示变量的反应被限定为非负，≤表示被限定为非正，0 表示被限定为无反应，? 表示不限制符号。

资料来源：笔者自制。

房价增速和房地产市场情绪是本章需要重点考察的变量，其受到冲击后的符号方向，我们事先并不做预设。按照经济学理论，受到宽松货币政策冲击后，人均可支配收入增长率和通货膨胀会增加，但效果并不会立即显现。因而，我们将人均可支配收入增长率和 CPI 的当期反应限定为 0，将其一个月后的反应限定为非负。一般而言，宽松货币政策冲击并不会对各城市当期人口增长率产生影响，各城市人口增长率的长期反应并不确定。因而，我们将人口增长率的当期和一个月后的反应分别设置为 0 和不确定。对施加符号约束后的模型求解，我们按照艾瑞阿斯（Arias et al.，2018）的方式进行。

4.5.2 统计检验

在对 GVAR 模型进行估计之前，我们需要对变量进行必要的统计检验。

我们首先应用传统的 ADF 检验以及考虑断点情况的 F-DF 检验（Enders and Lee，2012）对各变量进行单位根检验。结果显示，全国性变量（rr、M2r）以及几乎所有的城市层面的变量（HPr、SI、incomer、inflation、popr、HPr*、SI*、incomer*、inflation*、popr*）都在 5% 的显著性水平上拒绝了没有单位根的原假设。这表明这些变量都是平稳变量。

图 4-2 给出了对 GVAR 模型的其他的检验结果。图 4-2（a）给出了模型的残差序列，其相关性基本都在 -0.2 ~ 0.2 之间，可以认为序列残差是不相关的。因而，本章的模型较为恰当地拟合了数据的时序趋势。在 GVAR 模型中，各

个城市的参数估计值依赖于外部变量弱外生性的假设。按照裴萨然等（Pesaran et al. ，2004）的方式，我们对这个条件是否满足进行了检验。首先，我们构建的外部变量间的权重矩阵应该较小。随着 GVAR 模型中城市数量的增加，权重的大小应该逐渐趋于 0。图 4 - 2（b）展现了距离矩阵中权重项的大小情况。结果显示，除了个别权重项在 0. 5 ~ 0. 6 之间，绝大多数权重项都比较小。其次，模型要求横截面（cross-sectional）相关性应该较弱。这意味着随着 GVAR 模型中的城市数量逐渐增加到无穷大，横截面的个体冲击应该足够小。图 4 - 2（c）刻画出了模型估计残差的配对相关性（pairwise correlations）的绝对值的累积密度函数（cumulative density function）。该图显示，绝大多数配对相关性都很低。大致 90% 的配对相关性累积起来仍低于 40%，这证明了绝大多数残差的横截面的相关性是弱的。

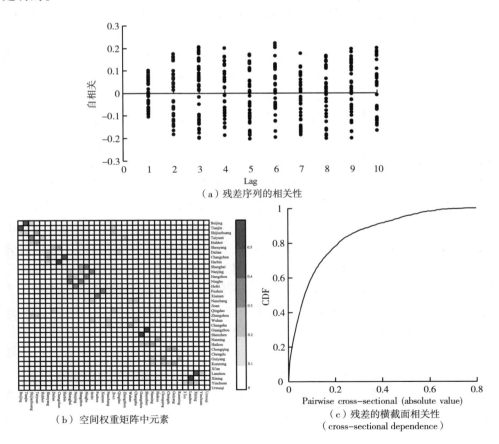

（a）残差序列的相关性

（b）空间权重矩阵中元素

（c）残差的横截面相关性
（cross-sectional dependence）

图 4 - 2　对 GVAR 模型的估计检验

资料来源：笔者计算而得。

4.6 实证结果与模型动态分析

这部分，我们将首先研究货币政策冲击对各城市的情绪和房价的异质性影响程度。其次，研究情绪和房价对于来自货币政策冲击的响应随时间变动的情况。再次，我们将进一步识别是哪些因素可能导致了这种城市层面的异质性效果。最后，我们将探讨单个城市的房价冲击如何跨区域影响其他城市房地产市场情绪，以及单个城市的房地产市场情绪冲击是如何跨区域影响其他城市的房价。

4.6.1 房价和房地产市场情绪对货币政策冲击的空间异质性响应

图 4-3 和图 4-4 直观地展示了 35 个城市房价和房地产市场情绪对货币冲击的空间异质性响应。当给广义货币供应量增速（M2r）一个标准误（one-standard-deviation）的正向冲击后，图 4-3 中的（a）和（b）中的黑点分别给出 35 个城市房价和房地产市场情绪的峰值响应的中位数（median peak response），箱型图的左右两侧分别代表 10% 和 90% 分位的峰值响应值。我们可以看出，不同城市的房价和房地产市场情绪在受到货币供应量冲击后的响应都为正值，但不同城市间的差异非常明显。房价和房地产市场情绪的峰值响应大小，基本呈现由一线城市、二线城市再到三线城市依次递减的规律。相对于房价的峰值响应，房地产市场情绪的两极分化更为明显。房价和市场情绪的峰值响应的中位数值排前四位的城市（都是一线城市，顺序略有不同），房价的峰值响应的中位数分别为 0.213%、0.191%、0.173% 和 0.156%，市场情绪的峰值响应的中位数分别为 0.255%、0.236%、0.220% 和 0.205%。房价和市场情绪的峰值响应的中位数值排末四位的城市，房价的峰值响应的中位数分别为 0.048%、0.045%、0.037% 和 0.033%，市场情绪的峰值响应的中位数分别为 0.040%、0.033%、0.023% 和 0.015%。

当给实际利率（rr）一个标准误（one-standard-deviation）的负向冲击后，图 4-4 中的（a）和（b）分别给出了 35 个城市房价和房地产市场情绪的峰值响应情况（包括中位数、10% 和 90% 分位值）。房价和房地产市场情绪的峰值响应大小，也呈现由一线城市、二线城市再到三线城市依次递减的规律。此外，市场情绪的峰值响应的两极分化程度高于房价的峰值响应的两极分化程度。

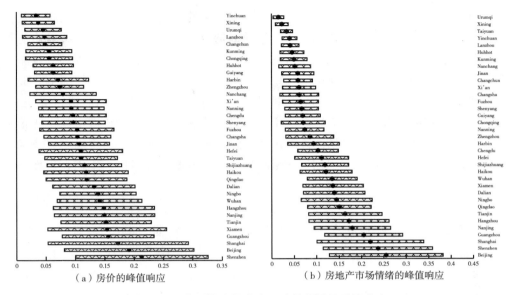

图 4 - 3　货币供应量冲击导致的空间异质性响应

注：图中的黑点代表峰值响应的中位数（median peak response），箱型图的两侧分别代表 10% 和 90% 分位的峰值响应。下同。

资料来源：笔者计算而得。

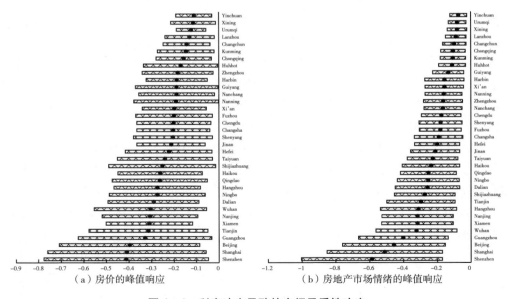

图 4 - 4　利率冲击导致的空间异质性响应

资料来源：笔者计算而得。

这表明，货币政策冲击对各地房价和市场情绪的影响都呈现明显的两极分化效果。一线、二线城市的房价和市场情绪受到货币政策的影响相对于三线城市更加剧烈。中国近年来一线、二线城市的房价大幅上涨，进一步拉开了其和三线城市间的房价差距，这在一定程度上是受到了宏观上宽松的货币政策的影响。此外，市场情绪对货币政策冲击的异质性响应超过了房价的异质性响应值得关注。这表明货币政策冲击会在极大地影响市场情绪，特别是一线、二线城市的市场情绪。一线、二线城市的市场情绪高涨可能导致非理性交易增加，房价出现偏离经济基本面的上涨。市场情绪变动如何影响本地和其他城市的房价，我们在后面章节会给出具体的实证证据。

4.6.2 不同时期房价和房地产市场情绪的空间异质性响应

房价和房地产市场情绪对货币政策冲击的空间异质性响应是否在不同时期具有差异，这也是我们关注的重要问题。在本章样本区间，中国的房地产政策是有明显的变化的。房价和市场情绪的空间异质性响应在不同时期的差异可能与房地产政策的改变有关。梳理本章样本区间内中国房地产政策的变动，我们可以划分出三个主要的阶段。

第一阶段，2011 年 1 月~2014 年 9 月的住房限购期。在 2008 年国际金融危机后，中国政府推出了大规模的经济刺激政策，主要城市的房价均出现了比较明显的上涨。为应对房价过快上涨导致的社会矛盾，中央于 2010 年 4 月 17 日出台了《国务院关于坚决遏制部分城市房价过快上涨的通知》，要求"地方人民政府可根据实际情况，采取临时性措施，在一定时期内限定购房套数"，由此拉开了住房限购的序幕。2010 年 4 月 30 日，北京出台了全国第一个楼市限购令。2011 年 1 月 26 日国务院常务会议后，中央再度推出八条房地产市场调控措施，明确规定了限购城市的范围（各直辖市、计划单列市、省会城市和房价过高、上涨过快的城市）、限购标准，并强调了问责机制。截至 2011 年 3 月底，限购政策在全国主要城市（涵盖了本章样本中的35 个城市）全面铺开。截至 2014 年 9 月，住房限购城市基本都按照出台的限购标准执行住房限购。

第二阶段，2014 年 10 月~2016 年 9 月住房限购政策放松期。2014 年上半年，中国房价上涨的势头得到了缓解，部分城市的房价甚至出现了下降。由于限购政策对住房需求的抑制，部分城市出现了新建商品房库存高企的问题。"去库存"，稳定房地产市场，成为了当时各地方政府的重要工作。2014 年 6 月 27 日，呼和浩特市政府率先发布公告放开住房限购，2014 年 8 月~9 月，住房限购城市开始集中"松绑"，直接取消或部分取消了之前的限购政策。截至 2014 年 10 月 8 日，先前推出住房限购政策的 46 个城市中，仅有北京、上海、广州、深圳和三亚仍在执行原来的限购政策。①

第三阶段，2016 年 10 月~2017 年 12 月住房限购政策恢复期。2016 年上半年，中国房地产市场又进入了新一轮上升周期，中国主要一、二线城市房价均出现了较大幅度增长。"抑制资产泡沫"成为中央提出的 2016 年下半年的重要任务。② 从 2016 年 9 月 18 日杭州重启住房限购开始，中国各地又开始了新一轮的住房限购。截至 2016 年 10 月 9 日，已有 22 个城市重启住房限购政策或对已出台的限购政策进行升级，多数城市的限购严格程度恢复到了上一轮限购时期的水平。③

图 4 – 5 和图 4 – 6 给出了不同样本区间的房价和市场情绪的峰值响应。在 2011 年 1 月~2014 年 9 月的样本区间（即第一阶段），35 个大城市执行了比较严格的住房限购政策。我们看到图 4 – 5（e）中房价和市场情绪对来自 M2 增量的 1 个标准误冲击的峰值响应（中位数、10% 和 90% 分位），以及房价和市场情绪对来自利率的 1 个标准误的冲击的峰值响应，城市间的差距相对较小。我们看到，在 2011 年 1 月~2016 年 9 月的样本区间（包括了第一阶段的住房限购期及第二阶段的住房限购放松期），图 4 – 5 中的房价和市场情绪对 M2 增量冲击的峰值响应，以及图 4 – 6 中房价和市场情绪对利率冲击的峰值响应，其城市间的差距相比于 2011 年 1 月~2014 年 9 月的样本区间有了明显的增大。在第三阶段，住房限购政策又趋于严格。我们看到，在 2011 年 1 月~2017 年 12 月的样本区间，图 4 – 6（e）中的房价和市场情绪对 M2 增量冲击的峰值响应，以及图 4 – 6 中房价和市场情绪对利率冲击的峰值响应，其城市间的差距相比于 2011 年 1 月~2016 年 9 月的样本区间又有所减小。

表 4 – 3 给出了不同时段房价和市场情绪对货币政策冲击的异质性响应的描述性统计，进一步印证了这种异质性的时间变化情况。2011 年 1 月~2014 年 9 月、2011 年 1 月~2016 年 9 月、2011 年 1 月~2017 年 12 月三个样本区间，房价

---

① 见《专家称一线城市限购政策退出只是时间问题》，人民网，2014 – 09 – 29，http：//house. people. com. cn/n/2014/0929/c194441 – 25761580. html

② 2016 年 7 月 26 日中共中央政治局召开会议，分析研究经济形势，部署下半年经济工作。这次会议首次提出要"抑制资产泡沫"。

③ 其中包括 35 个样本城市中的北京、上海、广州、深圳、成都、福州、杭州、合肥、济南、南昌、南京、厦门、天津、武汉、郑州等 16 个城市。

对 M2 增量冲击的峰值响应的中位数的标准差分别为 0.024、0.048 和 0.045；房价对利率冲击的峰值响应的中位数的标准差分别为 0.045、0.092 和 0.081；市场情绪对 M2 增量冲击的峰值响应的中位数的标准差分别为 0.028、0.063 和 0.056；市场情绪对利率冲击的峰值响应的中位数的标准差分别为 0.091、0.141 和 0.134。这表明，房价和市场情绪对货币政策冲击的异质性在三个阶段都是先增加后减小的。房价和市场情绪对货币政策冲击的异质性响应受到住房限购政策的影响。在住房限购较严格阶段，房价和市场情绪响应的异质性相对较低；而在住房限购政策放松阶段，这种异质性会迅速拉大。

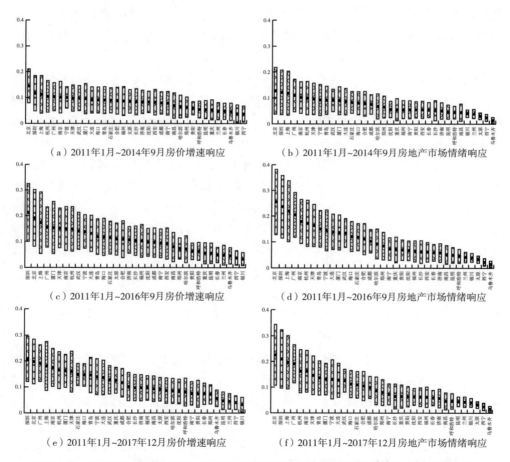

图 4－5　不同时间段的 35 个城市房价增速和市场情绪对 M2 增量冲击的异质性响应

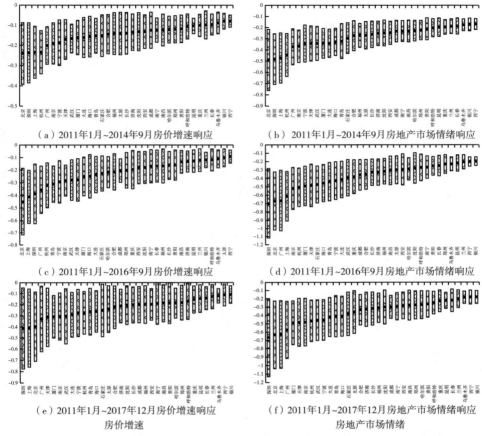

（a）2011年1月~2014年9月房价增速响应

（b）2011年1月~2014年9月房地产市场情绪响应

（c）2011年1月~2016年9月房价增速响应

（d）2011年1月~2016年9月房地产市场情绪响应

（e）2011年1月~2017年12月房价增速响应
房价增速

（f）2011年1月~2017年12月房地产市场情绪响应
房地产市场情绪

图 4-6　不同时间段的 35 个城市房价增速和市场情绪对利率冲击的异质性响应

表 4-3　房价增长率和房地产市场情绪对货币政策冲击的异质性响应：描述统计

	房价增长率的响应				情绪的响应			
	Mean	Min.	Max.	Std. dev.	Mean	Min.	Max.	Std. dev.
M2 增量冲击								
2011M1 – 2014M9	0.081	0.037	0.145	0.024	0.07	0.014	0.128	0.028
2011M1 – 2015M12	0.113	0.032	0.208	0.048	0.104	0.015	0.255	0.063
2011M1 – 2018M4	0.105	0.033	0.213	0.045	0.097	0.015	0.225	0.056
利率冲击								
2011M1 – 2014M9	– 0.145	– 0.24	– 0.079	0.045	– 0.284	– 0.489	– 0.169	0.091
2011M1 – 2015M12	– 0.218	– 0.452	– 0.093	0.092	– 0.375	– 0.700	– 0.197	0.141
2011M1 – 2018M4	– 0.231	– 0.412	– 0.11	0.081	– 0.359	– 0.665	– 0.182	0.134

注：表中为房价增长率和房地产市场情绪指数的峰值响应的中位数（median peak response）的各项描述统计指标。

资料来源：笔者计算而得。

4.6.3　为什么货币政策冲击会引起房价和市场情绪的异质性响应

探讨是什么决定了房价和市场情绪对货币政策冲击的异质性响应也是本章要做的一项工作。由于不同城市间房价和市场情绪可能存在跨空间的相互影响，即存在所谓的溢出效应（spillover），我们首先将研究货币政策对不同城市房价和市场情绪的影响中，空间溢出效应究竟起了多大的作用。为此，我们将比较基准模型下货币政策冲击产生的影响与去掉空间相关性后的模型下货币政策产生的影响。具体而言，在模型的识别策略仍保持不变情况下，我们将方程中外部变量（foreign-specific variables）的系数强制设为 0。此时，货币政策冲击对某个城市 i 的影响将直接来自共同因素的向量 Y_t，来自其他城市的作用都会被抹去。这样，我们就可以把货币政策冲击产生的影响分解为两部分：（1）直接影响，即从去掉城市间相互影响的模型中估计出的响应；（2）溢出成分，基准模型估计出的响应与去掉城市间相互影响的模型估计出的响应之间的差值。

图 4-7（a）、（b）分别给出了房价增长率和市场情绪指数对来自 M2 增长率 1 个标准误正向冲击后的峰值响应的中位数的直接影响和溢出成分；图 4-7（c）、（d）分别给出了房价增长率和市场情绪指数对来自利率 1 个标准误正向冲击后的峰值响应的中位数的直接影响和溢出成分。其中，直接影响和溢出成分分别是图中的深色和浅色的条形，实线是溢出成分的占比。从图 4-7 可以看出，无论是房价增长率对货币政策冲击的响应，还是市场情绪指数对货币政策冲击的响应，溢出成分的比重均呈现出一线城市高于二线城市，而二线城市又高于三线城市的情况。这表明，除了货币政策直接引发的房价和市场情绪的异质性响应外，溢出效应也是加剧货币政策对房价和市场情绪的异质性影响的重要因素。也就是说，在货币政策引发不同城市房价和市场情绪的异质性响应后，不同城市间房价和市场情绪的相互影响，会进一步加剧房价和市场情绪的地区间差距。此外，受到 M2 增量冲击和利率冲击后，房价响应中溢出成分的占比分别介于 30.9% ~ 55.3% 和 27.1% ~ 59.5%；而市场情绪响应中溢出成分占比分别介于 14.8% ~ 68.7% 和 14.3% ~ 72.7%。也就是说，市场情绪响应中溢出成分占比的城市间差距更大。这表明，溢出效应在引起市场情绪对货币政策冲击的异质性响应中的作用，要高于其在引起房价对货币政策冲击的异质性响应中的作用。

在本章第三部分，我们探讨了人均产出、金融发达程度、土地供应、市场化程度、失业率等城市经济社会特征会在一定程度上影响不同城市房价和市场情绪对货币政策冲击的响应。为此，我们将估计出的各城市的房价和市场情绪对货币政策冲击的响应与这几个反映城市经济特征的变量进行回归。

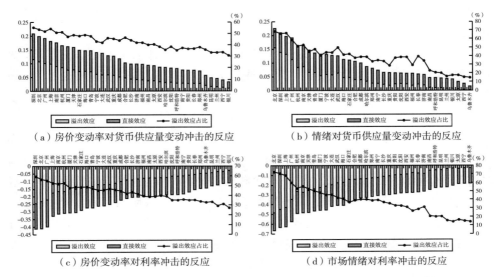

图 4 - 7　房价和市场情绪对货币政策冲击的响应中的直接效应和溢出成分分解

资料来源：笔者计算而得。

（1）人均产出，我们用人均 GDP（PerGDP）来衡量。理论上而言，经济发展水平越高的城市，企业和购房者对金融体系的依赖越高，其房价和市场情绪对货币政策冲击的响应幅度越大。

（2）我们用金融业增加值占 GDP 的比重（FinGDP）作为各城市金融业发达程度的代理指标。金融业机构和金融市场的发达程度，会影响到货币政策的有效性。可以预期，金融业较发达的城市受货币政策的影响也会较大，进而这些城市的房价和房地产市场情绪受到货币政策的影响也会较大。

（3）我们用新增住宅用地面积占建成区面积的比重（Nhouseland）来代理衡量各城市住宅土地供应的稀缺程度。如果该比重越小，表明在样本区间的住宅土地供应较小，住宅土地供应稀缺程度较高。可以预期，土地稀缺程度越高的城市，其房价和市场情绪对货币政策冲击的响应幅度越大。

（4）在衡量市场化程度上，我们采用了王小鲁等（2017）设计的市场化指数（MarketIndex）。① 该指数从政府与市场关系、非国有经济发展、产品市场的

————————————
① 王小鲁、樊纲和余静文（2017）计算了 2008～2014 年中国分省的市场化指数。我们按照其方法，将指数计算到 2017 年。各城市的市场化指数，我们取它们所在省份的市场化指数。

发育程度、要素市场的发育程度及市场中介组织的发育和法律制度环境等方面综合考察了市场化程度。市场化程度较低的城市，货币政策的效果在当地会受到很大的限制。可以预期，市场化程度越高的城市，其房价和房地产市场情绪受到货币政策的影响会较大。

（5）我们考虑了城市登记失业率（unemployment）作为衡量住房总需求以及劳动力市场隐性的制度吸引力的综合代理变量。失业会限制家庭的按揭能力，失业率也反映了劳动力市场隐性的制度吸引力。可以预期，失业率较高的城市，其房价和房地产市场情绪受到货币政策的影响也较小。

表4-4给出了各城市经济特征变量对货币政策冲击下房价和市场情绪响应的回归结果。从结果可以看出，人均GDP、金融业增加值占GDP的比重、登记失业率和市场化指数，对货币政策冲击下房价和市场情绪的响应是具有解释力的。无论是M2增量冲击还是利率冲击，房价和市场情绪响应的总效应的回归方程中，解释变量的系数符号都符合预期，且基本显著。房价和市场情绪响应的直接效应和溢出成分的回归方程中，解释变量的系数符号也基本符合预期，且不少都是显著的。这表明，人均GDP、金融业增加值占GDP的比重和市场化指数越高的城市，其房价和市场情绪对货币政策冲击的响应越高；而新增住宅用地面积占建成区面积的比重和失业率越高的城市，其房价和市场情绪对货币政策冲击的响应越低。

表4-4　　各城市经济特征对货币政策冲击下房价与市场情绪的响应的影响

	房价变动率的峰值响应的中位数			市场情绪指数的峰值响应的中位数		
	M2 增量冲击					
	直接效应	溢出成分	总效应	直接效应	溢出成分	总效应
ln(PerGDP)	-0.009 (0.023)	0.052* (0.031)	0.062*** (0.023)	0.014 (0.069)	0.097*** (0.037)	0.111*** (0.039)
FinGDP	0.018 (0.018)	0.040* (0.023)	0.057*** (0.012)	0.064 (0.084)	0.084*** (0.015)	0.148*** (0.019)
Nhouseland	-0.012** (0.006)	-0.008 (0.006)	-0.021*** (0.007)	-0.019*** (0.006)	-0.009** (0.004)	-0.029*** (0.010)
MarketIndex	0.009 (0.011)	0.013 (0.013)	0.023* (0.013)	-0.013 (0.028)	0.012 (0.014)	0.025** (0.011)
Unemployment	-0.003 (0.011)	-0.005 (0.027)	-0.008** (0.004)	-0.012 (0.017)	0.006 (0.039)	0.017 (0.012)
截距项	3.578 (2.800)	1.188 (0.870)	9.079 (6.355)	-0.497 (0.436)	0.471* (0.263)	1.110 (2.753)

续表

	房价变动率的峰值响应的中位数			市场情绪指数的峰值响应的中位数		
	M2 增量冲击					
	直接效应	溢出成分	总效应	直接效应	溢出成分	总效应
观测值	35	35	35	35	35	35
R^2	0.279	0.458	0.474	0.358	0.391	0.452
	利率冲击					
ln(PerGDP)	− 0.020 * (0.012)	− 0.005 (0.022)	− 0.025 * (0.015)	− 0.014 (0.011)	− 0.065 (0.057)	0.080 ** (0.040)
FinGDP	− 0.003 * (0.002)	− 0.007 (0.011)	− 0.011 * (0.006)	− 0.107 (0.032)	− 0.094 * (0.059)	− 0.201 ** (0.081)
Nhouseland	0.019 * (0.011)	0.011 (0.016)	0.031 ** (0.013)	0.025 ** (0.006)	0.016 * (0.009)	0.041 ** (0.020)
MarketIndex	− 0.018 ** (0.008)	− 0.028 * (0.015)	− 0.045 (0.031)	− 0.019 (0.034)	− 0.039 * (0.021)	− 0.058 ** (0.028)
Unemployment	− 0.004 (0.009)	0.021 (0.025)	0.018 (0.021)	0.013 (0.033)	0.021 (0.035)	0.034 * (0.021)
截距项	− 0.041 (0.382)	0.022 *** (0.005)	0.437 (0.303)	− 0.228 (0.358)	0.082 ** (0.038)	0.010 (0.030)
观测值	35	35	35	35	35	35
R^2	0.351	0.386	0.458	0.428	0.418	0.463

注：自变量取 2011~2017 年的平均值。括号内为稳健标准误。 *** 、 ** 、 * 分别代表 1% 、5% 和 10% 显著性水平上显著。

资料来源：笔者计算而得。

4.6.4　变量对货币政策冲击的动态响应

不同变量在受到货币政策冲击后，响应的强度会随时间发生变化。接下来，我们利用广义脉冲响应函数来分析货币政策冲击对不同变量的全国平均动态影响。各城市变量对货币政策冲击的脉冲响应通过加权平均可以得到全国性变量的脉冲响应。图 4 − 8 给出了房价变动率、房地产市场情绪指数、人均收入变动率、通货膨胀率和人口变动率分别对货币供应量增长率以及利率冲击后的动态响应。从图 4 − 8 可以看出，受到货币政策冲击后，房地产市场情绪响应是先于房价响应出现峰值的。这表明，宽松的货币政策冲击会先带动房地产市场情绪高涨，其后货币政策和市场情绪会共同推高房价。此外，受到货币政策冲击后，房价响应的衰减速度比较缓慢，而市场情绪的衰减速度相对较快。这表明，货币政策给市场情绪带来的影响会逐渐减弱，而其给房价带来的冲击则会持续较长的时间。相比于房价和市场情绪对货币政策冲击的响应，人均收入变动率、通货膨胀和人口变动率对货币政策冲击的响应强度相对较弱。

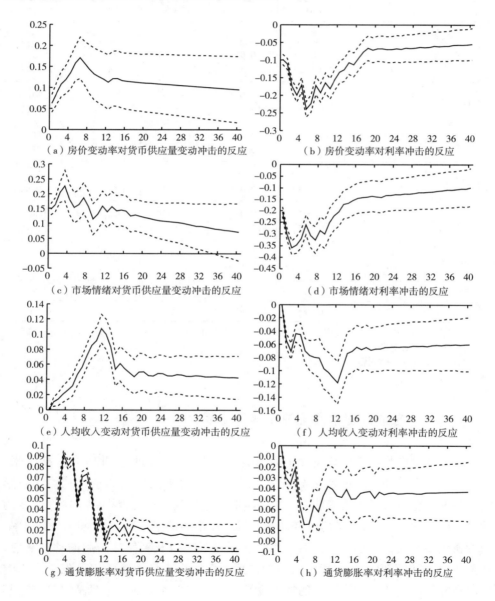

（a）房价变动率对货币供应量变动冲击的反应

（b）房价变动率对利率冲击的反应

（c）市场情绪对货币供应量变动冲击的反应

（d）市场情绪对利率冲击的反应

（e）人均收入变动对货币供应量变动冲击的反应

（f）人均收入变动对利率冲击的反应

（g）通货膨胀率对货币供应量变动冲击的反应

（h）通货膨胀率对利率冲击的反应

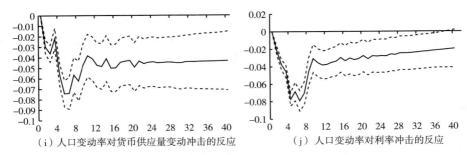

（i）人口变动率对货币供应量变动冲击的反应　　　（j）人口变动率对利率冲击的反应

图 4 - 8　不同变量对货币政策冲击的动态响应

注：实线代表平均响应的中位数，上下两条虚线分别代表 10% 和 90% 分位。
资料来源：笔者计算而得。

4.6.5　代表性城市的市场情绪冲击对不同城市房价的影响

由于不同城市间的房地产市场是相互影响的，某个城市的房地产市场情绪变动可能影响到其他城市的房价。比如，当某个城市的房地产市场被普遍看好时，由于民众社会关系网络和城市间经济、社会联系，其他城市的房地产市场的热度也可能被带动。图 4 - 9 给出了分别对北京、广州、南京、兰州的房地产市场情绪指数施加一个标准误的正向冲击后，其他城市房价变动率的异质性的响应。其中，北京和广州是一线城市的代表，南京是二线城市的代表，兰州是三线城市的代表。

从图 4 - 9 可以看出，其他城市的房价变动率受到北京和广州的房地产市场情绪冲击后的响应幅度最高；其他城市的房价变动率受到南京的市场情绪冲击后的响应幅度次之；而其他城市的房价变动率受到兰州的市场情绪冲击后的响应幅度最小。这表明，一线城市的房地产市场对全国而言有着举足轻重的作用。一线城市房地产市场情绪对其他城市房价的影响力是最大的；二线城市的市场情绪对其他城市房价的影响力次之；而三线城市的市场情绪对其他城市房价影响力是较小的。通过房地产市场调控和舆论宣传，稳定民众对一线城市房地产市场的情绪，有利于在全国范围内稳定房价。政府应重视稳定一线城市房地产市场情绪。

此外，在给北京、广州、南京和兰州房地产市场情绪正向冲击后，我们可以看到一线城市房价的响应高于二线城市房价的响应，而二线城市房价的响应又高于三线城市房价的响应。这表明在单个房地产市场情绪受到冲击后，一线、二线城市的房价会受到较大程度的带动。也就是说，一线、二线城市的房价更易受到其他城市房地产市场情绪的影响。如果各城市房地产市场情绪都有相同幅度的上涨，会刺激一线、二线城市房价较大幅度的上涨。因而，当形成全国性的高涨的房地产市场情绪后，控制一线、二线城市的房价上涨也相对比较困难。

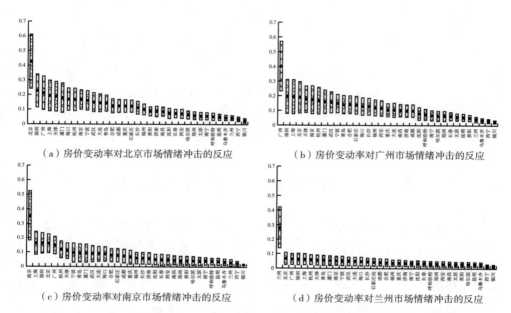

（a）房价变动率对北京市场情绪冲击的反应　　（b）房价变动率对广州市场情绪冲击的反应

（c）房价变动率对南京市场情绪冲击的反应　　（d）房价变动率对兰州市场情绪冲击的反应

图4－9　北京、广州、南京和兰州房地产市场情绪冲击对其他城市房价的影响

资料来源：笔者计算而得。

4.6.6　代表性城市房价冲击对不同城市市场情绪的影响

图4－10给出了分别对北京、广州、南京、兰州的房价增长率施加一个标准误的正向冲击后，其他城市房地产市场情绪的异质性的响应。与其他城市房价受到单个城市的房地产市场情绪冲击后的响应幅度相比，其他城市房地产市场情绪受到单个城市房价冲击后的响应幅度要小很多（响应幅度基本都在0.1%以内）。

从图4－10可以看出，其他城市的房地产市场情绪受到北京和广州的房价增长率冲击后的响应幅度最高；其他城市的房地产市场情绪受到南京的房价增长率冲击后的响应幅度次之；而其他城市的房地产市场情绪受到兰州的房价增长率冲击后的响应幅度最小。这表明，一线、二线城市的房价变动对全国的房地产市场情绪有相对较大的影响；而三线城市的房价变动对全国房地产市场情绪的影响相对较小。从稳定全国性的房地产市场情绪角度，避免一线、二线城市房价的过快上涨尤为重要。

在给北京、广州、南京和兰州房价增长率正向冲击后，我们可以看到一线城市房地产市场情绪的响应高于二线城市，而二线城市又高于三线城市。这表明，一线、二线城市的房地产市场情绪更容易被部分城市的房价上涨所引发。

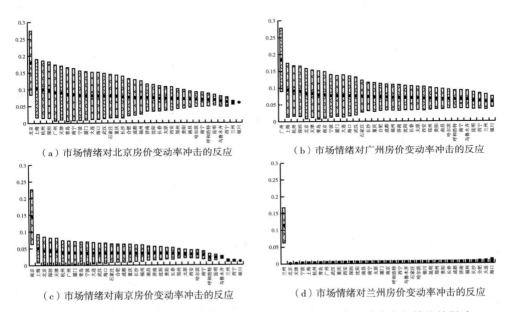

（a）市场情绪对北京房价变动率冲击的反应　　　　（b）市场情绪对广州房价变动率冲击的反应

（c）市场情绪对南京房价变动率冲击的反应　　　　（d）市场情绪对兰州房价变动率冲击的反应

图 4－10　北京、广州、南京和兰州的房价冲击对其他城市房地产市场情绪的影响
资料来源：笔者计算而得。

4.7　结论和政策启示

本章首先构建了分析货币政策对不同城市房价和房地产市场情绪的空间差异性影响及房价和市场情绪的跨空间相互影响的分析框架。通过随机森林法对新浪微博的有关房地产的关键词进行过滤，并通过主成分法对关键词的百度指数降维，本章构建了中国 35 个城市的房地产市场情绪指数。之后，基于 2011 年 1 月～2017 年 12 月的中国宏观和 35 个城市的数据，本章通过 GVAR 模型探讨了货币政策冲击对不同城市房价和市场情绪的异质性影响、不同时期这种异质性的差异、城市经济特征变量对这种异质性的影响、代表性城市的市场情绪如何跨空间影响其他城市房价，以及代表性城市的房价如何跨空间影响其他城市的市场情绪。本章的结论有以下方面。

第一，在受到货币政策（包括 M2 增长率和利率）冲击后，房价和房地产市场情绪的峰值响应大小，基本呈现由一线城市、二线城市再到三线城市依次递减的规律。相对于房价的峰值响应，房地产市场情绪受货币政策冲击后的响应的两极分化更为明显。

第二，货币政策导致的房价和市场情绪的空间异质性响应呈现时间段上的明显差异。在 2011 年 1 月 ~ 2014 年 9 月的住房限购期，房价和市场情绪对货币政策冲击的响应的异质性相对较低；2014 年 10 月 ~ 2016 年 9 月住房限购政策放松期，这种异质性明显扩大；2016 年 10 月 ~ 2017 年 12 月住房限购政策恢复期，这种异质性又有所缩减。

第三，除了货币政策冲击直接引发的房价和市场情绪的异质性响应，溢出效应会进一步强化这种异质性响应。溢出成分在异质性响应中的比重，一线城市高于二线城市，而二线城市又高于三线城市。各城市的经济特征的变量能在一定程度上解释这种异质性。人均 GDP、金融业增加值占 GDP 的比重、市场化指数正向影响各城市的房价和市场情绪对货币政策的响应，而失业率、新增住宅用地面积占建成区面积的比重负向影响该响应。

第四，受到货币政策冲击后，房地产市场情绪响应是先于房价响应出现峰值的。此外，受到货币政策冲击后，房价响应的衰减速度比较缓慢，而市场情绪的衰减速度相对较快。

第五，市场情绪对房价的影响幅度，高于房价对市场情绪的影响幅度。对单个城市房价（市场情绪）施加正向冲击后，其他城市市场情绪（房价）的响应幅度呈现一线城市高于二线城市，二线城市又高于三线城市。

本章的实证结果具有明确的政策含义。首先，央行的货币政策，应关注其对房价和房地产市场情绪带来的城市间两极分化的影响效果。其次，缩小城市间的经济社会发展差距，有利于减轻货币政策对房价和市场情绪的异质性影响。再次，政府应重视对房地产市场情绪的监测和引导，避免政策引起市场情绪波动，进而对本地和关联城市房价带来冲击。最后，住房限购政策在一定程度上抑制了房价和市场情绪对货币政策异质性响应程度。当然，住房限购只是短期政策手段，从长期来看，应更加重视住房制度改革和房地产调控长效机制建设。

第5章

货币供应效果的区位异质性、房价溢出效应与房价对通胀的跨区影响

5.1 导 言

按照"杰克逊霍尔共识"（Jackson Hole Consensus），传统中央银行货币政策规则是盯住通货膨胀，即货币政策只对通货膨胀和产出缺口做出反应，不以资产价格为货币政策目标（Greenspan，2002）。中国人民银行在实践中也并未将资产价格作为货币政策直接调控的目标。[①] 鉴于此，许小年（2010）、赵晓（2013）等认为中国近年来巨大的货币供应量直接推高了房价。尽管该观点影响很大，但学术界对此进行严格实证的文献并不多。已有的涉及中国货币供应量与房价之间关系的实证文献基本都基于全国宏观数据，并且结论存在较大分歧。李健和邓瑛（2011）与徐忠等（2012）的结论认为货币供应量对中国房价具有显著的正向影响，而王擎和韩鑫韬（2009）与姚树洁等（Yao et al.，2012）的结论却是该影响并不显著，央行货币政策无法对房价产生影响。事实上，宏观数据在探讨上述问题时具有一定的局限性，其无法刻画货币供应量变化对不同地区房价可能存在的区位异质性影响。当货币供应量变动后，如果不同地区的房价变动具有较大的差异，基于宏观数据的研究可能得出有偏误的结论。比如，当货币供应量变动时，部分城市房价下跌，部分城市房价上涨，基于宏观数据的研究可能难以发现货币供应量与房价之间统计上的显著联系。

---

① 中国人民银行副行长苏宁在2009年8月7日的新闻发布会上明确指出"人民银行不把资产价格作为货币政策直接调控的目标"。详见新华网，http://news.xinhuanet.com/fortune/2009 – 08/07/content_ 11842973.htm.

长期以来，货币中性问题是凯恩斯主义和古典学派争论的热点。如果货币是中性的，即货币存量变动最终只影响价格与工资等名义变量，对实际产出、实际利率等实际变量没有影响（Bullard，1999），价格以及其他名义变量的增加量将与货币供应量存在对应关系。已有大量的文献基于宏观数据对中国货币供应量与通货膨胀关系进行了实证检验（刘霖和靳云汇，2005；赵留彦和王一鸣，2005；张成思，2012）。然而，这些文献同样没有考虑货币供应量变动可能导致的价格水平在不同区域的异质性响应问题。如果区位异质性存在，基于宏观数据的研究可能难以发现货币供应量与通货膨胀之间的对应关系，比如增大货币供应量对多数地区物价水平影响有限而仅导致部分地区严重通货膨胀的情况。

因而，在研究货币政策效果时，考虑其区位异质性影响十分必要。中国近年来货币供应量的变动对不同城市的房价产生了何种区位异质性影响？对不同城市的通货膨胀水平产生了何种区位异质性影响？这是本章首先试图回答的问题。

过去已有大量文献基于法玛和斯楚威特（Fama and Schwert，1977）框架对房价变动和通货膨胀之间的关系进行了统计检验（Hoesli et al.，1997；Glascock et al.，2002；Brunnermeier and Julliard，2008）。但该框架无法从数量上刻画房价和通货膨胀之间的具体影响关系。中国的房价变动究竟会对通货膨胀水平产生何种影响，这是本章需要实证讨论的另一重要问题。从政策角度而言，如果房价本身会对通货膨胀产生重要的影响，这意味着抑制房价上涨的政策本身也是控制通货膨胀的政策。然而，通过调控房价以调控通货膨胀的政策效果也会受到区域溢出因素的影响，即本地房价变动导致另一地区物价水平变动。比如 A 地区的房价上涨对本地物价水平影响很小，而对 B 地区物价水平影响很大，则通过调控 A 地区房价以调节本地通货膨胀的政策效果将非常有限。本章在探讨房价对通货膨胀的影响时，着重探讨了这种跨区域的溢出效应。

与房价对通货膨胀的溢出效应类似，中国城市间房价也可能存在溢出效应，即某个城市的房价变动会影响其他城市的房价。过去有不少文献讨论过房价的"波纹效应"，认为某些区域的房价变动会如同水波一样带动相邻区域房价依次变动。"波纹效应"实际是房价溢出效应的一种特殊形式，其特殊性体现在房价传导在空间上具有连续性。然而，由于城市间的经济、社会的联系的紧密程度可能并不严格依赖于其地理距离，不同城市间的房价溢出机制可能并不具有"波纹效应"所展现出的空间连续性。究竟中国一些特定城市（比如北京、上海、广州）的房价异常变动会对其他不同城市房价产生何种影响？过去文献缺乏相关的讨论。近年来，中国政府制定了一些区域性的房价控制政策，比如部分城市的住房限购政策。事实上，如果部分城市的房价具有明显的溢出效应，针对这些城市的房价抑制措施也会对全国其他城市的房价产生抑制作用。因而，探讨不同城市房价溢出效应能为评价区域性房价控制政策的合理性提供一种新的视角，这也是本章研究的重要问题。

为了实证研究货币供应的区域异质影响以及具有溢出效应的房价和通货膨胀的联动，本章使用了最新发展出的 GVAR（Globe Vector Autoregression）模型（Dees et al.，2007；Pesaran et al.，2009a，2009b）。传统的面板 VAR 模型中，单个个体被认为是没有区位溢出效应的，也即是说发生在给定区域的经济冲击只会影响本区域，并且无法刻画全国性变量带来的区位异质性影响。而 GVAR 模型在传统的面板 VAR 模型基础上加入了上述两种效应，使得我们不仅能够分析全国层面的货币供应冲击对各地房价和通货膨胀的影响，也能够分析某个城市的房价对其他城市房价和通货膨胀变动的差异化影响。

本章最大的贡献在于构建了一个货币政策效果区位异质性、房价溢出效应以及房价对通货膨胀跨区影响三方面相互联系的分析框架。首先，本章引入了货币供应量对不同区域的房价和 CPI 的异质性影响；其次，本章基于货币政策效果异质性分析了不同城市间房价的相互影响，即房价溢出性问题；最后，本章探讨了房价变动对不同城市通货膨胀水平的跨区影响。这三个方面都是过去从宏观角度探讨房价和通货膨胀的文献所忽略的。从政策角度而言，传统货币政策往往忽略了其对房价和通货膨胀影响的区位异质性，这可能削弱货币政策的有效性。而如果不同城市的房价具有时空相互影响并且房价和通货膨胀存在联动时，传统的房价和通货膨胀调控政策效果也可能被弱化。因此，本章的实证结果也具有明确的政策含义。

5.2　相关研究回顾

5.2.1　货币政策与房价、通货膨胀变动

传统的货币主义认为，货币政策在传导过程中的核心是最优资产组合的调整。货币供应量的调整会改变各种资产的边际收益，经济主体会相应调整的资产组合，进而引发各种资产价格的变动（Nelson，2003）。斯切纳斯和哈格瑞维斯

（Schinasi and Hargraves，1993）探讨了货币供应、物价水平和资产价格之间的联系，并认为随着资本市场的发展，以资产价格（包括房价）膨胀为表现的货币在资本市场的积聚弱化了超额货币供应与通货膨胀之间的因果关系。过量的货币供应将直接表现为资产价格（包括房价）的上涨。贝尔克等（Belke et al.，2010）则从资产市场（包括股票市场和房地产市场）和商品市场具有不同的价格弹性角度，解释了货币冲击对各种资产价格带来不同的影响。由于房地产缺乏价格弹性，货币冲击会带来房价的较大正向变动。

已有大量实证文献对货币供应与房价关系进行了检验，但对货币供应是否影响房价并未达成共识。拉斯特普斯（Lastrapes，2002）基于 1968 ~ 1999 年的美国宏观月度数据发现货币存量的正向冲击对房价有显著的正向影响。然而，尼格罗和奥特克（Negroa and Otrokb，2007）的实证结果却显示美国货币存量对房价仅有微弱的冲击，美国房价的上涨主要是由区位因素所驱动的。古德哈特和霍夫曼（Goodhart and Hofmann，2008）基于 17 个工业化国家的数据考察了货币、信贷、房价和经济活动间的关系，发现这些变量间存在显著的多方向联系，并且在房价上涨期间货币和信贷冲击给房价带来的影响更为强烈。过去的文献在中国货币供应与房价关系上同样存在分歧。李健和邓瑛（2011）、徐忠等（2012）及周冰和苏治（2012）基于中国数据的实证研究发现广义货币（M2）供应量对中国房价具有显著的正向影响，并认为调控房价的重点在于严控货币供应量。然而，王擎和韩鑫韬（2009）基于中国宏观数据却发现货币供应量增长率与房价增长率之间并没有稳定的联动关系，并认为央行货币政策没有必要也不可能直接盯住房价。姚树洁等（Yao et al.，2012）也发现中国中央银行调整货币供应等货币政策对房价没有直接的影响，并认为这主要源于中国投资者的"非理性"和"投机"，而紧缩的货币政策难以抑制房价上涨。事实上，有关货币政策与房价关系研究结论的分歧，可能与这些文献选取的全国宏观数据本身的局限性有密切关系。宏观数据无法刻画货币政策导致的房地产市场的区位异质性反应。

在货币政策与通货膨胀的关系研究方面，货币主义认为货币流通速度是长期稳定的，因而货币供应量增速超出实际经济增速只能导致价格水平的全面上涨。货币主义的这种观点得到了许多实证文献的支持，如麦克坎勒斯和韦伯（McCandless and Weber，1995）、芭芭拉和安德瑞（Barbara and Andrea，2007）。伯南克（Bernanke，1999）在研究美国物价水平和货币增长关系时虽然发现价格存在刚性，这会使得货币增长的冲击首先体现在产出上，但滞后一段时间后货币增长仍会推动价格水平的上涨。然而，也有文献表明 20 世纪 80 年代后，货币和价格间的关系变得不再稳定（Friedman and Kuttner，1992）。斯切纳斯和哈格瑞维斯（Schinasi and Hargraves，1993）认为这种通货膨胀和货币供应量的背离，在很大程度上是因为金融自由化和金融创新使得资本市场能通过资产价格上涨和交易量增加的渠道对货币供应量起到分流作用。同样，伍志文（2003）认为随着金融资产种类和规模的扩大，资金会脱离实体经济部分在虚拟经济部门囤积和循环，货币供应和物价的关系就会出现异化。伍德福德（Woodford，2008）构建了一组包含菲利普斯曲线、IS 曲线和泰勒规则的三方程模型，解释了通货膨胀与利率相关而与货币增长无关。

5.2.2　货币政策的区位异质性

传统宏观经济学是从总量角度探讨货币政策对经济的影响的，较少考虑货币政策效果在不同区域的异质性问题。随着跨国的区域货币联盟出现，有关货币政策区位异质性的研究逐渐为学界所重视。泰勒（Taylor，1995）和多恩布什等（Dornbusch et al.，1998）对欧元区内部货币政策的区域效应进行了探讨，并认为欧元区不同国家的金融结构（如企业融资结构、商业银行稳健性、非银行融资可得性）差异会导致统一货币政策产生区位异质性效果。乌尔瑞克（Ulrike，2012）认为欧洲央行在制定货币政策时缺乏对各成员国经济受到货币政策冲击的异质性反应的考虑。而一个国家内部，特别是区域差异比较大的国家，货币政策效果也可能存在区位异质性。卡里洛和迪芬拿（Carlino and Defina，1998）基于美国各州数据的实证结果表明，美联储的货币政策存在明显的区位异质性效应。沃维扬和沃（Owyang and Wall，2009）认为美国内部货币政策效果的区位异质性源于各州实体产业对货币政策反应的差异，但他们同时发现美国货币政策区位异质性在缩小。费尔丁和谢尔德（Fielding and Shields，2006）和乔治（George，2009）分别基于南非和加拿大的分地区数据，同样发现了货币政策的区位异质性效果。

宋旺和钟正生（2006）基于最优货币区理论，认为中国并不满足最优货币区条件，存在显著的货币政策区域效应。于则（2006）、蒋益民和陈璋（2009）分别基于聚类分析和 SVAR 方法，也发现中国不同区域对于货币政策的反应是不同的。然而，也有文献认为中国并不存在明显的货币政策区域效应，施行统一的货币政策具有积极意义（吴瑞祥和杨定华，2008）。

目前，学术界有关货币政策的区位异质性效果的讨论主要集中于货币政策对不同地区产出的异质性效果方面。货币政策导致的房价水平的区位异质性反应，以及通货膨胀的区位异质性反应，过去并未受到学术界广泛的关注。仅有少量文献，如法塔托尼和舒赫（Fratantoni and Schuh，2003）、王先柱等（2011）及张红和李洋（2013）就货币政策冲击对房地产市场的区位异质性影响进行过实证研究，但对这种异质性的结果仍缺乏深入的解释。

5.2.3 不同地区间房价的相互影响

学术界对不同地区间房价相互影响的研究始于对"波纹效应"的探讨。米恩（Meen，1999）给出了"波纹效应"存在的四个理论上的解释：人口迁移、资产转换、空间套利和外生经济冲击效果的时间差异。从计量角度而言，如果"波纹效应"的确存在，最终各地区间的房价应该呈现出一定程度的长期收敛关系，并且通过不同地区间房价的因果关系检验可以判断出房价波纹的传播方向（Holmes，2008）。麦当劳和泰勒（MacDonald and Taylor，1993）及阿勒先德和巴若（Alexander and Barrow，1994）最早对英国区域房价数据进行分析，发现在过去几十年中，英国呈现出明显的房价变动从东南部或大伦敦地区通过中部地区向北部扩散的模式，符合典型的"波纹效应"理论。此后，米恩（Meen，1999，2008）、霍尔姆斯（Holmes，2008）基于英国，博格（Berg，2002）基于瑞典，爱卡瑞内（Oikarinen，2004）基于芬兰，陈梅塞（Chien，2010）基于中国台湾，黎恩和史密斯（Lean and Smyth，2012）基于马来西亚等的实证研究也支持了"波纹效应"的存在性。然而，也有一些研究对"波纹效应"的存在性提出了质疑。同样基于英国的数据，德拉科（Drake，1995）、阿什沃斯和帕克尔（Ashworth and Parker，1997）及阿伯特和德维塔（Abbott and De Vita，2011）的实证结果却显示英国的区域房地产市场并不存在明显的"波纹效应"。石松等（Shi et al.，2009）和卡纳瑞拉等（Canarella et al.，2012）分别基于新西兰和美国的实证研究也没有支持"波纹效应"的存在性。由于"波纹效应"的研究主要是基于统计方法对"波纹效应"的存在性进行检验，因而无法给出某一地区房价的变动对另一地区未来房价的具体影响大小。

随着计量技术的发展，近年来也有一些文献开始超越"波纹效应"框架，分析房价的时空互动影响。本斯托克和菲尔斯腾（Beenstock and Felsenstein，2007）构建了一个空间向量自回归（SpVAR）的框架用以分析某一地区的经济冲击对不同邻近地区房价的时空影响，并以以色列数据为例，模拟了来自耶路撒冷的收入冲击和来自特拉维夫的人口冲击对其他地区房价的影响趋势。库斯和培德（Kuethe and Pede，2011）也采用 SpVAR 模型分析了来自美国不同州的收入和失业率冲击对附近州房价的影响。霍利等（Holly et al.，2010）构建了一个考虑空间效应的房价和经济基本面关系的模型，并利用美国州层面的数据发现空间因素是影响房价偏离均衡后调整速度的重要因素。霍利等（Holly et al.，2011）探讨了英国地区层面的房价时空扩散机制，并利用广义时空脉冲响应分析了一个某地区的房价受到冲击后，对其他地区房价的跨时间和跨空间的影响。然而，这些文献只考虑了某一地区的冲击对其他地区房价的影响，并未考虑全国层面的冲击（比如货币供应量变动）对不同地区房价的异化影响。

5.2.4　房价与通货膨胀间的联动

过去的文献很早就已关注了房价和通货膨胀之间的联系。资产组合理论认为，房地产具有对冲通货膨胀的性质，即物价水平上涨时，房地产投资者的名义资产回报率也会相应提高，从而抵扣通货膨胀风险。法玛和斯楚威特（Fama and Schwert，1977）在费雪方程（Fisher，1930）基础上构建了考察资产对冲通货膨胀的分析框架，并发现在国债、房地产和普通股等多种资产中，只有房地产能够同时对冲可预期和非可预期通货膨胀。然而，也有大量基于该框架的实证文献表明房地产不具有对冲通货膨胀的特性（Hoesli et al.，1997；Glascock et al.，2002；Brunnermeier and Julliard，2008）。此外，从方法角度，法玛和斯楚威特（1977）框架主要是基于对房价收益率和通货膨胀率的协整性检验，无法刻画房价和通货膨胀之间具体影响关系。而史蒂文森（Stevenson，2000）基于英国数据的研究表明，房价上涨在很大程度上会导致 CPI 的上升。从理论而言，房价对未来通货膨胀水平的影响是通过需求和供给渠道引发的。在需求渠道，存在三种效应。第一种是庇古（Pigou，1930）的财富效应，即包括资产价格在内的各类价格变化会引发人们持有的货币实际购买力变化，进而引发消费需求乃至总需求水平的变化，在社会供给不变前提下影响价格总水平。基于不同国家数据的大量研究也都表明了住房财富效应的存在性（Ludwig and Sløk，2004；Case et al.，2005）。第二种是抵押品效应，即当房价上涨时，意味着其作为银行信贷抵押品的价值上升，银行会增加信贷发放，从而带动社会总需求和价格水平的提高。第三种是 Tobin Q 效应，房价变动会影响相关投资支出，从而影响价格水平。在供给渠道，房价上涨将迫使工人工资增加，企业最终会将这部分增加的成本转移到贸易品和服务价格中，从而推高通货膨胀水平（Tang，2012；Yu et al.，2012）。对于跨区域的房价和通货膨胀的联动，过去文献并未有过探讨。

5.3 分析框架

扩展传统的货币政策传导机制框架，我们可以得到一个货币供应量对不同城市房价和通货膨胀的异质性影响，以及房价和通货膨胀的跨区域联动的分析框架。该框架由图 5-1 所示。

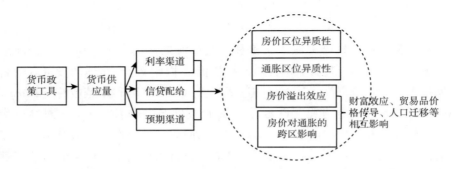

图 5-1 货币政策效果区位异质性、房价溢出效应及房价对通胀的跨区影响分析框架
资料来源：笔者绘制。

在执行货币政策时，中央银行会首先用货币政策工具影响货币政策中介指标，再通过中介指标的变动间接地影响产出、就业和物价等最终目标变量。从实践而言，中国人民银行的货币政策框架是把货币供应量作为中介目标的。

当货币政策工具导致货币供应量变动后，有三种渠道可能引发房价的区位异质性反应。第一种渠道来自利率渠道。货币供应量的增大，意味着实际利率水平降低，进而融资成本降低，购房需求增加。然而，如果不同地区住房供给弹性不同，相同的住房需求增量所导致的房价上涨幅度是不同的。因而，住房供给弹性的差异，将使得利率渠道对不同地区房价的影响存在差异。第二种渠道来自信贷配给机制。斯蒂格利茨和维斯（Stiglitz and Weiss，1981）证明在信贷市场信息不对称情况下，理性市场参与者追求效用最大化的结果是出现信贷配给，即通过首付款要求、抵押条件和最低收入还贷比例等非利率条件，阻止部分资金需求者进入借贷市场。由于不同地区的收益和风险状况不同，信贷市场可能会出现区域信贷配给，资金集中流向收益水平较高、风险较低的地区。因而，货币政策的信贷配给渠道也会导致房价的区位异质性。第三种渠道来自居民对不同城市房价上涨预期的差异。如果民众普遍预期某些城市的房价增值会更快，房地产投资资本会更加倾向于这些城市。因而，货币政策也会通过预期渠道引发房价的区位异质性反应。

在 CPI 样本中，有贸易品与非贸易品价格两部分。与房价对货币供应变动的区位异质性类似，货币供应变动可能导致非贸易品价格的区位异质性。然而，在 CPI 构成中占很大权重的贸易品由于存在跨区价格套利机制，会导致贸易品在不同地区间的价格趋同。也就是说，在无贸易壁垒条件下，跨区套利机制会消除同质贸易品在某个地区以更高价格售卖的可能。这样，货币供应量变动很难导致贸易品价格的区位异质性。因而，货币供应量变动对 CPI 的影响主要取决于 CPI 样本中贸易品和非贸易品的比重，以及货币供应量变动引发非贸易品价格区位异质性的强弱。一般而言，由于贸易品价格占 CPI 的权重非常高，[①] 货币供应量变动所引发的通货膨胀区位异质性远远小于其所引发的房价的区位异质性。

房价的溢出效应，即单个城市房价变动对其他城市房价产生影响，可以从两方面加以解释。首先，从预期角度而言，如果某个城市的房价上涨较快，人们往往会形成该城市房价被高估，而其他城市房价被低估的预期。这样，房地产投资资金从房价被高估城市流向房价被低估城市，进而推动房价被低估城市的房价上涨。其次，从空间均衡角度而言，一个城市房价水平的上涨，意味着在该城市企业经营成本和居民居住成本的相对提高。在资本和劳动力自由流动情况下，部分企业和居民会选择搬迁到其他城市，进而带动其他城市房价的上涨，产生房价的溢出效应。

单个城市房价变动对本地通货膨胀水平的影响主要会受财富效应以及房价对消费的挤出效应的双重影响。一方面房价上涨，居民消费会因财富效应而增加，进而引发物价上涨。另一方面房价上涨也会增加居住成本，导致部分消费被挤出，进而抑制物价上涨。不同城市这两种效应的强度对比不同，会导致房价对本地通货膨胀水平的影响具有差异性。

单个城市房价对其他城市通货膨胀水平的影响，主要来自贸易品价格的传导。单个城市房价的上涨，意味着生活成本的提高，厂商需要提高工资以抵补房价上涨给居民带来的效用损失。而工资水平的提高，意味着贸易品价格的提高，进而引发其他城市价格水平的变动。

下面，我们用 1999～2013 年中国 35 个大城市的季度数据，对上述分析框架进行实证研究。

---

① 按照中国国家统计局公布的 CPI 各项权重，非贸易品权重仅占 20% 左右。

5.4 实证模型和数据

5.4.1 实证模型

为实证研究货币供应量对不同城市房价和通货膨胀的异质性影响，以及房价和通货膨胀的跨区域联动，我们首先构建了一个 GVAR 模型（Dees et al. ，2007；Pesaran et al. ，2009a，2009b）。GVAR 模型在单个地区变量误差修正模型的基础上，通过加权平均矩阵引入了各地区变量之间的相互影响，同时引入了全国性变量对各地区变量的影响。具体而言，GVAR 模型考虑了地区之间三种相互联系的途径。

途径 1：各地区变量受全国层面外生变量的共同影响，比如货币供应量的变动。

途径 2：某个地区变量 x_{it} 依赖于其他地区该变量 x_{it}^* 的当期和滞后值。

途径 3：第 i 个地区会受到来自第 j 个地区所受到的当期冲击的影响，这种关联性通过误差的协方差矩阵加以反映。

GVAR 模型的设定和求解方法，与第 4 章一致。

5.4.2 数据说明

本章的 GVAR 模型中主要使用了三个变量：房屋销售价格指数（HPI）、居民消费价格指数（CPI）和广义货币供应量（M2）。其中，前两个变量为 1999 年第一季度～2013 年第三季度的中国 35 个大城市面板数据，广义货币供应量为同一时间段的全国层面数据。三个变量的原始数据均取自国家统计局出版的《中国经济景气月报》。由于中国国家统计局并不公布定基房价指数和定基居民消费价格指数，因而我们利用其公布的同比和环比指数，推导出了中国 35 个大城市以1999 年第一季度为基期的定基房屋销售价格指数（HPI）和定基居民消费价格指数（CPI）。[①] 根据 GVAR 模型，我们可以计算出每个城市所对应的其他城市的加

---

① 具体方式是首先用 2012 年两个变量的环比指数，计算出以 2012 年第一季度为基期的 2012 年各季度的两变量的定基指数；再用两变量样本区间内的同比指数结合 2012 年各季度的定基指数，计算出两变量以 1999 年第一季度为基期值 100 的定基指数。

权房屋销售价格指数（HPI*）和加权居民消费价格指数（CPI*）。表 5-1 给出了变量的初步统计值。

表 5-1   数据初步统计

		平均值	标准差	最小值	最大值	样本量
HPI_{it}	总样本	138.27	36.55	91.77	286.65	2065
	组间		17.42	116.34	198.96	35
	组内		32.26	38.67	231.51	59
CPI_{it}	总样本	116.56	23.40	91.34	202.43	2065
	组间		3.81	108.17	125.34	35
	组内		23.10	87.78	193.65	59
HPI_{it}^{*}	总样本	137.58	30.84	96.88	226.67	2065
	组间		7.77	126.50	161.52	35
	组内		29.87	75.12	205.41	59
CPI_{it}^{*}	总样本	116.58	23.07	95.38	187.86	2065
	组间		1.40	112.93	120.74	35
	组内		23.03	92.66	183.71	59
$M2_{t}$	总样本	422953.4	290844.7	108438.2	1077376	59

注：样本区间为 1999 年第一季度 ~ 2013 年第三季度。
资料来源：笔者计算而得。

在本章的 GVAR 模型中，需要构建一个基于城市间距离的权重矩阵。本章利用 ArcGIS 10.0 软件导入"国家基础地理信息系统"的中国 1∶400 万地理信息系统数据库，实现了对中国 35 个大城市间的两两距离的测算。之后，对距离取倒数，并对矩阵进行列元素加总为 1 的标准化处理，可以得到 GVAR 模型中的距离权重矩阵。该矩阵可以刻画两个城市间的相互影响随距离的增大而衰减，比如广州和深圳间的影响远大于广州和长春之间的影响。

5.5 统计检验

在对 GVAR 模型进行估计之前，我们需要对变量进行必要的统计检验。我们首先应用 ADF 检验对地区变量及相应的星标变量的水平值和一阶差分值的单位根进行检验，检验结果见表 5 - 2。对广义货币供应量（M2）而言，所有城市都是一样的数值，其水平值和一阶差分形式的 ADF 统计值分别为 1.60 和 -7.67（5% 显著性水平上的临界值为 -3.49），这表明其是 5% 显著性水平上的 I(1) 序列。35 个城市的房屋销售价格指数（HPI）和居民消费价格指数（CPI）及相应的星标变量（HPI* 和 CPI*）也基本都为 I(1) 序列。具体而言，北京、南京、杭州的居民消费价格指数（CPI），济南的房屋销售价格指数（HPI）和石家庄房屋销售价格指数相应的星标变量（HPI*）是在 10% 显著性水平上表现为 I(1) 序列，其余城市的各变量均为 5% 显著性水平上的 I(1) 序列。因此我们可以认为，35 个城市的这五个变量均为 I(1) 序列。我们可以用每个城市的这 5 个变量的水平值去检验变量的协整关系，并用序列的一阶差分形式去估计 VECM 模型。

表 5 - 2 　　　　　　　　　　　ADF 单位根检验

	HPI	ΔHPI	CPI	ΔCPI	HPI*	ΔHPI*	CPI*	ΔCPI*
北京	-2.288	-4.666	1.871	-3.338	-2.390	-4.643	-0.187	-3.703
天津	-2.775	-5.324	-0.630	-3.836	-2.356	-4.484	-0.050	-3.629
石家庄	-1.692	-5.118	-0.762	-4.742	-2.009	-3.269	-0.142	-3.746
太原	-2.029	-10.076	-0.297	-4.394	-1.535	-4.083	-0.139	-3.749
呼和浩特	-2.326	-4.202	0.921	-4.343	-2.227	-3.560	3.782	-5.348
沈阳	-3.139	-4.094	-2.568	-6.368	-1.888	-4.091	2.643	-5.086
大连	-2.493	-7.611	-0.428	-6.116	-2.944	-5.027	2.909	-5.076
长春	-1.642	-3.771	-0.938	-5.341	-3.089	-4.721	2.314	-4.948
哈尔滨	-1.993	-6.439	-2.070	-6.187	-1.496	-4.684	2.014	-5.142
上海	-2.943	-3.541	-0.627	-4.549	-2.585	-3.583	3.249	-4.700
南京	-2.943	-4.623	-1.649	-3.190	-3.073	-5.479	3.536	-4.681
杭州	-2.156	-6.035	-1.985	-3.202	-2.324	-4.786	3.586	-4.622
宁波	-2.425	-3.565	-0.801	-5.045	-2.335	-4.567	-0.659	-4.410
合肥	-2.498	-6.647	-0.599	-5.876	-2.538	-5.091	3.019	-4.964
福州	-1.955	-3.815	-1.703	-4.736	-3.133	-4.578	-0.532	-4.619
厦门	-3.032	-7.619	-0.389	-3.968	-2.331	-5.011	-0.779	-4.170
南昌	-2.216	-7.159	-1.818	-3.718	-2.616	-5.774	-0.752	-4.328
济南	-2.203	-3.304	3.158	-4.773	-2.929	-3.770	3.242	-5.186

续表

	HPI	ΔHPI	CPI	ΔCPI	HPI*	ΔHPI*	CPI*	ΔCPI*
青岛	-2.065	-5.919	-0.492	-5.576	-3.028	-4.885	3.403	-5.687
郑州	-2.272	-5.243	0.601	-4.713	-2.805	-5.321	3.570	-4.375
武汉	-2.814	-3.598	-0.639	-5.495	-2.729	-4.992	3.367	-4.546
长沙	-1.510	-6.400	-0.596	-5.245	-2.643	-5.496	-0.796	-4.278
广州	-2.304	-4.721	-0.633	-4.624	-2.709	-4.162	3.584	-4.169
深圳	-2.371	-5.101	-0.374	-4.829	-1.811	-5.104	-0.901	-3.773
南宁	-2.764	-3.569	-0.791	-4.788	-1.733	-6.184	-0.939	-3.728
海口	-1.892	-6.962	-1.900	-3.962	-2.526	-4.558	3.831	-4.024
重庆	-2.597	-4.182	0.623	-4.076	-2.466	-4.964	-1.120	-3.682
成都	-3.090	-3.774	-1.299	-3.676	-2.111	-3.842	-1.048	-3.842
贵阳	-2.216	-7.985	-0.943	-4.975	-2.889	-4.810	-1.038	-3.812
昆明	-2.160	-8.795	-1.065	-5.295	-2.363	-4.670	3.811	-3.841
西安	-1.788	-4.824	-1.666	-4.152	-2.468	-3.771	3.865	-5.225
兰州	-2.457	-4.764	3.185	-4.764	-1.731	-4.047	5.346	-4.123
西宁	-1.835	-5.437	4.677	-5.020	-2.380	-3.918	4.007	-4.152
银川	-1.218	-5.269	3.330	-4.716	-2.573	-5.250	4.290	-4.107
乌鲁木齐	-1.320	-4.752	-1.481	-6.352	-2.619	-5.112	4.154	-3.879

注：变量的样本区间为 1999 年第一季度 ~2013 年第三季度。水平值和一阶差分形式的 ADF 检验都是基于包含截距和线性时间趋势的形式，滞后阶数根据 AIC 法则确定。基于包含截距和线性时间趋势的 ADF 检验中，1%、5% 和 10% 显著性水平下的 ADF 统计值分别为 -4.157、-3.504 和 -3.182。

资料来源：笔者计算而得。

　　之后，我们利用约翰森（Johansen）协整检验对每个城市模型中可能存在的协整关系进行考察。表 5-3 给出了约翰森协整检验的迹（Trace）检验的结果。[①] 检验方程中包含的一阶差分的滞后项阶数根据 AIC 法则确定。结果显示，有 32 个城市的住房销售价格指数（HPI）、居民消费价格指数（CPI）、相应的星标变量（HPI* 和 CPI*）和广义货币供应量（M2）都在 5% 显著性水平上包含着一组协整关系，青岛、重庆和成都的这五个变量也在 10% 显著性水平上包含着一组协整关系。这表明，我们可以利用一组协整关系对模型进行求解。

---

　　① 最大特征根检验的结果与迹检验的结果大致相同，由于篇幅限制，这里并未给出最大特征根检验的统计值。事实上，根据 Monte Carlo 试验的经验，最大特征根检验的稳健性是低于迹检验的，这也使得我们更倾向于选择迹检验。

表 5 – 3　　　　　　　　　　Johansen 协整检验（迹检验）

H_0	r = 0	r≤1	r≤2	滞后	H_0	r = 0	r≤1	r≤2	滞后
北京	106. 702 ***	41. 062	17. 327	1	青岛	76. 935 *	43. 803	22. 611	1
天津	83. 592 **	44. 753	17. 220	1	郑州	107. 803 ***	46. 454	27. 003	1
石家庄	107. 591 ***	49. 405	19. 045	2	武汉	148. 434 ***	50. 556	31. 337	2
太原	102. 388 ***	43. 994	17. 239	1	长沙	110. 884 ***	44. 077	24. 427	1
呼和浩特	135. 249 ***	37. 387	12. 823	2	广州	108. 982 ***	47. 460	29. 677	1
沈阳	103. 835 ***	44. 171	16. 285	1	深圳	116. 669 ***	48. 111	26. 344	2
大连	127. 189 ***	30. 996	16. 101	2	南宁	100. 288 ***	42. 683	26. 921	1
长春	87. 701 **	41. 697	19. 011	2	海口	117. 337 ***	45. 950	29. 955	2
哈尔滨	91. 853 ***	50. 051	27. 935	2	重庆	77. 825 *	42. 575	22. 918	2
上海	91. 467 ***	47. 456	24. 132	2	成都	79. 040 *	37. 900	24. 136	1
南京	94. 730 ***	45. 081	23. 284	1	贵阳	101. 292 ***	44. 353	28. 019	1
杭州	80. 221 **	42. 462	19. 180	2	昆明	93. 554 ***	49. 088	23. 567	2
宁波	84. 734 **	43. 178	22. 745	2	西安	124. 303 ***	47. 616	27. 142	1
合肥	91. 008 ***	44. 081	22. 751	1	兰州	115. 250 ***	46. 391	23. 888	2
福州	92. 363 ***	48. 389	20. 538	2	西宁	157. 020 ***	49. 653	19. 678	1
厦门	130. 599 ***	48. 214	20. 377	2	银川	120. 825 ***	35. 462	26. 454	2
南昌	101. 744 ***	50. 501	26. 796	2	乌鲁木齐	86. 387 **	42. 416	22. 813	2
济南	119. 257 ***	43. 309	23. 473	3					

　　注：协整检验模型采用包含非限制性截距项和线性确定性趋势的形式。模型中包含 I（1）内生变量 HPI 和 CPI，以及外生变量 HPI*、CPI* 和 M2。

　　资料来源：笔者计算而得。

　　在估计 GVAR 模型时，一个重要的假设是 X_{it}^* 和 d_t 都要满足弱外生性。要检验这个假设，我们需要构建一个辅助的一阶差分方程，并对估计出的误差修正项的显著性进行检验。具体而言，对于 $X_{it}^* = （HPI^*，CPI^*）'$ 中的变量 HPI_{it}^*，有下列回归方程：

$$\Delta HPI_{it}^* = \alpha_i + \zeta_i E\hat{C}M_{i,t-1} + \sum_{k=1}^{s_i} \phi'_{ik}\Delta X_{i,t-k} + \sum_{m=1}^{n_i} \varphi'_{im}\Delta \tilde{X}_{i,t-m}^* + \eta_{it} \quad （5 – 1）$$

　　其中，$E\hat{C}M_{i,t-1}$ 是第 i 个城市模型中根据协整关系估计出的误差修正项。s_i 和 n_i 为滞后阶数，$\Delta \tilde{X}_{it}^* = （\Delta X_{it}^*，\Delta d_t）'$。弱外生性检验即是用 F 检验对方程中的

$\zeta_i = 0$ 进行检验。表 5 - 4 给出了对星标变量 HPI*、CPI* 和广义货币供应量 M2 的弱外生性的 F 检验的结果。从结果可以看出，这些变量在 5% 显著性水平上都是弱外生变量，即它们对模型中的其他变量会产生长期的影响，但模型中其他变量对其并没有长期反馈影响。

表 5 - 4　　对星标变量和实际利率弱外生性的 F 检验（5% 显著性水平）

	F 检验临界值	HPI*	CPI*	M2		F 检验临界值	HPI*	CPI*	M2
北京	2. 565	0. 733	2. 558	2. 321	青岛	2. 565	1. 321	1. 320	2. 321
天津	2. 565	1. 469	1. 718	2. 321	郑州	2. 565	0. 734	2. 228	2. 321
石家庄	2. 570	1. 438	1. 284	2. 321	武汉	2. 570	0. 465	1. 995	2. 321
太原	2. 565	1. 038	2. 106	2. 321	长沙	2. 565	1. 655	1. 289	2. 321
呼和浩特	2. 570	1. 389	2. 400	2. 321	广州	2. 565	2. 333	1. 795	2. 321
沈阳	2. 565	0. 788	2. 560	2. 321	深圳	2. 570	0. 483	2. 129	2. 321
大连	2. 570	1. 423	2. 108	2. 321	南宁	2. 565	1. 228	1. 053	2. 321
长春	2. 565	0. 987	1. 890	2. 321	海口	2. 570	0. 286	0. 413	2. 321
哈尔滨	2. 570	2. 105	0. 556	2. 321	重庆	2. 570	1. 185	2. 496	2. 321
上海	2. 570	1. 923	1. 778	2. 321	成都	2. 565	1. 213	2. 279	2. 321
南京	2. 565	1. 232	0. 637	2. 321	贵阳	2. 565	1. 214	2. 050	2. 321
杭州	2. 565	2. 424	2. 399	2. 321	昆明	2. 570	2. 063	1. 743	2. 321
宁波	2. 570	1. 312	2. 568	2. 321	西安	2. 565	1. 494	2. 108	2. 321
合肥	2. 565	1. 537	2. 058	2. 321	兰州	2. 565	1. 380	1. 909	2. 321
福州	2. 565	1. 208	1. 399	2. 321	西宁	2. 565	1. 332	1. 086	2. 321
厦门	2. 570	0. 591	2. 147	2. 321	银川	2. 570	0. 829	2. 384	2. 321
南昌	2. 570	2. 454	1. 970	2. 321	乌鲁木齐	2. 570	0. 463	1. 164	2. 321
济南	2. 574	2. 330	2. 199	2. 321					

注：模型采用包含非限制性截距项和线性确定性趋势的形式，模型中的 5 个变量分别为 I（1）内生变量 HPI、CPI 和 I（1）外生变量 HPI*、CPI* 和 M2。

资料来源：笔者计算而得。

表 5 - 5 给出了星标变量对本地变量的同期影响。在计算标准误和 t 统计量时，我们使用了 Newey-West 异方差和自相关一致协方差矩阵。这些系数估计值可以理解为本地变量和星标变量之间的影响弹性。结果显示，全部城市的 HPI*

的影响弹性系数估计值虽然都显著为正，但系数绝对值并不相同。一线城市（北京、上海、广州、深圳）的 HPI* 的影响弹性系数极小（0.023、0.054、0.115和0.041）。即其他城市加权房价在某个季度一个标准误的变动将导致北京、上海、广州、深圳在该季度的房价仅分别发生 0.023%、0.054%、0.115% 和 0.041% 的正向变动。东部其他大城市，如天津、南京、杭州、宁波等，其 HPI* 的影响弹性系数绝对值也较小（0.144、0.230、0.128 和 0.181）。而中西部城市，其 HPI* 的影响弹性系数绝对值则比较大。这表明，一线城市和东部城市的房价受其他城市房价变动的影响较小，而中西部城市的房价变动受外部影响较大，尤其是可能受到一线城市和东部城市的较大影响。

表 5 – 5　　　　　　　　　　星标变量对本地变量的同期影响效果

		HPI*	CPI*		HPI*	CPI*		HPI*	CPI*
Coef	北京	0.023	− 0.031	宁波	0.181	0.106	南宁	1.030	0.257
S. E.		0.001	0.005		0.042	0.034		0.093	0.062
t-Ratio		1.623	− 0.959		1.808	1.519		10.993	2.182
Coef	天津	0.144	0.041	合肥	0.610	0.189	海口	0.699	0.28
S. E.		0.021	0.007		0.178	0.042		0.184	0.067
t-Ratio		2.190	1.004		3.415	1.956		3.799	2.314
Coef	石家庄	0.641	0.138	福州	0.507	0.179	重庆	0.276	0.224
S. E.		0.261	0.014		0.240	0.050		0.128	0.042
t-Ratio		2.458	2.447		2.115	1.703		2.151	2.152
Coef	太原	1.225	0.225	厦门	0.482	0.221	成都	0.541	0.205
S. E.		0.277	0.036		0.179	0.030		0.242	0.065
t-Ratio		4.415	2.425		2.684	2.649		2.228	1.663
Coef	呼和浩特	1.714	0.256	南昌	1.049	0.197	贵阳	1.530	0.329
S. E.		0.214	0.041		0.141	0.043		0.196	0.071
t-Ratio		7.982	2.612		7.421	2.008		7.791	2.701
Coef	沈阳	0.827	0.118	济南	0.544	0.256	昆明	1.157	0.232
S. E.		0.316	0.023		0.149	0.047		0.166	0.06
t-Ratio		2.612	1.605		3.654	2.483		6.963	1.931
Coef	大连	0.261	0.158	青岛	0.351	0.177	西安	0.914	0.294
S. E.		0.054	0.035		0.109	0.051		0.136	0.058
t-Ratio		2.527	1.813		3.208	1.730		6.711	2.652

		HPI*	CPI*		HPI*	CPI*		HPI*	CPI*
Coef	长春	1.054	0.174	郑州	0.788	0.161	兰州	0.802	0.319
S. E.		0.433	0.042		0.254	0.036		0.052	0.056
t-Ratio		2.434	1.751		3.101	1.713		15.418	2.709
Coef	哈尔滨	0.812	0.183	武汉	0.225	0.212	西宁	1.451	0.308
S. E.		0.098	0.044		0.074	0.051		0.252	0.069
t-Ratio		8.206	1.807		1.761	1.905		5.742	2.445
Coef	上海	0.054	−0.037	长沙	1.066	0.181	银川	1.023	0.251
S. E.		0.004	0.004		0.111	0.052		0.160	0.043
t-Ratio		1.759	−1.265		9.528	1.716		6.386	2.385
Coef	南京	0.230	0.175	广州	0.115	0.062	乌鲁木齐	1.177	0.311
S. E.		0.075	0.041		0.011	0.007		0.286	0.073
t-Ratio		1.835	1.839		2.396	1.696		4.108	2.412
Coef	杭州	0.128	0.129	深圳	0.041	−0.043			
S. E.		0.029	0.027		0.003	0.006			
t-Ratio		1.654	1.635		1.725	−1.245			

资料来源：笔者计算而得。

多数城市 CPI* 的系数估计值也为显著的正值，这表明各城市的居民消费价格指数也有一定的共同变动趋势。然而，我们发现，除北京和杭州外，所有城市的 CPI* 的系数估计值都要远远低于 HPI* 的系数估计值，东部大城市的估计值明显低于中西部城市，并且北京、上海和深圳的 CPI* 的系数估计值为不显著的负数。这表明，与房价相比，中国城市间的价格水平受到其他城市价格水平的影响较小，尤其是东部的大城市。

5.6 模型的估计和动态性分析

为了研究 GVAR 模型的动态特性并且得到外部冲击对各城市房价和通货膨胀影响的时间变动轨迹，我们考察了三个方面的外部冲击的影响效果。

（1）货币供应量（M2）变动对不同城市 HPI 和 CPI 的影响。我们给 M2 一个标准误的正向冲击，看不同城市的 HPI 和 CPI 所受的动态影响。

（2）单个城市的 HPI 变动对不同城市 HPI 的影响。我们依旧选取了具有代表性的北京、深圳、南京、兰州，分别给这些城市一个标准误的 HPI 的正向冲击，看其他城市 HPI 所受的动态影响。

（3）房屋销售价格指数（HPI）的变动对居民消费价格指数（CPI）的影响。我们选取具有代表性的北京、深圳、南京、兰州，分别给这些城市一个标准误（one standard error）的 HPI 的正向冲击，看其他城市 CPI 所受的动态影响。

之所以选择上述四个城市，一方面是考虑到它们地理位置的代表性，另一方面是考虑到它们各自经济发展水平和房地产市场的差异性。选取北京、深圳作为中国经济最发达的一线城市（北京、上海、广州、深圳）的代表。一线城市的公共产品比与全国其他城市相比具有绝对的优势。从房地产市场来看，这一线城市的土地供给相对于其他城市而言更加稀缺，近年来房价涨幅也领跑全国。选取南京作为东部城市的代表。[①] 这些城市所在的区域经济较为发达，土地也较为稀缺，近年来房价上涨幅度也较大。选取兰州作为中国中西部城市的代表。相对于东部而言，中西部地区经济发展相对落后，公共产品具有劣势，而城市土地的稀缺程度也相对较低，近年来房价涨幅也相对缓和。

在考察房价对于冲击的反应时，我们使用了迪斯等（Dees et al.，2007）发展出来的基于 GVAR 模型的广义脉冲响应函数（generalized impulse response function，GIRF）。与传统的基于 VAR 模型的广义脉冲响应函数相比，基于 GVAR 模型的广义脉冲响应函数能够刻画更多的信息，可以分别对全国变量和分地区变量施加外部冲击，考察不同地区的变量在受到冲击后的时间变动轨迹。

5.6.1　货币供应量冲击对 HPI 和 CPI 的影响

与李健和邓瑛（2011）和徐忠等（2012）基于中国宏观数据的实证结论类似，广义货币供应量（M2）对中国房价具有显著的正向影响，中国近年来激增的货币供应量在一定程度上推高了房价。从图 5 - 2 可以看出，在给广义货币供应量（M2）一个标准误的正向冲击后，中国 35 个大城市的房价都有超过 0.1% 的正向长期反应。并且 HPI 曲线表现出先迅速大幅下降，之后再迅速回升，在第 6 期之后趋于稳定的情况。

---

① 在本章中，东部城市特指 35 个样本城市中，除一线城市（北京、上海、广州、深圳）外，位于东部沿海省份的其他城市。具体而言，包括天津、石家庄、沈阳、大连、南京、杭州、宁波、福州、厦门、济南、青岛、南宁和海口。

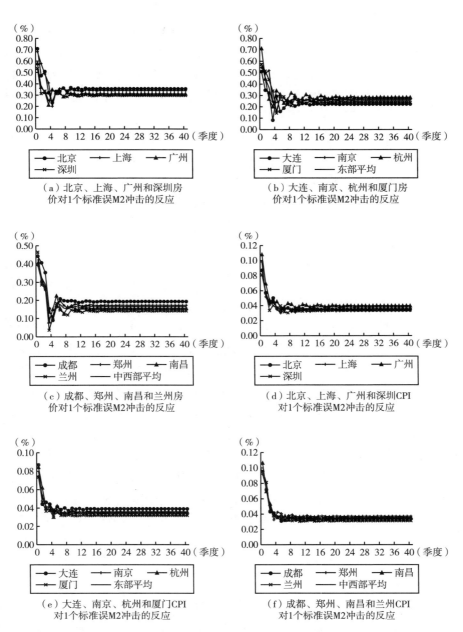

图 5 - 2　货币供应量冲击对不同城市 HPI 和 CPI 的影响

资料来源：笔者计算而得。

在过去文献中，货币政策一般被视为对不同地区具有同质影响的宏观政策。然而，本章实证结果却显示货币供应量变动对不同城市房价的影响具有明显的异质性。宏观数据并不能刻画这种异质性。北京、上海、广州、深圳的 HPI 对来自广义货币供应量（M2）一个标准误的正向冲击的长期反应分别为大约 0.356%、0.340%、0.311% 和 0.292%；东部城市 HPI 对来自 M2 的一个标准误正向冲击的长期反应都超过 0.2%，长期平均为 0.252%；而中西部城市对来自 M2 的一个标准误正向冲击的长期反应基本都在 0.10% 以内，长期平均为 0.165%。这表明，货币供应量调整对中西部城市房价的正向影响相对较弱，但对一线城市和东部城市房价的正向影响较为强烈，特别是一线城市。

有三种渠道会导致货币供应量对房价的区位异质性影响。第一种渠道来自不同城市住房供给弹性的差异。货币供应量的增大，意味着实际利率水平和可贷资金门槛的降低，进而购房需求的增加。如果住房供给弹性越低，则相同的住房需求增量将导致更高的房价上涨幅度。由于中国一线城市和东部城市土地资源相对稀缺，土地对住房供给的制约更为明显，这使得其住房供给弹性远低于中西部城市（王斌，2011）。因而，货币供应量冲击对一线城市和东部城市房价的正向影响明显高于中西部城市。第二种渠道来自信贷配给机制。斯蒂格利茨和维斯（Stiglitz and Weiss，1981）证明在信贷市场信息不对称情况下，理性市场参与者追求效用最大化的结果是出现信贷配给。为追求高收益和低风险，信贷市场会出现区域信贷配给，资金集中流向经济发展水平高的地区。相比中西部城市，一线城市和东部城市的房地产市场能获得更多的信贷资金。这样，通过信贷配给机制的引导，货币供应量的调整会使一线城市和东部城市房价受到更大程度的影响。第三种渠道来自居民对不同城市房价上涨预期的差异。近年来，一线城市和东部城市房价涨幅高于中西部城市。民众普遍预期一线城市和东部城市的房地产投资回报率高于中西部城市，房地产投资资本会更加倾向于一线城市和东部城市。这样，当发生货币供应量冲击后，一线城市和东部城市房价会受到较为明显的正向影响。

在给广义货币供应量（M2）一个标准误的正向冲击后，中国 35 个大城市的 CPI 的长期反应均很微弱（介于 0.003% ~ 0.005% 之间）。这与杨晓维等（2013）基于中国宏观数据研究货币供应量与通货膨胀关系的实证结论是吻合的。按照货币主义观点，"通货膨胀无论何时何地都是货币现象"，货币供应增长率将继之以相同的通货膨胀变动率。然而，中国普遍存在产能过剩，即使总需求因货币供应量增大而增加，其导致的价格水平上涨也将十分有限。此外，我国资本市场的制度创新，货币在证券和房地产市场的囤积和循环，也弱化了货币供应到通货膨胀间的传导机制（刘伟等，2002；伍志文，2003）。

此外，实证结果也表明货币供应量并未导致显著的通货膨胀的区域差异。该结果印证了孙天琦（2007）的实证结果——中国省际 CPI 具有很高的同步性，并且这种趋同性在不断增强。事实上，根据"一价定律"，在无贸易壁垒且交易费用为零时，相同的贸易品在各地的价格会因为套利机制的作用而趋于一致。随着中国市场化改革的不断深入，过去导致区域市场分割的地方保护在逐渐消失，交通状况的改善也大大降低了运输成本，因而在"一价定律"作用下，贸易品价格差异变得越来越小。对于非贸易品，一方面，随着信息技术的发展，大量过去不可贸易的服务通过服务外包的形式变为了贸易品；另一方面，中国城市大量基础服务的价格是政府管制的（如水电气、供暖、学费、医疗等）。因而，货币供应量冲击也未引起显著的城市间通货膨胀率反应的差异。

5.6.2　HPI 冲击对 HPI 的影响

图 5 - 3 给出了分别对北京、深圳、南京、兰州的房价施加一个标准误的正向冲击后，一线城市、东部城市、中西部城市房价所受到的趋势性的影响。在给北京、深圳、南京、兰州的房价施加一个标准误的正向冲击后，所有城市房价对此冲击的反应都是正向的，且反应幅度较大。此外，由 HPI 冲击引起的 HPI 反应的衰减速度较慢。在前 16 个季度内，房价的反应呈现缓慢的衰减向下的波动趋势，在 16 个季度后才逐渐趋于稳定。这表明，HPI 冲击引发 HPI 偏离均衡后，其恢复均衡的过程是比较缓慢的。

单个城市的房价冲击，特别是一线城市和东部城市的房价冲击，对其他城市房价的有较大幅度的影响，这表明中国城市房价有明显的溢出性。在对北京房价施加一个标准误的正向冲击后，上海、广州和深圳房价的长期反应分别为 0.238%、0.196% 和 0.269%，东部城市和中西部城市的房价长期平均反应分别为 0.187% 和 0.213%。在对南京房价施加一个标准误的正向冲击后，北京、上海、广州和深圳房价的长期反应分别为 0.081%、0.108%、0.089% 和 0.079%，东部城市和中西部城市的房价长期平均反应分别为 0.129% 和 0.176%。在对兰州房价施加一个标准误的正向冲击后，北京、上海、广州和深圳房价的长期反应分别为 0.037%、0.026%、0.023% 和 0.030%，东部城市和中西部城市的房价长期平均反应分别为 0.073% 和 0.127%。这种单个 HPI 冲击对其他城市 HPI 的影响幅度基本都远大于相同城市间 HPI 冲击对 CPI 的影响幅度。

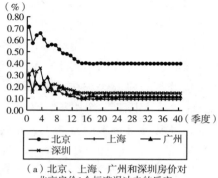

（a）北京、上海、广州和深圳房价对
北京房价1个标准误冲击的反应

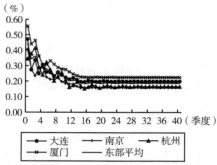

（b）大连、南京、杭州和厦门及东部整体平均
房价对北京房价1个标准误冲击的反应

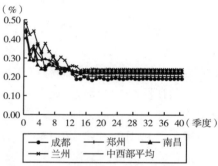

（c）成都、郑州、南昌和兰州及中西部整体平均
房价对北京房价1个标准误冲击的反应

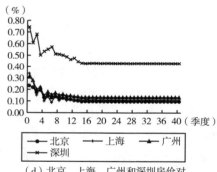

（d）北京、上海、广州和深圳房价对
深圳房价1个标准误冲击的反应

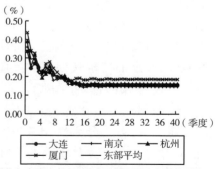

（e）大连、南京、杭州和厦门及东部整体平均
房价对深圳房价1个标准误冲击的反应

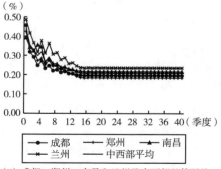

（f）成都、郑州、南昌和兰州及中西部整体平均
房价对深圳房价1个标准误冲击的反应

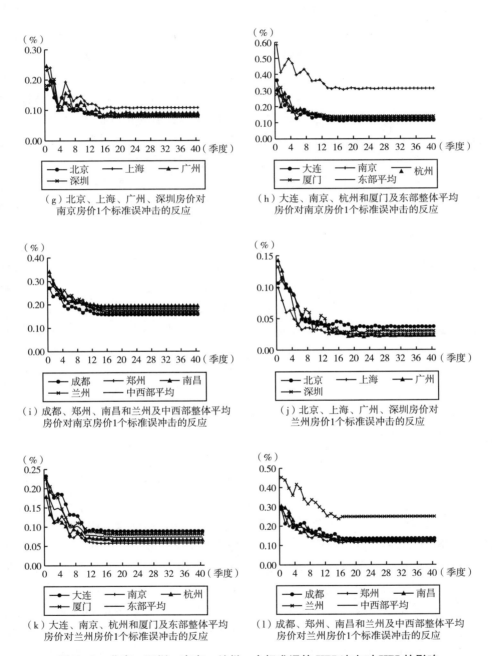

（g）北京、上海、广州、深圳房价对
南京房价1个标准误冲击的反应

（h）大连、南京、杭州和厦门及东部整体平均
房价对南京房价1个标准误冲击的反应

（i）成都、郑州、南昌和兰州及中西部整体平均
房价对南京房价1个标准误冲击的反应

（j）北京、上海、广州、深圳房价对
兰州房价1个标准误冲击的反应

（k）大连、南京、杭州和厦门及东部整体平均
房价对兰州房价1个标准误冲击的反应

（l）成都、郑州、南昌和兰州及中西部整体平均
房价对兰州房价1个标准误冲击的反应

图 5 - 3　北京、深圳、南京、兰州一个标准误的 HPI 冲击对 HPI 的影响

　　然而，不同类型城市的房价溢出性强度并不相同。从预期角度而言，房价上涨相对缓和的城市可能被视为投资的"洼地"，导致部分房地产投资资金从房价上涨更快、市场规模更大的城市转移而来，从而形成房价的溢出效应。一线城市由于房地产市场规模更大、房价上涨更为迅速，其房价溢出效应相对于中西部城市会更大。此外，按照若班克（Roback，1982）的观点，资本和劳动力在城市间的自由流动将导致不同城市的厂商和居民分别获得近似的边际成本和效用水平。对厂商而言，如果较高的房价没有较低的工资做补偿，厂商会选择迁移；而对居民而言，较高的房价没有高工资做补偿，居民也会选择迁移。当一个城市物价水平稳定时，房价水平的上涨则意味着企业经营成本和居住成本的提高，这会导致部分企业和居民的搬迁到其他城市，进而带动其他城市房价的上涨，产生房价的溢出效应。显然，如果城市人口规模越大，土地越稀缺，则房价上涨所导致的居民和企业的搬迁规模会越大，房价的溢出效应也就越大。实证结果也显示，一线城市的房价溢出效应高于东部城市，而东部城市又高于中西部城市。比如分别对北京和深圳的 HPI 施加一个标准误的冲击后，东部城市 HPI 的长期平均反应分别为 0.187% 和 0.163，中西部城市 HPI 的长期平均反应分别为 0.213% 和 0.208%；对南京的 HPI 施加一个标准误冲击后，东部城市 HPI 的长期平均反应为 0.128%，中西部城市 HPI 的长期平均反应为 0.176%；对兰州的 HPI 施加一个标准误冲击后，东部城市 HPI 的长期平均反应为 0.073%，中西部城市 HPI 的长期平均反应为 0.127%。

　　过去有文献基于全国宏观数据发现中国的房价具有较强的正反馈效应（孙小琰等，2007），即购买者只是根据过去房价变动做出反应，进行"追涨杀跌"的交易，当期房价的上涨（或下降）会推动下一期房价的上涨（或下降）。本章结果也显示，北京、深圳、南京、兰州的 HPI 对来自自身 HPI 的一个标准误正向冲击后的长期反应分别为大约 0.399%、0.429%、0.311% 和 0.168%，这均高于这些城市的 CPI 对于来自自身 HPI 的一个标准误正向冲击的反应幅度，即这些城市房价具有明显的正反馈效应。然而，从房价的正反馈效应强度而言，一线城市和东部城市的房价变动具有较大的正反馈机制，而中西部城市房价的正反馈机制较弱。房价正反馈效应的差异，与不同城市在吸纳外来人口和土地供给弹性上的差异有关。外来人口较多，土地供给弹性较小的城市，在受到相同外部冲击后，房价上涨幅度会更大。这也意味着在这些城市进行房产投资回报率更大。一线城市和东部城市在吸引外来人口（特别是高层次人才）上优于中西部城市，而一线城市和东部城市的土地则更为稀缺。这样，在相同的宏观因素影响下，一线城市和东部城市往往上涨更快。在这种情况下，逐利的房地产投机资本会首选一线城市和东部城市，而相对选择最少的是投资回报率较低的中西部城市。因此，一线城市和东部城市的房价会表现出更为强烈的"追涨杀跌"的正反馈机制。而中西部城市由于房价上涨预期相对较弱，房地产投机资本汇聚较少，房价的正反馈机制也相对较弱。

5.6.3　HPI 冲击对 CPI 的影响

图 5-4 给出了分别对北京、深圳、南京、兰州的 HPI 施加一个标准误的正向冲击后，一线城市、东部城市、中西部城市的 CPI 所受到的趋势性的影响。与 HPI 对 HPI 的冲击相比，CPI 受 HPI 冲击后反应幅度要小很多。从图形可以看出，在给 HPI 施加一个标准误的正向冲击后，各个城市 CPI 的初始反应均为正，并迅速衰减。在前 8 个季度内，CPI 的反应曲线呈现出迅速向下衰减的波动趋势，在 8~12 季度后，逐渐趋于稳定。

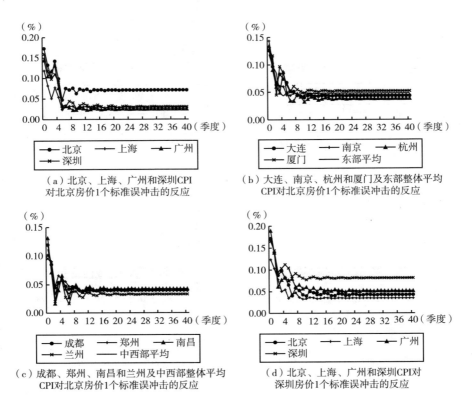

（a）北京、上海、广州和深圳CPI
对北京房价1个标准误冲击的反应

（b）大连、南京、杭州和厦门及东部整体平均
CPI对北京房价1个标准误冲击的反应

（c）成都、郑州、南昌和兰州及中西部整体平均
CPI对北京房价1个标准误冲击的反应

（d）北京、上海、广州和深圳CPI对
深圳房价1个标准误冲击的反应

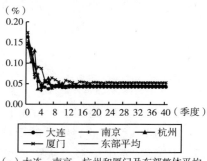

（e）大连、南京、杭州和厦门及东部整体平均
CPI对深圳房价1个标准误冲击的反应

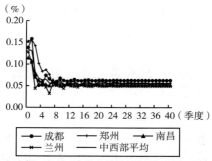

（f）成都、郑州、南昌和兰州及中西部整体平均
CPI对深圳房价1个标准误冲击的反应

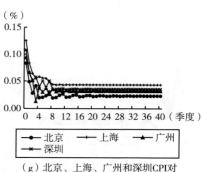

（g）北京、上海、广州和深圳CPI对
南京房价1个标准误冲击的反应

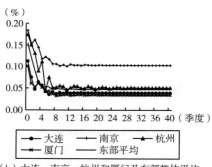

（h）大连、南京、杭州和厦门及东部整体平均
CPI对南京房价1个标准误冲击的反应

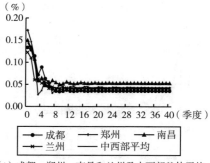

（i）成都、郑州、南昌和兰州及中西部整体平均
CPI对南京房价1个标准误冲击的反应

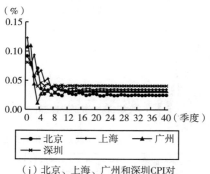

（j）北京、上海、广州和深圳CPI对
兰州房价1个标准误冲击的反应

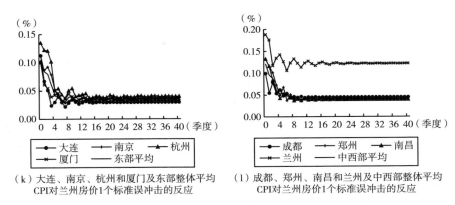

（k）大连、南京、杭州和厦门及东部整体平均　　（l）成都、郑州、南昌和兰州及中西部整体平均
　　CPI对兰州房价1个标准误冲击的反应　　　　　　CPI对兰州房价1个标准误冲击的反应

图 5 - 4　北京、深圳、南京、兰州一个标准误的 HPI 冲击对 CPI 的影响

资料来源：笔者计算而得。

北京、深圳、南京、兰州的 CPI 在受到对各自 HPI 施加的一个标准误的正向冲击后，长期反应分别为大约 0.071%、0.081%、0.103% 和 0.122%。这表明以北京、深圳为代表的一线城市的 HPI 对自身 CPI 的推动作用较小，而以兰州为代表的中西部城市 HPI 增长对自身 CPI 的推动作用较为明显。这一结果可以从不同城市间由需求和供给渠道所引发的房价对通货膨胀的影响大小的差异角度加以解释。从理论上而言，房地产应具有财富效应，房价上涨会导致房产持有者财富的增长，进而促进消费增长，引发物价水平的上涨。然而，对于房价收入比已经较高的城市，房价的上涨意味着租房成本和购房支出（包括按揭）同时增加，在预算约束下，民众往往增加储蓄，减少当期消费。这样，房价收入比越高的城市，居民住房压力也越大，房价对消费的挤出效应也会越明显，进而出现负向财富效应。李成武（2010）的实证结果显示，对于中国房价收入比较高的一线城市和东部地区，存在显著的负向财富效应，而中西部地区则财富效应不显著。因而，从财富效应角度而言，一线城市和东部由房价上涨所引致的物价上涨幅度会远低于中西部城市。此外，从供给角度而言，房价上涨会导致工资水平的上涨，进而推动贸易品和服务价格的上涨。然而，这种机制在不同城市间也存在明显差异。对于单个城市而言，其贸易品只可能有极少的比例来自本城市，而服务品则基本来自本城市。因而，房价上涨主要是推动本地服务品价格的上涨，而对贸易品价格的影响有限。由于中国不同城市间财政收入水平差异明显，本地财政收入水平较高的一线城市和东部城市，其对一些公共产品的价格补贴程度也较大。[1]

---

[1]　余华义（Yu et al.，2012）基于国家统计局处理 CPI 的原始价格调查数据发现，北京等一线城市的服务品价格反而较低。

这样，从供给角度而言，一线城市和东部由房价上涨所引致的物价上涨幅度也会远低于中西部城市。

房价的变动导致其他城市物价水平的变动，主要来自贸易品价格的传导。在对北京、深圳、南京、兰州的 HPI 施加一个标准误的正向冲击后，其他城市 CPI 的长期反应均不大。比如对北京的 HPI 施加一个标准误的正向冲击后，上海、广州和深圳的 CPI 长期反应分别为 0.029%、0.025% 和 0.031%；而东部城市和中西部城市 CPI 的长期平均反应均低于 0.05%。而对兰州的 HPI 施加一个标准误的正向冲击后，北京、上海、广州和深圳 CPI 的长期反应分别为 0.025%、0.035%、0.032% 和 0.040%，东部城市 CPI 的长期平均反应为 0.035%，中西部城市房价的 CPI 平均反应为 0.042%。值得注意的是，中西部城市的 CPI 受到 HPI 冲击后的反应高于一线城市和东部城市。这主要因为中西部城市相对于一线城市和东部城市而言，贸易品生产部门的规模更小，外来贸易品价格的变动对中西部城市的影响相对更大。而对深圳的 HPI 施加一个标准误的正向冲击后，其对其他城市 CPI 的影响程度大于由北京的 HPI 施加一个标准误的正向冲击而产生的影响。这可以从两个城市的经济结构差异角度加以解释。北京的服务业比重较高，而制造业（贸易品部门）的产值较小，而深圳的制造业产值更大。因而深圳的住房价格上涨所引发的贸易品价格上涨对其他城市 CPI 的影响更大。

5.7　结论和政策含义

基于 1999 年第一季度 ~ 2013 年第三季度的中国 35 个大城市面板数据，本章通过 GVAR 模型探讨了货币供应量变动对中国不同城市房价和通货膨胀的区位异质性影响，房价的溢出效应，以及房价对通货膨胀跨区影响，实证结果如下。

（1）货币供应量冲击对中西部城市房价的正向影响相对较弱，但对一线城市和东部城市房价的正向影响较为强烈，特别是一线城市，但货币供应量冲击对不同城市的 CPI 的影响均很微弱。

（2）房价的溢出性较明显，但不同城市存在明显差异。单个城市房价的变动对其他城市房价均有较大幅度的影响，即城市房价的溢出性明显。但房价的溢出性显现为一线城市、东部城市和中西部城市依次递减。在单个城市房价冲击对自身房价的影响方面，一线城市和东部城市表现出明显的房价正反馈机制，而中西部城市的房价正反馈机制不明显。

（3）房价对通货膨胀的影响相对较小，但仍然存在城市间的差异。一线城市的房价冲击对自身 CPI 的正向影响作用较小，而中西部城市房价增长对自身 CPI 的推动作用较为明显。中西部城市的 CPI 受到房价冲击后的反应高于一线城市和东部城市。

本章的实证结果具有明确的政策含义。首先，应改变过去"一刀切"式的房价宏观调控模式，强化不同城市的差异化调控。由于一线城市和东部城市房价溢出性高于中西部城市，政府对房价的进行宏观调控的重点应该放在一线城市和东部城市。从长期来看，应避免产业和就业岗位在一线城市和东部大城市的过度集中，逐步向中小城市转移一些大城市的产业。从短期来看，对房价溢出效应大的城市进行住房限购，减缓这些城市的房价增速，对全国房价的稳定是有益的。其次，由于货币供应量对中国房价具有显著的正向影响，但对 CPI 的影响较小，这样传统的盯住通货膨胀的货币规则可能导致货币的超发，进而引发房价水平的大幅攀升。因此，包括房价在内的资产价格也应被央行纳入货币政策的锚定目标，根据通货膨胀和资产价格的综合变化来合理确定货币供应量。再次，央行应注意货币供应量对不同区域房价的异质性影响。由于货币供应量对房价的冲击主要集中于一线城市和东部城市，而这些城市的房价溢出效应相对更大，因而从控制房价的角度，货币政策不宜过度宽松。最后，由于房价变动有引起 CPI 正向变动的效果，特别是中西部城市的 CPI 受自身及其他城市房价变动的影响都较大，因而政府应把房价和通货膨胀的治理纳入通盘考虑，防止因房价上涨引发的通货膨胀联动。

第6章

利率调整下收入对房价的跨区影响

6.1 导　　言

进入 21 世纪以来，中国房价进入了一个快速的上升通道，房价问题不仅成为了民众关注的焦点，也为学术界所广泛探讨。然而，过去有关中国房价的研究，大多基于宏观视角，对中国各城市房地产市场的巨大差异及不同区域房地产市场间的相互联系却缺乏足够的关注。事实上，中国的房地产市场是一个典型的区域市场，区域间的差异是分析中国房价变动、政策对房价影响时不能忽略的因素。

在过去十年间，利率工具已成为中国央行对房价进行调控的一个重要工具。然而，中央银行在运用利率工具调控房价时，实际面临着一个困境。当不同城市的房价对利率变动的反应敏感程度明显不同时，提高住房按揭贷款利率水平可能并不是抑制房价上涨的有效手段。因为一些城市可能在利率提高后引发房价暴跌，而另一些城市的房价仍然在上涨，从而弱化利率政策的有效性。在考虑中国房地产市场对全国性宏观政策反应的区位异质性后，另一个值得关注的方面是不同城市的房地产市场间的相互影响。近年来，中国政府制定了一些区域性的房价控制政策，比如北京的住房限购政策。对上述两个问题的回答事实上提供了一种评价区域房价控制政策的合理性的视角。

过去有不少文献讨论过房价的"波纹效应"，认为某些区域的房价变动会如同水波一样带动相邻区域房价依次变动。"波纹效应"实际是区域间房价的相互影响机制的一种特殊形式，其特殊性体现在房价传导在空间上具有连续性。然而，由于城市间的经济、社会的联系的紧密程度可能并不严格依赖于其地理距离，这可能导致不同城市间的房价相互影响机制并不具有"波纹效应"所展现出的空间连续性。并且，有关"波纹效应"的实证研究大多是对"波纹效应"的存在性进行统计检验，无法验证某些特定城市的房价变动是如何影响其他城市的房价走势的。究竟中国一些特定城市（比如北京、上海、广州）的房价异常变动会对其他不同城市房价产生何种影响？过去文献缺乏相关的讨论。此外，中国特定城市的居民收入水平的异常变动是如何对本城市以及其他城市房价变动趋势产生影响的？过去的文献也缺乏相关的讨论。

对于上述问题的回答，本章使用了最新发展出的 GVAR（Globe Vector Autoregression）模型（Dees et al.，2007）。传统的面板 VAR 模型中，单个个体被认为是没有区位溢出效应的，也即是说发生在给定区域的经济冲击只会影响本区域，而不会对其他区域产生影响。而 GVAR 模型的优势在于，它允许了区位溢出效应的存在，以及区位层面变量和全国层面变量间的相互影响。这就使得我们不仅能够分析全国层面的冲击（例如利率水平）对各地房价的影响，也能够分析某个城市的房价变动对其他城市房价变动的差异化影响。

6.2　相关研究回顾

由于房地产的开发和需求对金融体系的高度依赖性，已有大量的文献讨论了利率政策对房价的影响。卡尔和明斯基（Kearl and Mishkin，1977）认为货币政策会对住房需求产生影响主要来自两种渠道：一是货币政策通过影响消费者持有的金融资产的价格，进而影响住房需求；二是货币政策通过影响信贷成本和可得性，进而影响消费者债务规模和住房需求量。考和柯南（Kau and Keenan，1980）基于新古典框架的理论模型详细分析了利率与住房消费、利率与住房租赁、利率与投资、利率与按揭等关系，并从理论上证明了利率同房价之间呈负相关关系。此后，大量实证文献都表明利率对房价具有负向的影响（Harris，1989；Cooper，2004；Cho and Ma，2006）。但 1990 年代以来，也有一些学者认为金融创新弱化了利率和房价之间的关系，甚至使得利率对房价产生了正向影响（McCarthy and Peach，2002；Kasai and Gupta，2010）。在中国利率政策对房价的影响方面，张涛等（2006）、梁琪和曹华（Liang and Cao，2007）及沈悦等（2011）的实证研究发现，银行按揭利率水平对中国房价具有较强的负向影响，并进一步认为提高住房按揭贷款利率是抑制房价上涨的有效手段。然而，高波和王先柱（2009）与况伟大（2010）的实证研究却发现利率变动对中国房价变动不具有负向影响，这表明中央银行利率政策在很大程度上是无效的。过去有关利率和房价关系的研究基本都是基于宏观数据的。事实上，货币政策在传导机制效应上存在着区域非对称问题（Carlino and Defina，1998；Francis et al.，2012）。利率变动对不同地区的房价的影响也可能存在明显的差异。基于宏观数据的研究难以刻画这种利率变动对房价的区位异质性影响。目前仅有万斯腾科斯特（Vansteenkiste，2007）及万斯腾科斯特和黑波特（Vansteenkiste and Hiebert，2011）的实证研究探讨过利率变动对不同区域房价的异质性影响。

学术界对不同地区间房价相互影响的研究始于对"波纹效应"的探讨。米恩（Meen，1999）给出了"波纹效应"存在的四个理论上的解释：人口迁移、资产转换、空间套利和外生经济冲击效果的时间差异。从计量角度而言，如果"波纹效应"的确存在，最终各地区间的房价应该呈现出一定程度的长期收敛关系，并且通过不同地区间房价的因果关系检验可以判断出房价波纹的传播方向（Holmes，2008）。麦当劳和泰勒（MacDonald and Taylor，1993）及阿勒先德和巴若（Alexander and Barrow，1994）最早对英国区域房价数据进行分析，发现在过去几十年中英国呈现出明显的房价变动，从东南部或大伦敦地区通过中部地区向北部扩散的模式，符合典型的"波纹效应"理论。此后，米恩（1999）和霍姆斯（Holmes，2008）基于英国，爱卡瑞内（Oikarinen，2004）基于芬兰，陈梅塞（Chien，2010）基于中国台湾，黎恩和史密思（Lean and Smyth，2013）基于马来西亚等的实证研究也支持了"波纹效应"的存在性。然而，也有一些研究对"波纹效应"的存在性提出了质疑。同样基于英国的数据，德拉科（Drake，1995）、阿什沃斯和帕克尔（Ashworth and Parker，1997）及阿伯特和德维塔（Abbott and De Vita，2013）的实证结果却显示英国的区域房地产市场并不存在明显的"波纹效应"。石松等（Shi et al.，2009）和卡纳瑞拉等（Canarella et al.，2012）分别基于新西兰和美国的实证研究也没有支持"波纹效应"的存在性。由于"波纹效应"的研究主要是基于统计方法对"波纹效应"的存在性进行检验，因而无法给出某一地区房价的变动对另一地区未来房价的具体影响大小。

随着计量技术的发展，近年来也有一些文献开始超越"波纹效应"框架，分析房价的时空互动影响。本斯托克和菲尔斯腾（Beenstock and Felsenstein，2007）构建了一个空间向量自回归（SpVAR）的框架用以分析某一地区的经济冲击对不同临近地区房价的时空影响，并以以色列数据为例，模拟了来自耶路撒冷的收入冲击和来自特拉维夫的人口冲击对其他地区房价的影响趋势。库斯和培德（Kuethe and Pede，2011）也采用 SpVAR 模型分析了来自美国不同州的收入和失业率冲击对附近州房价的影响。霍利等（Holly et al.，2010）构建了一个考虑空间效应的房价和经济基本面关系的模型，并利用美国州层面的数据发现空间因素是影响房价偏离均衡后调整速度的重要因素。霍利等（2011）探讨了英国地区层面的房价时空扩散机制，并利用广义时空脉冲响应分析了某地区的房价受到冲击后对其他地区房价的跨时间和跨空间的影响。然而，这些文献只考虑了某一地区的冲击（房价和经济变量）对其他地区房价的影响，并未考虑全国层面的冲击（比如利率变动）对不同地区房价的异化影响。

6.3　分析框架与模型设定

通过对过去文献的总结梳理，我们可以得到一个利率变动对房价的区域异质影响、房价溢出效应以及收入对房价的跨区影响的分析框架，该框架如图 6 - 1 所示。

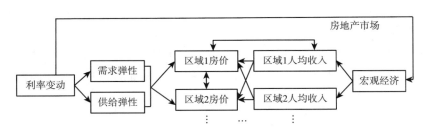

**图 6 - 1　利率变动对房价的区域异质影响、房价溢出效应
以及收入对房价的跨区影响分析框架**

资料来源：笔者绘制。

房地产是一个资金密集型行业，其开发和购买过程都会受融资的影响。因而利率变动会影响住房的供给和需求，进而对房价产生影响。虽然利率变动会导致住房供给和需求都同时反向变动，但利率变动究竟会对房价产生何种影响，取决于住房的供给和需求的利率弹性，即住房供给和需求对于利率变动幅度的大小。由于住房的开发建设周期较长，并且土地供应量难以调整，开发商短期内难以调整开发规模，因而住房供给的利率弹性相对于购房者的利率弹性而言较低。从理论上而言，央行降低信贷利率，短期内会导致住房供给增加的幅度小于需求增加

的幅度，进而导致房价上涨；反之亦然。从长期来看，开发商可以调整住房开发规模，从而住房供给的利率弹性增大。若住房的供给弹性仍小于需求的利率弹性，则房价对利率的长期反应仍然是负向的。

对于住房供给的利率弹性而言，城市土地的稀缺性无疑是一个重要的影响因素。如果一个城市的土地稀缺程度越大，则住房供给的利率弹性越小。因而土地供给弹性降低会增大利率对房价的负向影响。对于住房需求的利率弹性而言，则与一个城市的房地产金融市场的发育程度以及本身的房价水平高度相关。如果一个城市的房地产金融市场发育程度越高，房价水平越高，则购房者对于住房按揭的依赖程度会越高，进而住房需求的利率弹性会越大。因而房价水平提高，房地产金融市场发育程度提高，会增大利率对房价的负向影响。由于不同城市在土地稀缺性、房价水平和房地产金融市场发育程度上存在差异，因而全国性的利率调整会对不同城市房价的走势产生异质性影响。

假设城市 i 的代表性居民消费复合商品和住房，p_i 和 R_i 分别为复合消费品和住房的价格，居民工资为 w_i，则代表性居民的效用水平可用间接效用函数 $V(w_i, p_i, R_i)$ 表示。假设城市代表性厂商在生产中需要使用劳动、土地、资本，劳动价格为工资 w_i，土地价格为 R_i^L。在完全竞争和资本自由流动条件下，商品售价和资本价格可被视为常数。假设厂商的税率为 t_i。于是，厂商的利润函数可以表示为 $\Pi(w_i, t_i, R_i^L)$。

按照若班克（1982）的观点，在劳动力和资本自由流动条件下，居民在不同城市可以获得大致相等的效用，而厂商可获得大致相等的利润水平。因而有：

$$V(w_i, p_i, R_i) = \overline{V} \quad \Pi(w_i, t_i, R_i^L) = \overline{\Pi} \qquad (6-1)$$

在若班克（Roback，1982）及其后的经验研究中，通常假定 $R_i^L = R_i$，于是式（6-1）可变为：

$$V(w_i, p_i, R_i) = \overline{V} \quad \Pi(w_i, t_i, R_i) = \overline{\Pi} \qquad (6-2)$$

式（6-2）为两个关于 w_i 和 R_i 的隐函数，于是有：

$$R_i^V = f(w_i, p_i) \quad R_i^\pi = g(w_i, t_i) \qquad (6-3)$$

根据隐函数性质，可以得到：

$$\frac{\partial f}{\partial w_i} = -\frac{\partial V}{\partial w_i} \Big/ \frac{\partial V}{\partial R_i} > 0 \quad \frac{\partial g}{\partial w_i} = -\frac{\partial \Pi}{\partial w_i} \Big/ \frac{\partial \Pi}{\partial R_i} > 0 \qquad (6-4)$$

式（6-4）具有明确的含义：为了维持居民效用水平不变，房价的提高必须有工资水平的相应提高做补偿；为维持厂商利润不变，土地价格水平的提高必须有工资水平的相应降低做补偿。在企业和居民可以自由迁移情况下，如果厂商面临较高的房价却没有较低的工资做补偿，厂商会选择迁移；而如果居民面临较高的房价没有高工资做补偿，居民也会选择迁移。厂商和居民的这种迁移，将使得不同城市的厂商和居民分别获得近似的边际成本和效用水平，这就是一种区位均衡。按照这种机制，一个城市的房价水平和人均收入水平的变化，均会对本城市和其他城市的房价水平产生影响。

一个城市房价水平的上涨，意味着在该城市的居民生活成本提高，为维持效用水平不变，其会要求提高工资水平；但房价的上涨，企业的经营成本也会提高，其会抵制工资水平的提高。因而，在资本和劳动力自由流动情况下，房价的上涨会导致部分企业和居民选择搬迁到其他城市，进而带动其他城市房价的上涨，产生房价的溢出效应。

房价的溢出效应会受到本城市土地供给弹性的影响。如果本城市土地供给弹性较大，则房价的上涨会引致土地供给增大，从而房价水平有一定程度回落。这种机制在一定程度上抵消房价上涨对居民生活成本和企业经营成本的影响。因而，在本城市土地供给弹性较大时，房价的溢出效应相对较小。反之，本城市土地供给缺乏弹性时，房价的溢出效应相对较大。

一个城市人均收入的提高，意味着相对于其他城市，在该城市生活的居民效用水平的提高，从而引发居民从其他城市搬入该城市。其他城市居民迁入本城市，往往伴随着居民将其在其他城市取得的收入转移至新搬入的城市，用于购买住房。[①] 这增大了人口迁入城市住房的需求。而一个城市人均收入的提高后，本城市原住居民的住房购买力也会增加。因而一个城市人均收入水平的提高，会导致本城市房价水平的上涨。

一个城市人均收入的提高会对其他城市的房价产生两方面的影响。一方面，居民收入水平的提高不仅会增加对本地住房的需求，也会增加对其他城市住房的需求。对其他城市的住房需求包括投资其他城市的住房；在某个城市工作的居民选择在家乡购房，或资助其家乡亲人购房等。另一方面，一个城市人均收入提高引发其他城市居民搬入本城市后，人口迁出城市的住房需求可能下降，进而对人口迁出城市的房价产生负向影响。因而，一个城市人均收入的提高对其他城市房价的影响取决于这两方面影响的消长关系。

---

① 中国还普遍存子女在异地工作，父母为其购房（或支付首付或月供）、转移收入的现象。

对上述分析框架进行实证分析，可以使用第 4 章使用过的 GVAR 模型。下面，我们利用 1999~2012 年中国 35 个大城市的季度数据，通过 GVAR 模型对上述分析框架进行实证分析。

6.4 统计检验

在对 GVAR 模型进行估计之前，我们需要对变量进行必要的统计检验。我们首先应用 ADF 检验对地区变量及相应的星标变量的水平值和一阶差分值的单位根进行检验（见表 6－1）。对实际利率水平（rr）而言，所有城市都是一样的数值，其水平值和一阶差分形式的 ADF 统计值分别为 －1.76 和 －5.15，这表明其是 5% 显著性水平上的 I(1) 序列。35 个城市的实际房价（rhp）和实际人均可支配收入（ry）序列及相应的星标变量（rhp^* 和 ry^*）基本都为 I(1) 序列。具体而言，除宁波、合肥的实际房价（rhp）在 10% 显著性水平上表现为 I(1) 序列，天津、沈阳、济南、武汉实际房价（rhp）为 I(2) 序列，深圳的实际人均可支配收入（ry）和呼和浩特的星标序列（rhp^*）为 5% 显著性水平上的 I(0) 序列外，其余城市的各变量均为 5% 显著性水平上的 I(1) 序列。为保证检验的严密性，我们剔除了实际房价（rhp）为 I(2) 序列的天津、沈阳、济南、武汉，其后利用剩余 31 个城市的水平值去检验变量的协整形式，并用序列的一阶差分形式去估计 VECM 模型。

表 6－1 ADF 单位根检验

	rhp	Δrhp	Δ(Δrhp)	ry	Δry	rhp^*	$Δrhp^*$	ry^*	$Δry^*$
北京	0.040	-7.579		-1.043	-9.157	-1.461	-7.634	-0.691	-12.125
天津	-0.660	-3.104	-11.140	-0.806	-7.997	-2.374	-14.724	-0.536	-15.329
石家庄	-0.599	-7.242		-0.343	-12.242	-1.882	-7.171	-0.653	-13.963
太原	-1.071	-4.268		-0.806	-7.997	-2.342	-8.057	-0.886	-16.171
呼和浩特	-2.023	-3.913		-0.893	-12.596	-3.587	-17.981	-0.108	-10.927
沈阳	-1.866	-2.494	-8.119	-0.687	-11.318	-2.765	-14.089	-0.071	-9.178
大连	-0.977	-11.806		-0.601	-9.260	-2.425	-15.987	-0.584	-7.855
长春	-1.370	-8.622		-1.177	-8.537	-2.152	-8.538	-0.831	-8.847
哈尔滨	-1.099	-4.800		-1.057	-7.937	-1.189	-9.257	-0.441	-11.213

续表

	rhp	Δrhp	Δ(Δrhp)	ry	Δry	rhp*	Δrhp*	ry*	Δry*
上海	-0.435	-5.024		-0.843	-9.053	-2.365	-4.688	-1.254	-18.438
南京	-2.174	-3.543		0.259	-12.199	-0.749	-11.240	-0.866	-11.165
杭州	-0.029	-3.507		-0.534	-17.955	-1.984	-8.326	-2.387	-15.871
宁波	-1.079	-3.463	-9.258	-0.968	-15.801	-2.696	-19.121	-1.337	-16.132
合肥	-0.677	-3.422	-16.057	0.102	-12.028	-2.168	-12.069	-1.172	-11.357
福州	-0.572	-9.176		0.001	-14.357	-2.418	-10.642	-1.510	-13.635
厦门	-0.804	-5.677		-0.582	-9.738	-1.948	-5.630	-1.712	-13.849
南昌	-1.104	-7.680		-0.032	-10.897	-2.918	-7.852	-0.187	-16.191
济南	-0.868	-2.734	-10.398	-0.346	-6.929	-2.432	-16.861	-0.387	-10.136
青岛	-0.885	-7.933		-0.217	-8.794	-2.475	-11.526	0.211	-10.444
郑州	-0.362	-3.650		-0.396	-11.574	-2.789	-14.551	-0.048	-11.101
武汉	-1.245	-2.622	-7.146	0.458	-12.488	-2.048	-9.656	-0.775	-12.821
长沙	-1.030	-3.988		-0.040	-13.998	-2.581	-8.401	1.395	-17.694
广州	-0.589	-6.666		-0.220	-12.344	-2.028	-6.601	-2.031	-14.541
深圳	-0.156	-13.998		-4.113	-8.269	-0.368	-12.317	0.719	-18.713
南宁	-0.013	-6.348		0.175	-15.936	-1.906	-5.959	-2.718	-9.042
海口	-0.410	-3.963		1.134	-15.434	1.781	-6.672	-2.195	-20.097
重庆	-0.887	-4.438		-1.097	-14.048	-3.131	-11.591	-0.942	-12.210
成都	-0.769	-4.022		0.662	-10.998	-2.883	-8.723	-0.784	-10.904
贵阳	-2.496	-8.340		-0.027	-10.040	0.478	-13.791	-1.129	-11.357
昆明	1.932	-7.279		-1.677	-8.002	0.741	-15.503	-0.332	-17.241
西安	-0.378	-4.588		0.510	-11.031	-2.196	-9.124	-1.329	-12.137
兰州	0.129	-6.053		-0.549	-11.398	-1.299	-8.153	-0.713	-11.737
西宁	-0.743	-10.306		-0.510	-12.938	-2.466	-7.861	-1.036	-9.578
银川	-0.724	-7.980		-0.265	-11.858	-2.253	-7.868	-2.075	-14.676
乌鲁木齐	-0.850	-3.538		-0.282	-13.576	-1.893	-8.199	-2.408	-13.582

注：变量的样本区间为1999年第一季度~2012年第三季度。水平值和一阶差分形式的 ADF 检验都是基于包含截距和线性时间趋势的形式，滞后阶数根据 AIC 法则确定。基于包含截距和线性时间趋势的 ADF 检验中，1%、5% 和 10% 显著性水平下的 ADF 统计值分别为 -4.137、-3.495 和 -3.177。

资料来源：笔者计算而得。

　　之后，我们利用约翰森协整检验对每个城市模型中可能存在的协整关系进行考察（见表6-2）。检验方程中包含的一阶差分的滞后项阶数根据 AIC 法则确定。结果显示，剩余 31 个城市的实际房价（rhp）、实际人均可支配收入（ry）、相应的星标变量（rhp* 和 ry*）和实际利率水平（rr）都包含着一组协整关系。这表明，我们可以利用一组协整关系对 GVAR 模型进行求解。

表 6-2   Johansen 协整检验（迹检验）

H_0	r = 0	r ≤ 1	r ≤ 2	滞后	H_0	r = 0	r ≤ 1	r ≤ 2	滞后
北京	74.543***	37.017	14.835	1	郑州	81.661***	30.010	10.440	2
石家庄	109.472***	40.111	21.574	2	长沙	95.151***	39.559	14.604	1
太原	95.715***	38.533	24.537	1	广州	62.069***	33.235	12.620	2
呼和浩特	83.632***	39.403	24.433	1	深圳	71.778***	38.665	19.707	1
大连	58.199***	34.056	10.502	1	南宁	88.206***	34.427	14.240	1
长春	91.332***	38.897	20.084	2	海口	79.449***	37.029	19.003	1
哈尔滨	89.022***	37.396	20.720	2	重庆	81.640***	38.711	20.960	1
上海	99.365***	35.870	21.702	1	成都	74.941***	31.152	9.628	2
南京	108.101***	40.564	13.569	2	贵阳	108.634***	41.345	17.086	1
杭州	138.265***	28.642	11.514	1	昆明	91.579***	36.528	22.861	1
宁波	88.929***	39.837	16.661	2	西安	87.973***	30.073	18.459	2
合肥	91.704***	39.393	20.991	2	兰州	71.625***	36.851	18.854	1
福州	83.211***	41.970	25.494	2	西宁	67.509***	29.097	11.379	1
厦门	77.236***	33.246	17.663	1	银川	102.080***	40.374	23.354	1
南昌	71.392***	28.251	13.301	1	乌鲁木齐	83.855***	35.683	14.020	2
青岛	72.720***	29.317	14.890	1					

注：协整检验模型采用包含非限制性截距项和线性确定性趋势的形式，模型中包含 I（1）内生变量 rhp 和 ry，以及外生变量 rhp*、ry* 和 rr。

资料来源：笔者计算而得。

过去有文献发现房价和收入之间并不存在协整关系，如米恩（Meen，2002）和盖林（Gallin，2006）基于美国数据的研究。然而，这两篇文献并没有考虑房价方程的非独立性，即并没有考虑某地区的房价受其他地区的房价和收入水平的影响，以及各地区房价受共同影响因素（如利率）的影响。而本章对房价和收入的协整检验则是纳入了房价的共同影响因素和地区间相互影响。事实上，霍利等（Holly et al.，2010）在考虑了房价的共同影响因素和地区扰动后，也同样发现了美国 49 个州的房价和收入之间具有协整关系。

在估计 GVAR 模型时，一个重要的假设是 X_{it}^* 和 d_t 都要满足弱外生性。要检验这个假设，我们需要构建一个辅助的一阶差分方程，并对估计出的误差修正项的显著性进行检验。具体而言，对于 $X_{it}^* = (rhp^*, ry^*)'$ 中的变量 rhp_{it}^*，有下列回归方程：

$$\Delta rhp_{it}^* = \alpha_i + \zeta_i E\hat{C}M_{i,t-1} + \sum_{k=1}^{s_i} \phi_{ik}' \Delta X_{i,t-k} + \sum_{m=1}^{n_i} \varphi_{im}' \Delta \tilde{X}_{i,t-m}^* + \eta_{it} \qquad (6-5)$$

其中，$E\hat{C}M_{i,t-1}$ 是第 i 个城市模型中根据协整关系估计出的误差修正项。s_i 和 n_i 为滞后阶数，$\Delta \tilde{X}_{it}^* = (\Delta X_{it}^*, \Delta d_t)'$。弱外生性检验即是用 F 检验对方程中的 $\zeta_i = 0$ 进行检验。表 6-3 给出了对星标变量 rhp^*、ry^* 和实际利率 rr 的弱外生性的 F 检验的结果。从结果可以看出，这些变量在 5% 显著性水平上都是弱外生变量，即它们对模型中的其他变量会产生长期的影响，但模型中其他变量对其并没有长期反馈影响。

表 6-3　　对星标变量和实际利率弱外生性的 F 检验（5% 显著性水平）

	F 检验临界值	rhp^*	ry^*	rr		F 检验临界值	rhp^*	ry^*	rr
北京	2.584	2.301	1.216	1.509	郑州	2.589	1.269	2.337	1.509
石家庄	2.589	1.635	0.927	1.509	长沙	2.584	1.858	2.189	1.509
太原	2.584	0.847	1.694	1.509	广州	2.589	2.142	1.746	1.509
呼和浩特	2.584	0.625	0.766	1.509	深圳	2.584	0.956	1.438	1.509
大连	2.584	1.780	2.099	1.509	南宁	2.589	1.188	1.564	1.509
长春	2.589	1.630	1.435	1.509	海口	2.584	2.220	2.080	1.509
哈尔滨	2.589	0.705	1.600	1.509	重庆	2.584	1.276	1.779	1.509
上海	2.584	0.836	1.334	1.509	成都	2.589	1.787	0.650	1.509
南京	2.589	0.468	1.606	1.509	贵阳	2.584	2.200	1.812	1.509
杭州	2.584	1.025	2.189	1.509	昆明	2.584	1.239	1.316	1.509
宁波	2.589	0.558	1.059	1.509	西安	2.589	0.734	1.557	1.509
合肥	2.589	1.197	1.003	1.509	兰州	2.584	1.091	1.712	1.509
福州	2.589	0.372	0.755	1.509	西宁	2.584	2.430	0.903	1.509
厦门	2.584	2.206	1.439	1.509	银川	2.584	0.735	0.741	1.509
南昌	2.584	2.312	1.263	1.509	乌鲁木齐	2.589	0.376	2.120	1.509
青岛	2.584	2.556	1.427	1.509					

注：模型采用包含非限制性截距项和线性确定性趋势的形式，模型中的 5 个变量分别为 I(1) 内生变量 rhp、ry 和 I(1) 外生变量 rhp^*、ry^* 和 rr。

资料来源：笔者计算而得。

表 6 - 4 给出了星标变量对本地变量的同期影响。在计算标准误和 t 统计量时，我们使用了纽依 - 韦斯特（Newey-West）异方差和自相关一致协方差矩阵。这些系数估计值可以理解为本地变量和星标变量之间的影响弹性。结果显示，全部城市的 rhp* 的系数估计值都为正数且显著。以北京、上海、广州、深圳为例，我们可以看到，其他城市加权房价在某个季度 1% 的变动将导致北京、上海、广州、深圳在该季度的房价分别发生 0.093%、0.103%、0.161% 和 0.134% 的显著的正向变动。其他城市也有相似的同期影响弹性，但从系数的绝对值来看，其程度远远大于北京、上海、广州和深圳。这表明，北京、上海、广州、深圳房价受其他城市房价变动的影响较小，而其他城市房价变动受外部影响较大，尤其是受到北京、上海、广州、深圳这四个一线大城市的影响较大。

表 6 - 4　　　　　　　　　星标变量对本地变量的同期影响效果

		HPI*	CPI*		HPI*	CPI*		HPI*	CPI*		HPI*	CPI*
Coef	北京	0.093	0.071	南京	0.341	0.081	郑州	0.591	0.142	贵阳	0.791	0.205
t-Ratio		7.099	0.47		3.248	3.115		4.02	3.021		10.408	3.015
Coef	石家庄	0.537	0.496	杭州	0.239	-0.102	长沙	0.866	0.203	昆明	0.561	0.272
t-Ratio		6.885	4.636		3.145	-0.462		9.516	2.985		5.554	2.957
Coef	太原	1.022	0.645	宁波	0.382	0.276	广州	0.161	-0.006	西安	0.604	0.291
t-Ratio		7.57	4.057		3.237	3.781		3.578	-0.375		5.864	4.343
Coef	呼和浩特	0.783	0.288	合肥	0.963	0.269	深圳	0.134	-0.029	兰州	0.626	0.301
t-Ratio		4.078	4.881		7.081	2.612		3.19	-0.254		9.781	2.951
Coef	大连	0.816	0.731	福州	0.892	0.151	南宁	0.997	0.071	西宁	0.749	0.062
t-Ratio		5.589	3.225		9.102	2.745		11.202	3.381		8.416	3.263
Coef	长春	0.561	0.469	厦门	0.511	0.219	海口	0.966	0.179	银川	0.851	0.258
t-Ratio		3.206	2.842		3.135	3.174		9.857	3.315		5.711	5.265
Coef	哈尔滨	0.371	0.214	南昌	0.808	0.291	重庆	0.891	0.119	乌鲁木齐	0.639	0.229
t-Ratio		3.313	3.014		8.688	3.096		8.327	4.251		8.875	3.418
Coef	上海	0.103	0.107	青岛	0.89	0.091	成都	0.619	0.255			
t-Ratio		2.943	3.67		9.78	2.459		5.383	5.426			

资料来源：笔者计算而得。

多数城市 ry* 的系数估计值也为显著的正值，这表明各城市的人均收入也有一定的共同变动趋势。然而，我们发现，几乎所有城市的 ry* 的系数估计值要低于 rhp* 的系数估计值，东部大城市的估计值明显低于中西部城市，并且广州、深圳和杭州的 ry^* 的系数估计值为不显著的负值。这暗示，与房价相比，中国城市间的人均收入受到外部城市人均收入变动的影响较小，尤其是东部的大城市。

6.5　模型的估计和动态性分析

为了研究 GVAR 模型的动态特性并且得到外部冲击对各城市房价影响的时间变动轨迹，我们考察了三个方面的外部冲击的影响效果。

（1）一个标准单位的全国长期贷款（五年及其以上）利率的负向冲击。

（2）人均可支配收入变动对房价的影响。我们选取具有代表性的北京、厦门、成都，分别给这些城市一个标准单位的人均收入的正向冲击，看其他城市房价所受的影响。

（3）单个城市的房价变动对不同城市房价的影响。我们依旧选取了具有代表性的北京、厦门、成都，分别给这些城市一个标准单位的房价的正向冲击，看其他城市房价所受的影响。

我们之所以选择上述四个城市，一方面是考虑到它们地理位置的代表性，另一方面是考虑到它们各自房地产市场的差异性。选取北京作为中国经济最发达的一线城市（北京、上海、广州、深圳）的代表；选取成都作为中国中西部城市的代表；选取厦门作为东部城市的代表。[①] 根据第二部分的理论分析，城市人口规模和土地稀缺性是影响溢出效应及房价对利率的异质性的重要因素。一线城市、东部城市和中西部城市的划分，符合人口规模和土地稀缺性标准。一线城市的人口规模，尤其是外来移民的规模远远领先于其他城市，而其土地供给相对于其他城市而言更为稀缺。近年来一线城市的房价涨幅也领跑全国。中西部地区在中国经济发展程度相对落后。中西部城市平均人口规模低于一线城市和东部城市，而城市土地的稀缺程度也相对较低，近年来其房价涨幅也相对缓和。而东部城市，在人口规模和土地稀缺性上，介于一线城市和中西部城市之间。

在考察房价对于冲击的反应时，我们使用了迪斯等（2007）发展出来的基于 GVAR 模型的广义脉冲响应函数（generalized impulse response function，GIRF）。

---

　　① 在本章中，东部城市特指 31 个样本城市中，除一线城市（北京、上海、广州、深圳）外，位于东部沿海省份的其他城市。具体而言，包括石家庄、大连、南京、杭州、宁波、福州、厦门、青岛、南宁和海口。

与传统的基于 VAR 模型的广义脉冲响应函数相比，基于 GVAR 模型的广义脉冲响应函数能够刻画更多的信息，可以分别对全国变量和分地区变量施加外部冲击，考察不同地区的变量在受到冲击后的时间变动轨迹。

6.5.1 利率变动对房价的影响

利率调整是一个中央银行控制的全国性的政策，从实证结果来看，利率提高具有抑制房价上升的作用。从图 6-2 可以看出，在给国内长期按揭贷款利率 100 个基点正向冲击后，中国 35 个大城市的房价都有负向的长期反应，并且表现出先迅速大幅下降，之后再迅速回升，在第 8 期之后趋于稳定的情况。这表明在中国，通过利率工具调整资产价格的传导机制是顺畅的，这与张涛等（2006）、梁琪和曹华（Liang and Cao，2007）及沈悦等（2011）基于全国宏观数据的结论是一致的。

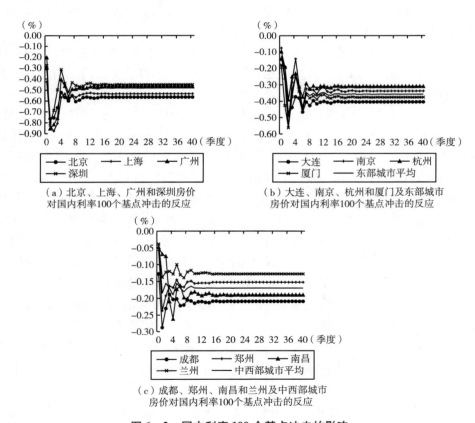

（a）北京、上海、广州和深圳房价
对国内利率100个基点冲击的反应

（b）大连、南京、杭州和厦门及东部城市
房价对国内利率100个基点冲击的反应

（c）成都、郑州、南昌和兰州及中西部城市
房价对国内利率100个基点冲击的反应

图 6-2 国内利率 100 个基点冲击的影响

资料来源：笔者计算而得。

　　然而，宏观数据并不能刻画不同城市房价对利率反应的异质性。事实上，本章的实证结果显示，对于不同城市，利率变动导致房价负向反应的程度具有明显的差异。北京、上海、广州、深圳的房价对来自国内利率 100 个基点正向冲击的长期反应分别大约为 -0.569%、-0.528%、-0.474% 和 -0.447%。东部城市对来自国内利率 100 个基点正向冲击的长期反应基本都超过 -0.3%，长期平均为 -0.356%。而中西部城市对来自国内利率 100 个基点正向冲击的长期反应基本都在 -0.25% 以内，长期平均为 -0.17%。这表明，利率调整中西部城市房价的影响比较微弱，但对一线城市和东部城市房价的影响较为强烈，特别是一线城市。这一实证结果也和本章第三部分的理论分析框架是完全吻合的。

　　一线城市、东部城市由于房地产金融市场发育相对成熟，房地产项目开发、居民购房对信贷的依赖程度较高，利率的杠杆作用较为明显。降低利率对一线城市和东部城市住房需求产生有较为明显的反向影响。而中西部城市的房地产金融市场发育相对滞后，且房价水平值相对较低，房地产项目开发、居民购房对信贷的依赖程度也相应较小。因而，利率政策虽然对中西部城市的住房需求具有反向影响，然而其影响程度远低于一线城市和东部城市。即相对于中西部城市，一线城市和东部城市的住房需求的利率弹性更高。而一线城市和东部城市的土地稀缺程度更高，当利率降低引发住房需求提高时，其住房供给难以相应提高。即相对于中西部城市，一线城市和东部城市的住房供给的利率弹性更低。因而，一线城市和东部城市的房价对利率的负向反应程度远高于中西部城市。

　　在中国的一线城市和东部城市的房价增长率远高于中西部城市的背景下，该结果暗示了央行提高利率可以在较大幅度抑制一线城市和东部城市房价的同时，又不会大幅度对房价上涨相对平缓的中西部城市产生较大影响。因而，从政策角度而言，提高利率可以成为抑制一线城市和东部城市房价过快增长的一个政策选项。当然，利率工具的效果并不是只针对房地产市场，中央银行在调整利率时仍需主要考察其对经济增长和物价总水平的影响。

6.5.2　可支配收入变动对房价的影响

　　图 6-3 给出了分别对北京、厦门、成都的人均可支配收入施加 1% 的正向冲击后，一线城市、东部城市、中西部城市房价所受到的趋势性的影响。从图 6-3 中可以看出，在给人均可支配收入施加 1% 的正向冲击后，各个城市房价的初始反应都是正向的。但在前 8 个季度内，这种正向的反应呈现出迅速向下衰减的波动趋势，在 8~12 季度后，逐渐趋于稳定。

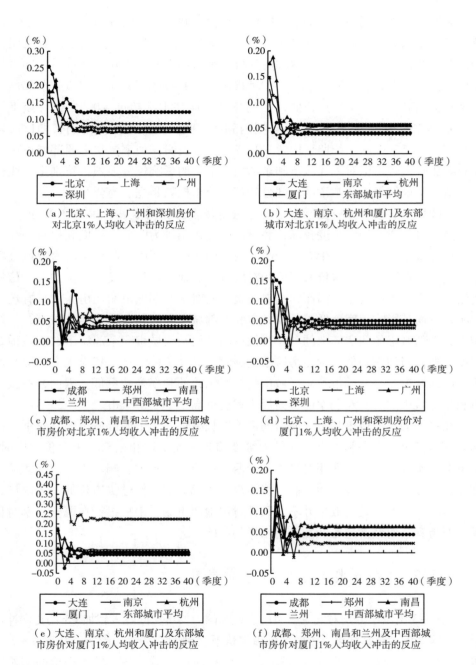

（a）北京、上海、广州和深圳房价
对北京1%人均收入冲击的反应

（b）大连、南京、杭州和厦门及东部
城市对北京1%人均收入冲击的反应

（c）成都、郑州、南昌和兰州及中西部城
市房价对北京1%人均收入冲击的反应

（d）北京、上海、广州和深圳房价对
厦门1%人均收入冲击的反应

（e）大连、南京、杭州和厦门及东部城
市房价对厦门1%人均收入冲击的反应

（f）成都、郑州、南昌和兰州及中西部城
市房价对厦门1%人均收入冲击的反应

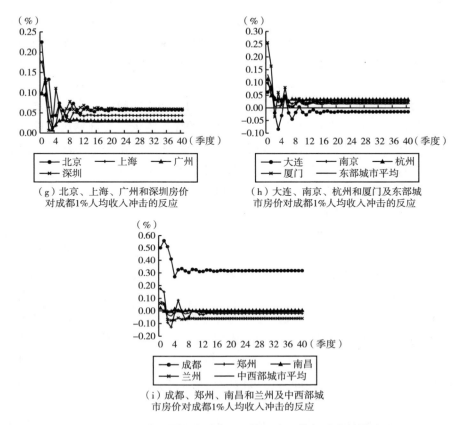

（g）北京、上海、广州和深圳房价
对成都1%人均收入冲击的反应

（h）大连、南京、杭州和厦门及东部城
市房价对成都1%人均收入冲击的反应

（i）成都、郑州、南昌和兰州及中西部城
市房价对成都1%人均收入冲击的反应

图 6 - 3　北京、厦门、成都 1% 的可支配收入冲击的影响

资料来源：笔者计算而得。

　　北京、厦门、成都的房价在受到各自人均可支配收入 1% 的正向冲击后，长期反应分别大约为 0.121%、0.224% 和 0.317%。这表明以北京为代表的一线城市可支配收入增长对自身房价推动作用较小，而以成都为代表的中西部城市可支配收入增长对自身房价的推动作用较为明显。这可以根据第三部分分析框架加以解释。20 世纪 90 年代以来，中国的城市化进程中不同城市的人口变化情况具有明显的不均衡性，城市增长的东西部差距明显，中西部城市的集聚效应远落后于东部城市。东部较为发达的长江三角洲、珠江三角洲和京津唐地区的人口规模增长都远高于全国其他地区，而这三个区域内的核心城市（北京、上海、杭州、南京、广州、深圳等）的人口增长速度又高于区域内其他城市。这种人口变化的差异实际反映了各城市间公共产品之间的巨大差异。根据"蒂布特（Tiebout）效应"，不同城市的公共产品会影响到人们的效用水平进而影响人们的迁移行为。

中国的一线城市在公共产品（包括教育、医疗、社会保障、基础设施、信息获取、政府资源等）的数量和质量上优于东部城市，而东部城市又优于中西部城市。相比中西部城市，一线城市、东部城市不仅在吸收外来人口数量上具有优势，新迁入人口的素质（财富、学历等）也具有明显的优势。因此，对于中西部城市而言，其房价增长受到本城市收入增长的推动作用较大，而一线城市、东部城市住房需求中有更大比重的来自外部移民的住房需求，外部移民的购房伴随着大量非本城市的购房资金转移，因而一线城市、东部城市房价上涨受到来自本城市收入增长的推动作用较小。而中西部城市土地供给弹性相对更大，外部资金导致的房价变动幅度相对较小，房价受本城市收入变动的影响相对较大，而一线城市、东部城市的情况则反之。

按本章的分析框架，单个城市的收入上涨对其他城市的房价可能产生正负两种影响。而图 6-3 的实证结果显示，单个城市的人均收入变动对多数其他城市的房价有微弱的跨区正向影响。即在对北京、厦门、成都的人均可支配收入分别施加 1% 的正向冲击后，多数其他城市的房价长期反应为正值，但从反应强度而言，其他城市房价对单个城市收入变动的反应都很微弱。我们可以认为城市收入变动对其他城市房价的影响是较弱的。比如对北京人均可支配收入施加 1% 的正向冲击后，上海、广州和深圳房价的长期反应分别仅为 0.087%、0.064% 和 0.073%；而东部城市和中西部城市房价的长期平均反应均低于 0.05%。而对成都人均可支配收入施加 1% 的正向冲击后，北京、上海、广州和深圳房价的长期反应分别仅为 0.058%、0.044%、0.03% 和 0.06%，东部城市房价的长期平均反应为 0.016%，中西部城市房价的长期平均反应为 -0.011%。这一结果暗示，在中国，单个城市收入上涨对其他城市住房需求产生的正负两种影响都是存在的，但单个城市收入上涨引发其他城市住房需求增加的机制略大于其引发其他城市住房需求下降的机制。值得注意的是，实证结果显示，中西部城市可支配收入冲击对一线城市和东部城市的影响高于对中西部城市的影响。这表明，对于中西部城市居民而言，其收入水平提高后，往往不会选择在其他中西部城市购房，其异地购房需求主要是集中在一线城市和东部城市。这与中国的现实也是吻合的。

6.5.3 单个城市的房价变动对不同城市房价的影响

图 6-4 给出了分别对北京、厦门、成都的房价施加 1% 的正向冲击后，一线城市、东部城市、中西部城市房价所受到的趋势性影响。在给北京、厦门、成都的房价施加 1% 的正向冲击后，绝大多数城市房价的反应都是正向的，这表明

中国城市房价有明显的溢出性。但与可支配收入冲击相比，房价冲击引起的房价反应的衰减速度较慢。在前 16 个季度内，房价的反应呈现衰减向下的波动趋势，在 16 个季度后逐渐趋于稳定。

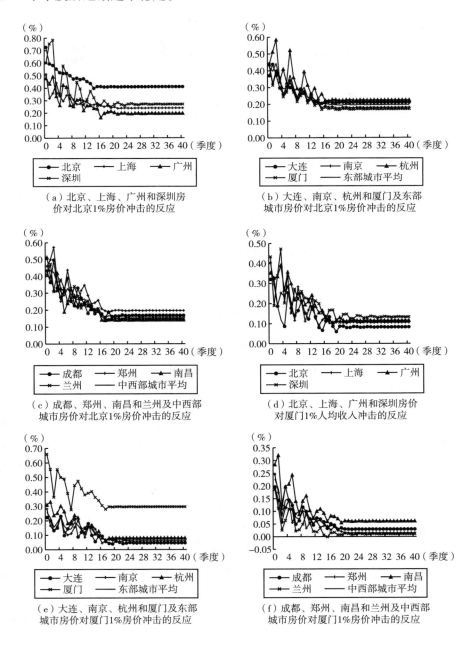

（a）北京、上海、广州和深圳房价对北京1%房价冲击的反应

（b）大连、南京、杭州和厦门及东部城市房价对北京1%房价冲击的反应

（c）成都、郑州、南昌和兰州及中西部城市房价对北京1%房价冲击的反应

（d）北京、上海、广州和深圳房价对厦门1%人均收入冲击的反应

（e）大连、南京、杭州和厦门及东部城市房价对厦门1%房价冲击的反应

（f）成都、郑州、南昌和兰州及中西部城市房价对厦门1%房价冲击的反应

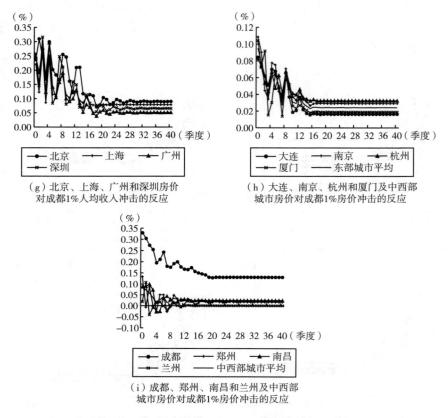

图 6-4　北京、厦门、成都 1% 的房价冲击的影响

资料来源：笔者计算而得。

　　北京、厦门、成都的房价对来自自身房价 1% 的正向冲击后的长期反应分别为 0.410%、0.297% 和 0.131%。其中，北京和厦门的房价对来自自身房价 1% 冲击后的反应（0.410% 和 0.297%）要高于来自自身 1% 可支配收入冲击后的反应（0.122% 和 0.224%），而成都的房价对来自自身房价 1% 冲击后的反应（0.131%）则远低于来自自身可支配收入 1% 冲击后的反应（0.318%）。这表明一线城市和东部城市的房价变动具有明显的正反馈机制，当期房价的上涨（或下降）会推动下一期房价的上涨（或下降），并且正反馈机制对房价影响大于收入对房价的影响。而中西部城市房价的正反馈机制较弱，房价的上涨较多地反映了自身收入的增长。这一结果暗示了一线城市和东部城市房价较多地受到了价格投机因素的影响，房价中可能有较大的泡沫成分，而中西部城市房价则较多地反映经济基本面。这与余华义有关中国城市房价泡沫的测算结果是高度吻合的。① 由于中国城市间公共产品差异导致的房价"蒂布特效应",一线城市、东部城市和中西部城市在对外来人口的吸引力上形成了明显的梯度差异,这些城市的房价增长也具有了明显的梯度差异。由于一线城市、东部城市的房价上涨预期更为明显,房地产投机资本会汇聚到地域,使房价偏离人均收入等经济基本面,较多地表现出"追涨杀跌"的正反馈机制。而中西部城市由于房价上涨预期相对较弱,房地产投机资本汇聚较少,房价能较多地反映经济基本面。

相比人均可支配收入冲击,单个城市的房价冲击对其他城市房价有更大的影响。在对北京房价施加 1% 的正向冲击后,上海、广州和深圳房价的长期反应分别为 0.239%、0.195% 和 0.270%,东部城市和中西部城市的房价长期平均反应分别为 0.196% 和 0.165%。在对厦门房价施加 1% 的正向冲击后,北京、上海、广州和深圳房价的长期反应分别为 0.083%、0.107%、0.115% 和 0.134%,东部城市和中西部城市的房价长期平均反应分别为 0.063% 和 0.022%。在对成都房价施加 1% 的正向冲击后,北京、上海、广州和深圳房价的长期反应分别为 0.089%、0.079%、0.050% 和 0.067%,东部城市和中西部城市的房价长期平均反应分别为 0.024% 和 -0.002%。这显示,中国的城市房价具有明显的溢出性,并且不同类型城市的房价溢出性并不相同。一线城市的房价溢出性高于东部城市,而东部城市又高于中西部城市。东部城市对一线城市和其他东部城市的房价溢出性较大,其对中西部城市只有较微弱的房价溢出性。中西部城市的房价溢出性则主要集中在一线城市,其对东部城市的房价溢出性较弱,而对其他中西部城市的房价溢出性则表现为微弱的负值。

该结果和第三部分的理论分析框架也是完全一致的。如果资本和劳动力在城市间可以自由流动,不同城市的厂商和居民将分别获得近似的边际成本和效用水平。房价水平的上涨则意味着企业经营成本和居住成本的提高,这会导致部分企业和居民的搬迁到其他城市,进而带动其他城市房价的上涨,产生房价的溢出效应。而房价的溢出效应会受到本城市土地供给弹性的影响。土地供给弹性越小,房价的溢出效应也就越大。相对于中西部城市,中国的一线城市和东部城市的土地更为稀缺,土地供给弹性更小。这样,同等幅度的房价上涨,一线城市和东部城市的居民生活成本和企业经营成本受到的冲击会更大,从而房价的溢出效应也相对较大。

---

① 笔者计算而得。

6.6　结论和政策含义

本章首先对城市间房价的溢出效应及利率对房价的区位异质性影响给出了理论上的解释。之后，基于 1999 年第一季度~2012 年第三季度的中国 35 个大城市面板数据，本章通过 GVAR 模型探讨了中国不同城市间房价、人均收入之间的溢出效应，以及调整长期按揭贷款利率究竟会对中国不同城市间的房价波动产生何种影响。实证结果与之前的理论分析高度吻合。

本章发现，虽然中国 35 个城市的房价都对利率冲击有负向的长期反应，但这种负向反应的程度有很大的不同。中西部城市房价受利率冲击的影响较小，而一线城市和东部城市房价受利率冲击的影响则较大。

可支配收入冲击对中西部城市房价有较大的正向长期影响，对一线城市的正向影响则很小，东部城市房价所受影响程度介于二者之间。这表明一线城市和东部城市的房价波动不仅受本城市人均收入变动的影响，还在很大程度上受其他城市收入变动的影响；而中西部城市的房价则主要受本城市收入变动的影响。一线城市、东部城市和中西部城市可支配收入冲击对其他城市房价都只存在微弱的影响，但中西部城市的可支配收入冲击对一线城市房价的影响远高于对其他中西部城市的影响。

相比人均可支配收入冲击，单个城市的房价冲击对其他城市的房价有更大的影响，即中国城市房价有明显的溢出性。然而，不同城市房价的溢出性有很大的差异。一线城市的房价溢出性高于东部城市，而东部城市又高于中西部城市。并且，中西部城市的房价溢出性主要集中在一线城市，其对其他城市房价的溢出性很微弱。在单个城市房价冲击对自身房价的影响方面，一线城市和东部城市表现出明显的房价正反馈机制，而中西部城市的房价正反馈机制不明显。

本章的实证结果具有明确的政策含义。

首先，由于利率政策对全国不同城市房价异化效果，利率对房价的负向影响主要集中于房价水平较高、增长较快的一线城市和东部城市，因而利率调整仍可作为对调控一线城市和东部城市房价的一种可选政策工具。

其次，一线城市和东部城市土地供给弹性相对较小，其房价溢出性相对较大，因而政府对房价的进行宏观调控的重点应该放在这些城市。因为稳定一线城市和东部城市的房价，有助于全国房价的稳定。从长期来看，政府应该促进中国的区域均衡发展，而不应推行大城市化的发展战略，可以将一些产业和资源从大城市转移到中小城市，促进中小城市的发展，避免产业和资源在大城市过度集中，减缓大城市的房价压力。从短期来看，政府应针对一线和东部城市制定一些有针对性的房地产宏观调控政策，全国性"一刀切"式的房价宏观调控政策的效果可能非常有限。

再次，一线城市和东部城市，房价受本城市居民收入的推动作用相对较小，这暗示了移民和外地转移来的购房资金对房价的较大影响。因而，从长期来看，政府应努力实现公共产品的区域均等化，缩小一线城市、东部城市在吸引移民（尤其是高素质人才上）的优势，进而减缓一线城市、东部城市因外部转移资金而带来的房价上涨压力。从短期来看，对一线城市、东部城市进行住房限购的政策，能在一定程度上限制人口以及购房资金从外地向这些城市汇聚，从而在一定程度上控制这些城市房价的过快增长。

最后，由于一线城市和东部城市房价的正反馈机制较为明显，房价进入上涨通道后有很强的自我强化效果。因而政府应把住房价格的稳定作为一个明确的政策目标，避免出现政策方向上的反复变动。

第 7 章

中国住房分类财富效应
及其区位异质性

7.1 导　　言

庇古（Pigou，1941）提出的财富效应假说是居民消费研究的重要基石。该理论认为，除居民收入变化外，家庭资产价格变化也会对消费产生影响。多数基于西方国家的实证研究结果显示住房具有显著的财富效应，即住房价格上涨会引发居民消费支出的增长。

中国自 1998 年全面实行住房市场化改革以来，房价和城镇居民住房自有率都在不断提高，但消费对宏观经济的贡献率呈下降趋势。那么，中国的住房是否具有财富效应呢？学术界对此存在明显的争议。部分学者认为中国住房存在财富效应（黄静，2011；梁琪等，2011；严金海和丰雷，2012）或是弱财富效应（骆祚炎，2010），即房价上涨在宏观上推动了居民消费的增长。然而，颜色和朱国钟（2013）基于生命周期的理论分析却认为财富效应在中国住房市场并不存在，高涨的房价会引发抑制消费的"房奴效应"。高春亮和周晓艳（2007）、谭政勋（2010）和陈斌开和杨汝岱（2013）的实证研究也认为中国的住房存在负财富效应。事实上，中国住房财富效应依据传导机制的差异又可以进一步分解为直接的财富效应、流动性约束效应、挤出效应和投资品效应。以往学者实证研究显示中国住房财富效应不显著的结论可能是不同传导机制下房价对消费影响相互抵消后的结果。本章将重点探讨房价波动如何通过四种不同的传导机制作用于居民消费以及不同传导路径对消费影响的强度和方向。

过去文献在探讨中国住房的财富效应时，较少考虑中国房地产市场巨大的区位差异。近年来，中国住房市场出现了明显的"贫富分化"格局。北上广深等一线城市在限购政策下，依然"地王频现"，房价上涨；而二三线城市涨价乏力，三四线城市更是面临较大的房价下行和去库存压力。中国住房市场明显的地区分化特点，决定了不同区位的住房可能在财富效应上表现出明显的差异。忽略住房市场的区位异质性，单纯从宏观视角探讨住房财富效应，可能得出有偏误的结论。过去少量文献探讨过中国东部和西部、沿海和内陆住房财富效应的差异。然而，中国住房财富效应的区位异质性并非是地理意义上的，按地理划分来考察住房财富效应的异质性往往并不准确。本章则是通过对恩格尔系数的聚类分析，划分了低消费和高消费城市，进而对两类城市的住房财富效应进行比较。

此外，过去有关住房财富效应的文献，也较少涉及房价对居民不同类型消费的影响。近年来，随着中国居民收入不断提高，居民的消费结构也在发生转变。居民的恩格尔系数不断降低，文化、休闲、教育、医疗等方面支出明显增多，消费开始从生存型向享受型转型。房价变动对居民不同类型的消费是否有差异性的影响，是本章在考察中国住房财富效应时的另一重要的着眼点。本章在综合考虑区位消费水平与消费结构变动的基础上，重新探讨中国房价以何种路径作用于居民消费以及房价波动对居民生存型、发展型以及享受型消费影响的强度和传导机制。

7.2　相关研究回顾

7.2.1　住房财富效应的传导机制

霍尔（Hall，1978）和弗莱文（Flavin，1981）把持久收入假说对未来预期的强调和生命周期理论对财富和人口统计变量的强调相结合，构建了当代衡量财富效应的 LC-PIH 分析框架。卢德文格和斯楼克（Ludwig and Sloek，2002）将住房资产纳入该框架后，依据房价波动对消费影响方式的不同，将财富效应的传导机制进一步划分为兑现的财富效应（realized wealth effect）、未兑现的财富效用（unrealized wealth effect）、流动性约束效应（liquidity constraints effect）、预算约束效应（budget constraints effect）、替代效应（substitution）和信心效应（confidence effect）。国内也有部分学者依据该种分类方式探讨了中国房价财富效应的传导机制。然而，上述住房财富效应的传导机制在中国是受限的。首先，美国住房的财富效应可以通过住房的再融资（re-finance），而中国银行体系基本不允许住房的再融资。其次，东亚文化的传统家庭观念具有极强的遗赠动机，诸如替代效用中的"绝望消费"等住房财富效应传导机制效果甚至可以被忽略。因此，完全套用卢德文格和斯楼克（2002）的住房财富效应的六种传导机制可能并不符合中国实际。

结合中国的制度，住房财富效应传导机制的还有其特殊的表现形式。谭政勋（2010）认为房价变动会通过改变贫富差距进而影响消费。由于富裕阶层和贫困阶层在消费习惯、流动性约束以及风险偏好等方面存在明显差异，房价上涨会通过拉大贫富差距使得消费下降。颜色和朱国钟（2013）认为中国的住房财富效应会受到"房奴效应"的制约，即家庭不仅在购房前为凑够首付而减少消费，购房后迫于还贷而牺牲日常消费。

事实上，中国的住房财富效应是受到多种传导机制相互作用的综合结果。在不同区域、不同时段，不同的住房财富效应传导机制由于此消彼长的关系可能使得住房的总体财富效应方向具有不确定性。中国居民对住房购买行为具有"买涨不买跌"的偏好。如果预期当期房价较前有增长趋势，无房家庭可能会压缩消费以期能购房；对有房者可能表现为直接的财富效应。当房价处在温和上涨的阶段，住房更多地表现为居住属性，其价格上涨往往可导致直接的财富效应；当房价进入快速上涨阶段时，住房的投资品属性将会凸显，较高的投资回报率对居民除基本生存消费以外的发展和享受型消费会产生明显的挤出效应。

7.2.2 住房财富效应的区位异质性

国外文献对不同国家和地区的住房财富效应的做过较为丰富的研究，多数研究发现，房价具有明显的财富效应。然而，不同国家和地区之间，住房财富效应的表现程度具有明显的区域差异。卢德文格和斯楼克（2002）将 OECD 十六国分为市场主导型和银行主导型国家，结果显示市场主导型国家住房的财富效应要大于银行主导型国家。凯斯等（Case et al.，2005）发现美国的住房财富效应相对于 14 个其他西方国家要低。培尔特内（Peltonen，2012）对 14 个新型经济体国家的财富效应进行估计，结果显示拉丁美洲国家房价财富效应较小，亚洲国家近年来住房财富效应增长较快，经济与金融发展水平落后的国家住房的财富效应反而更大。

国内对住房财富效应的研究主要是基于全国整体视角，对住房财富效应的区位异质性的考察并不多，在数据应用上以全国层面数据或省际面板数据的居多。即使是使用分城市面板数据（如高春亮和周晓艳，2007）以及微观调查数据

（如陈斌开和杨汝岱，2013）来探讨住房财富效应的文献，对于住房财富效应区位异质性的考察也并不深入。事实上，由于中国各地域在经发展水平、消费观念、人口结构、金融发展水平、贫富差距以及投资渠道等方面存在明显差异，各地区房价的财富效应可能不尽相同。部分文献采用地理划分的办法，考察了中国不同区位住房财富效应的差异。李成武（2010）和陈峰等（2013）的研究表明，东部经济发达地区的房价上涨抑制了消费增长，且经济发展水平越高的地区，房价提高对消费的抑制作用越明显。然而严金海和丰雷（2012）的研究结果却正好相反，其结论是住房财富效应大小与经济发达程度正相关。这表明，在研究住房财富效应时，围绕传统的东部、中部和西部的区划方法已显得过于生硬，建立在此划分上得出的结论可能不具有稳健性，特别是使用城市面板数据时。因而，探讨住房财富效应的区位异质性时，合理对城市进行分类尤为重要。

7.2.3　住房的分类财富效应

住房财富效应除了体现在房价变动对居民消费总量的影响上，还体现在房价变动对不同种类消费的影响，即住房的分类财富效应。博斯蒂克等（Bostic et al.，2009）基于美国数据发现，房价变动对耐久品、非耐久品和食品的消费具有不同的影响。姚明明和李华（2014）将八大类消费支出分为生存型和享受型两类研究结论显示房价的财富效应对享受型消费的影响明显大于对生存型消费的影响。李剑和臧旭恒（2015）运用省级面板数据将房价波动对八类消费支出分别进行检验，实证研究显示房价上涨主要促进了享受型消费而对生存型消费表现出了持续的抑制性。然而，上述文献在探讨住房的分类财富效应时，缺乏理论框架，且基本上使用的是全国宏观数据或分省面板数据，缺乏对住房分类财富效应的区位异质性的讨论。

7.3　理论模型和研究设计

7.3.1　模型设定

研究依据中国现实制度环境，本章将房价对消费影响的传导划分为四种传导机制。（1）直接的财富效应机制。对于有房家庭而言，房价持续上升意味着持久收入增加，消费者会调整其消费计划，将住房财富增值额分配到预期的余生中去，从而引起消费增加，特别是发展型和享受型消费。然而，对无房家庭而言，房价上升并不能带来直接财富效应。（2）流动性约束效应机制，其主要体现在装修住房、购买家电、汽车等一些大额耐用消费品的支出上。对已按揭购房和拟按揭购房家庭而言，即使房价不变，实际利率上调意味着还款成本的增加，居民流动性约束增大，进而会减少当期消费；如果房价提高同时上调实际利率，居民的当期消费会进一步降低。（3）挤出效应针对较富裕的租房群体和拟购房的居民，房价的长期持续性上涨对带有享受型和发展型的消费支出具有挤出效应；对于较贫困的租房群体房价短期上涨增加了租金支出，对基本的生存型消费具有明显的挤出效应。（4）投资品效应机制。住房除了居住属性外，还具有投资品属性。富裕家庭在预期房价上涨时，可能会减少当期享受型消费，增加在房地产上的投资，以期获得投资收益。

这四种住房财富效应的传导机制可以见图7－1。事实上，中国房价财富效应是通过以上四种传导机制相互作用的综合结果。对于不同区位的城市，这四种传导路径由于此消彼长的关系可能使得住房总体财富效应、分类财富效应发挥作用的方向具有不确定性。

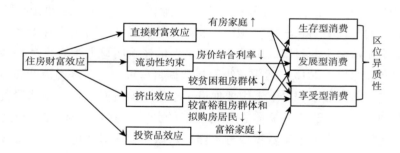

图 7－1　住房分类财富效应及其区位异质性的传导机制

资料来源：笔者绘制。

将上述分析纳入研究资产价格与消费的标准 LC-PIH 框架，我们可构建以下理论模型。

模型推导 1：

假定消费者一生的总效用是其目前和未来消费的函数，消费者是理性的根据效用最大化来安排一生的消费：

$$U(C_t) = \max_{C_t} E_t \sum_{\tau=0}^{N-t} (1+\delta)^{-\tau} U(C_{t+\tau}) \tag{7-1}$$

$U(C_t)$ 表示第 t 时期的消费效用函数、N 代表家庭寿命、δ 为消费效用的贴现。在效用最大化的条件下安排一生的消费与储蓄，使一生中的收入等于消费：

$$\text{s. t.} \sum_{\tau=0}^{N-t} \frac{C_{t+\tau}}{(1+\delta)^{t+\tau}} = A_t + \sum_{\tau=0}^{N-t} \frac{Y_{t+\tau}}{(1+\gamma)^{t+\tau}} \qquad (7-2)$$

预算约束函数表示为未来总消费支出为当期家庭财富与未来收入贴现的总和，A_t 代表 t 时期家庭资产组合、γ 为资产贴现率、Y_t 表示 t 时期的收入水平。其中家庭资产可以进一步划分为以房地产为代表的实物资产 A_t^h 和以股票为代表的金融资产 A_t^s。

现在对式（7-1）中 t = 0 时城镇居民家庭消费效用函数最大化情况进行讨论：

$$U(C_0) = \max_{C_0} E_t \sum_{\tau=0}^{N} (1+\delta)^{-\tau} U(C_\tau), \; U'(\cdot) > 0 \, U''(\cdot) < 0 \qquad (7-3)$$

$$\text{s. t.} \sum_{\tau=0}^{N} \frac{C_\tau}{(1+\delta)^\tau} = A_0 + \sum_{\tau=0}^{N} \frac{Y_\tau}{(1+\gamma)^\tau} \qquad (7-4)$$

预算约束为期初财富与未来收入的贴现总和。

对式（7-3）建立欧拉方程并求消费效用函数最大化一阶条件：

$$U'(C_0) = \frac{(1+\gamma)^t}{(1+\delta)^t} E_0 \big[U'(C_t) \big]$$

一阶求导显示，居民家庭期初省下的消费在期末将连本带利地产生效用收益。如果假设消费效用的贴现率与资产价值的贴现率近似（$\gamma \approx \delta$），可得 $\lim_{t \to \infty} \frac{(1+\gamma)^t}{(1+\delta)^t} \approx 1$。如果消费效用函数 $U(C_t)$ 服从二次函数形式，则效用一阶化条件 $a + bC_0 = E(a + bC_t)$ 可转化为：$U'(C_0) = E_0 \big[U'(C_t) \big]$。一阶条件可以进一步表示为：

$$C_0 = E_0(C_t) \qquad (7-5)$$

对式（7-4）预算约束函数两边同时求期望：

$$E_0 \Big[\sum_{\tau=0}^{N} \frac{C_\tau}{(1+\delta)^\tau} \Big] = A_0 + E_0 \sum_{\tau=0}^{N} \frac{Y_\tau}{(1+\gamma)^\tau} \qquad (7-6)$$

将结论（7-6）代入式（7-5）化并对 t→∞取极限得：

$$C_0 = \frac{\gamma}{1+\gamma}A_0 + \frac{\gamma}{1+\gamma}\sum_{t=0}^{\infty}\frac{1}{(1+\gamma)^t}E_0(Y_t) \qquad (7-7)$$

化简后结果即为在 $t=0$ 时期家庭消费函数的一般表达式。依据该表达式可导出财富效应估计的基本 LC-PIH 方程为：

$$C_t = \gamma A_t + \beta Y_t, \; 0 < \gamma, \; \beta < 1 \qquad (7-8)$$

其中，γ 与 β 为参数，A_t 与 Y_t 分别表示家庭财富和当期收入。

模型推导 2：

将模型推导 1 中的结论式（7-8）做进一步研究，由于家庭财富 A_t 所包含品类较多，部分家庭资产存量难以统计，按照莫迪利安尼和塔然特利（Modigliani and Tarantelli，1975）的消费行为理论，将这部分难以统计的家庭资产存量用其他可测量的指标进行替代。

将式（7-8）中 A_t 进一步表示为：

$$A_t = Y_{t-1} - C_{t-1} + A_{t-1} \qquad (7-9)$$

且由式（7-8）可得：

$$A_{t-1} = \frac{1}{\gamma}C_{t-1} - \frac{\beta}{\gamma}Y_{t-1} \qquad (7-10)$$

将式（7-10）代入式（7-9）可得：

$$A_t = \frac{\gamma-\beta}{\gamma}Y_{t-1} - \frac{1-\gamma}{\gamma}C_{t-1} \qquad (7-11)$$

假设难以统计的家庭资产占总资产比重为 λ_t 且各家庭对不可测量的财富值比重可以通过市场上所有可获信息进行理性预期，即 $\lambda_t = E(\lambda_t \mid \infty) = \lambda$，则财富效应可以进一步表示为：

$$C_t = \beta Y_t + (1-\lambda)\gamma A_t + \lambda\gamma A_t = \beta Y_t + (1-\lambda)\gamma A_t + \lambda\gamma\left(\frac{\gamma-\beta}{\gamma}Y_{t-1} - \frac{1-\gamma}{\gamma}C_{t-1}\right)$$
$$(7-12)$$

化简可得：

$$C_t = (1-\gamma)\lambda C_{t-1} + \beta Y_t + (\gamma-\beta)\lambda Y_{t-1} + (1-\lambda)\gamma A_t \qquad (7-13)$$

莫迪利安尼和塔然特利（1975）只考虑了所有家庭资产具有相同边际消费倾向 $(1-\lambda)\gamma$。但根据之前分析，分类财富效应存在的情况下，家庭资产纳入方程时需考虑不同资产的边际消费倾向，即：

$$C_t = (1 - \gamma)\lambda C_{t-1} + \beta Y_t + (\gamma - \beta)\lambda Y_{t-1} + (1 - \lambda)\gamma A_t \qquad (7-14)$$

式（7-14）即基于 LC-PIH 框架的家庭消费函数。如只考虑当期收入，式可进一步化简为：

$$C_t = (1 - \gamma)\lambda C_{t-1} + \beta Y_t + (\gamma - \beta)\lambda Y_{t-1} + (1 - \lambda)\gamma A_t \qquad (7-15)$$

其中，ρ 表示消费习惯形成系数，β_1、ϕ_1、ϕ_2 分别表示相应资产的边际消费倾向，Y_t 表示 t 时期工资收入，A_t^h 表示 t 时期住房财富，A_t^s 代表 t 时期股票债券等金融资产。

7.3.2　研究设计

为检验房价波动对消费的影响并考虑消费的动态特征以及可能存在的遗漏变量问题，本章在模型的基础上建立动态面板的计量模型进行具体的实证分析：

$$C_{i,t} = \rho C_{i,t-1} + \beta_1 Y_{i,t} + \phi_1 A_{i,t}^h + \phi_2 A_{i,t}^s + \eta_{i,t} I_{i,t} + \vec{\beta}_x \vec{X}_{i,t} + Z_i' \delta + u_i + \varepsilon_{i,t}$$

$$(7-16)$$

其中，下标 i 代表省份，t 代表年份。假定个体的回归方程具有相同的斜率，但可以有不同的截距以此来控制个体间的异质性。其中 i = 1，2，…，n 表示面板中含有个体的数量，t = 1，2，…，T 表示时间序列的最大长度；$\eta_{i,t}$，$I_{i,t}$ 为几组交叉验证项，$\vec{\beta}_x \vec{X}_{i,t}$ 为一系列控制变量矩阵，Z_i 为不随时间而变化的个体特征（即 $Z_{i,t} = Z_i$，$\forall t$），扰动项由（$u_i + \varepsilon_{i,t}$）两部分构成，称为复合扰动项，其中不可观测值随机变量 u_i 是代表个体异质性的截距项。$C_{i,t-1}$ 表明居民消费支出的一阶滞后项可以全面反映上一期居民消费的全部信息以及对未来收入的预期，$Y_{i,t}$ 表示居民当期收入；ρ 代表消费的调整速度，即各种冲击对消费影响的时间；β_1 为当期收入对消费的直接相应；ϕ_1、ϕ_2 系数测度了在控制上一期全部影响因素的前提下当期资产价格变化对消费支出的短期影响；$\dfrac{\phi_1}{1-\rho}$ 与 $\dfrac{\phi_2}{1-\rho}$ 分别代表资产价格的波动对消费的长期积累的影响。

几组交叉验证项 $\eta_{i,t}$，$I_{i,t}$ 包括以下几类。第一，住房价格与时间虚拟变量的交叉项 $time_{dum} * A_{i,t}^h$。当 t > 2004 时，$time_{dum} = 1$，否则为 0。这是为了考察 2004 年后高速上涨的房价对消费的影响。第二，按照艾佩吉斯和米勒（Apergis and Miller，2006）的做法，引入住房价格与房价波动虚拟变量交叉项 $wave_{dum} * A_{i,t}^h$，以考察房价预期上涨对消费的影响。其中 $wave_{dum}$ 为以 1998 年为基期经 CPI 平减后房价波动虚拟变量，当 t 时期房价较上期有所上涨，$wave_{dum}=1$，否则为 0。第三，房价与各个省份 5 年以上中长期贷款基准利率实际利率的交互项 $R*A_{i,t}^h$，用于考察长期利率和房价的交互作用对消费的影响效果。

房价和利率的交互项刻画了住房财富效应中流动性约束机制对消费产生的影响。根据之前的理论分析可知，对于已购房居民，房价和利率交互项增大意味着居民按揭还款额增加，预期可支配收入下降，进而对当期居民消费产生抑制作用；另外，对未购房居民而言，房价和利率交互项增大会提高居民的购房成本，会在一定程度上抑制这部分居民的消费意愿。当然，流动性约束对不同类型的消费具有不同的影响，可以推测房价和利率交互项的增加对发展型和享受型消费具有明显的抑制作用，但对生存型消费的影响相对有限。

7.4　数据说明

7.4.1　消费支出

为保持研究的一致性，本章所研究的消费均指城镇居民家庭人均消费支出，不包含政府消费（见表 7-1）。本章依据中国国家统计局对居民家庭消费支出的分类方式划分为消费性支出和非消费性支出。其中消费性支出包括食品、衣着、家庭设备用品及服务、医疗保健、交通与通信、教育文化娱乐、居住和杂项商品与服务，而非消费性支出包括财产性支出、转移性支出、缴纳的各项社会保障支出以及购建房支出。

为了考察中国房价财富效应对消费结构和不同消费层次影响的异质性，本章将食品、衣着和居住消费反应居民基本日常生活需要的消费支出定义为生存型消费（sc），将家庭设备用品及服务、医疗保健、交通与通信、教育文化娱乐杂项商品与服务能满足人民舒适、快乐以及精神文化需要的消费支出定义为享受型消费（xs），最后将以健康消费为代表的非消费性支出定义为发展型（fz）消费。

7.4.2　实物资产

由于商品房平均销售价格包括了住宅、商业营业用房及其他商品房，住宅商

品房只是其中的一个品类。因而选取住宅商品房平均销售价格作为实物资产的考
察变量。

7.4.3　金融资产

余永定和李军（2000）认为西方传统的消费理论无法说明中国消费行为的特
征，主要原因在于中国居民在生命的不同阶段一般都存在一个特定的支出高峰和
相应的储蓄行为。此外储蓄存款的流动性远大于实物资产，对消费的影响可能更
显著，因此本章将居民家庭人均储蓄款存款额（savings）纳入消费函数的金融资
产类别。

由于居民持有的有价证券中股票的比重远大于债券的比重，且债券预期收益
较稳定，所以有价证券选取股票代替。本章采用了陈峰等（2013）的办法，以上
海证交所年末收盘价格$A_{i,t}^s$来衡量股票金融资产，纳入模型作为控制变量。本章
还引入了不确定性这一控制变量，以尽可能准确衡量房价财富效应。

7.4.4　其他控制变量

卡洛尔（Carroll，1994）认为未来的不确定性会影响居民当前消费，因而我
们也引入了不确定性这一控制变量。然而，不确定性没有统一的衡量指标。卡洛
尔（1994）用劳动收入的波动来衡量不确定性，余永定和李军（2000）采用通
货膨胀的预期来衡量不确定性。李春风等（2013）认为，模型包含了消费支出和
可支配收入时，用消费或收入的波动衡量不确定性会产生变量间的相关性问题。
因而，本章参考李春风等（2013）的做法，选取城镇登记失业率作为不确定性替
代指标。

表 7 – 1　　　　　　　　　　　　变量、定义及其来源

变量		变量说明	单位	数据来源
被解释变量*	consum	家庭每年的人均消费支出	元	《中国城市（镇）生活与价格年鉴》
	sc	生存型消费支出		
	xs	享受型消费支出		
	fz	发展型消费支出		

续表

变量		变量说明	单位	数据来源
实物资产	house	住宅商品房平均销售价格	元/平方米	《中国城市统计年鉴》
金融资产	inc	城镇居民家庭人均可支配收入	元	
	savings	居民家庭人均储蓄存款		中经网统计数据库
	sp	上证综合收盘指数	—	
控制变量	ue	城镇登记失业率	%	
	loanh5	5 年以上中长期贷款（实际）基准利率		中国人民银行
	timedum	时间哑变量，2004 年后取 1，之前取 0		
	wavedum	剔除 CPI 后房价波动哑变量，房价较上期有所上涨取 1，否则取 0		—

注：＊表示相同消费类型的简单加总。除失业率外，其余变量通过 CPI 扣除了通货膨胀因素。

资料来源：《中国城市（镇）生活与价格年鉴》、《中国城市统计年鉴》、中经网统计数据库、中国人民银行调查统计司统计数据库。

7.5　统计检验与估计方法

7.5.1　多重共线性及 Hausman 检验

由于本章在家庭实物资产中纳入了商业营业用房，有必要对家庭财富变量进行多重共线性检验。表 7 - 2 的结果显示，方差膨胀因子在 1.255 ~ 2.775 之间，不满足多重共线性最大值 VIF > 10 的标准，故样本不存在多重共线性问题。

表 7 - 2　　　　　　　　　居民家庭财富的多重共线性检验

多重共线性 变量	判断指标			
	R-VIF	VIF	Tolerance	Squared
lnhouse	6.973	2.775	0.120	0.834
lnshops	5.571	2.291	0.224	0.773
lninc	6.467	2.470	0.233	0.786
lnsp	1.477	1.255	0.832	0.378
Mean VIF	5.17			

（obs = 496）

资料来源：笔者计算而得。

此外，由于计量模型设定中含有代表个体异质性的不可观测值随机变量u_i，为得到一致估计需要对u_i与$X_{i,t}$，Z_i的相关性进行检验。Hausman 检验x^2值为59.49，在 1% 的水平上显著，说明随机效应估计不能得到一致估计量。因而，本章选取固定效应。

7.5.2　聚类分析

由于中国各地区经济特征存在显著差异，对地区的分类是研究区位异质性的前提。对于城市数据，从地理角度（如东部和西部，内陆和沿海等）进行简单分组，可能出现武断的错误归组问题。因而，本章将具有相似经济特征的城市进行了聚类分析。

由之前的分析可知，住房财富效应与当地居民的消费结构具有密切关系，对此本章选用国际通用的反映消费结构的恩格尔系数对中国 35 个大城市进行聚类分析。[①] 在具体的聚类方法上选用系统聚类方法，数值变量的相似性测度选择离差平方和的方法描述区域间的接近程度。[②] 通过对 1998～2014 年中国 35 个大城市的居民恩格尔系数相似度聚类分析得出消费水平较高城市和消费水平较低城市。其中，高消费水平城市有北京、天津、大连、上海、南京、杭州、宁波、福州、厦门、青岛、武汉、广州、深圳、海口、武汉、成都、重庆，其他城市为低消费水平城市。

7.5.3　估计方法和模型合理性检验

由于面板模型中解释变量包括被解释变量的滞后项，为得到一致估计，需要使用动态面板的差分广义矩（Diff-GMM）估计或系统广义矩（System-GMM）估计。一般而言，System-GMM 估计利用了更多的信息，比 Diff-GMM 更有效。因此本章选用 System-GMM 估计方法进行参数估计。在工具变量的选择以及控制模型内生性问题上，被解释变量一阶滞后项使用自身有效的滞后变量作为工具变量。

作为一致估计系统 GMM 能够成立必须通过以下三个检验。一是扰动项 $\{\varepsilon_{i,t}\}$ 不存在自相关，即原假"设扰动项 $\{\varepsilon_{i,t}\}$ 无自相关"成立。即使原假设无自相关

---

①　本章选用恩格尔系数聚类分析的目的不是进行贫富分析，而是判别居民消费结构。恩格尔系数通过《中国城市（镇）生活与价格年鉴》的数据计算得到。

②　离差平方和测度方法利用变异系数分析的思想，可以做到使组间差异尽可能大、组内离差平方和尽可能小，该种方法被认为是在理论上和实际上都非常有效的聚类方法。

成立扰动项的一阶差分仍将存在自相关，原因在于 $\mathrm{Cov}(\Delta\varepsilon_{it},\Delta\varepsilon_{i,t-1}) = \mathrm{Cov}(\varepsilon_{it} - \varepsilon_{i,t-1}, \varepsilon_{i,t-1} - \varepsilon_{i,t-2}) = -\mathrm{Cov}(\varepsilon_{i,t-1}, \varepsilon_{i,t-1}) = -\mathrm{Var}(\varepsilon_{i,t-1}) \neq 0$ 但扰动项的差分将不存在二阶或更高阶的自相关，即 $\mathrm{Cov}(\Delta\varepsilon_{it}, \Delta\varepsilon_{i,t-k}) = 0$，$k \geqslant 2$；若检验接受一阶自相关但不接受二阶自相关，表明扰动项假设通过。二是矩条件的过度识别检验，采用 Hansen 检验。Hansen 检验原假设为所有工具变量均为有效工具变量。如果强烈拒绝原假设，这就意味着某些新增工具变量与扰动项相关。在对不同模型估计时，依据工具变量的设定选择不同的检验统计量。三是针对 System-GMM 估计中增加的额外工具变量的外生性，检验方法采用 Diff-Hansen 检验，原假设为额外工具变量均为外生有效工具变量。

7.6 模型估计结果

7.6.1 不考虑消费结构的模型估计

表 7-3 中(1)~(2)列、(3)~(4)列和(5)~(6)列分别给出了 35 大城市全样本、高消费水平城市以及低消费水平城市住房财富效应的估计与检验结果。模型 GMM 估计结果满足统计检验要求：扰动项自相关检验估计结果显示存在一阶自相关（p ≤ 0.020）但不接受二阶自相关（p ≥ 0.050）满足自相关的假设；GMM 过度识别检验中 Hansen 检验和 Sargan 检验对应的概率均大于 10%，通过了过度识别检验；最后 Diff-Hansen 检验对应的概率值均大于 10%，显示 System-GMM 的工具变量外生有效。

表 7-3　　　　　　　　　住房的总体财富效应估计结果

	(1)	(2)	(3)	(4)	(5)	(6)
	全样本		高消费水平城市		低消费水平城市	
L. lnconsum	0.583 ***	0.615 ***	0.557 ***	0.396 *	0.642 ***	0.711 ***
	(0.105)	(0.103)	(0.185)	(0.253)	(0.123)	(0.162)
lninc	0.483 ***	0.507 ***	0.314 **	0.420 ***	0.550 ***	0.607 ***
	(0.152)	(0.093)	(0.153)	(0.116)	(0.203)	(0.171)
lnhouse	0.003	0.041	0.030 *	0.064 **	-0.024 **	-0.044 ***
	(0.020)	(0.038)	(0.017)	(0.028)	(0.011)	(0.012)

	（1）	（2）	（3）	（4）	（5）	（6）
	全样本		高消费水平城市		低消费水平城市	
lnsavings	0.038 * （0.027）	0.003 （0.002）	0.019 （0.017）	0.003 （0.001）	− 0.004 （0.013）	0.001 （0.005）
lnsp	− 0.002 （0.009）	0.008 （0.009）	0.002 （0.002）	0.003 （0.005）	0.008 （0.017）	0.002 （0.015）
ue	− 0.006 （0.005）	− 0.001 （0.005）	− 0.009 （0.013）	− 0.012 （0.011）	− 0.010 （0.010）	− 0.013 （0.011）
timedum × lnhouse		− 0.003 （0.002）		− 0.004 （0.005）		− 0.014 ** （0.007）
wavedum × lnhouse		− 0.004 （0.014）		− 0.007 *** （0.002）		− 0.003 （0.006）
loanh5 × lnhouse		− 0.004 *** （0.001）		− 0.003 * （0.002）		− 0.005 ** （0.002）
_cons	0.253 *** （0.071）	− 0.005 （0.055）	0.242 *** （0.013）	0.168 *** （0.052）	0.152 （0.099）	− 0.142 * （0.091）
Arellano & Bond AR（1）	0.023	− 0.001	0.015	0.018	0.019	0.012
Arellano & Bond AR（2）	0.163	0.164	0.157	0.171	0.353	0.480
Hansen 检验	1	0.909	0.874	0.326	0.108	0.204
Diff-Hansen 检验	0.694	0.526	0.892	0.721	0.540	0.643
N	595	595	289	289	306	306

　　说明：样本区间为 1998 ~ 2014 年。 ***、 ** 和 * 分别表示在 1%、5% 和 10% 的水平上显著。小括号中的值为稳健标准误。AR（1）、AR（2）、Hansen 以及 Diff-Hansen 给出的都是相应统计量对应的 p 值。
　　资料来源：笔者计算而得。

　　对于全样本、高消费和低消费水平样本的估计结果显示，消费一阶滞后项 L. lncons 的系数在 0.396 ~ 0.711 之间且均显著，这表明中国城市居民具有较强的消费惯性。当期可支配收入 lninc 的回归系数在 0.314 ~ 0.617 之间且均显著，这表明中国城市居民还是有较高的边际消费倾向，当期可支配收入每增加 1% 会对当期消费产生 0.314% ~ 0.617% 的正向影响，对长期消费具有 0.709% ~ 2.10% 的积累影响。对比高消费和低消费水平样本，我们可以发现，其居民的边际消费倾向是不同的。对于高收入样本，当期可支配收入增加 1% 对消费产生的正向影响在 0.314% ~ 0.42% 之间；对于低收入样本，当期可支配收入增加 1% 对消费产生的正向影响在 0.55% ~ 0.607% 之间。

房价对消费的影响是模型考察的重点。在（1）~（2）列中，住房价格（lnhouse）的估计系数及其余均不显著，且系数估计值较小。这表明，中国的住房总体财富效应并不显著，房价的持续上涨并没有显著地推动居民消费水平的增加。这不同于黄静（2011）、梁琪等（2011）及严金海和丰雷（2012）等认为中国住房存在财富效应的结论，也不同于颜色和朱国钟（2013）、陈斌开和杨汝岱（2013）等认为中国住房存在负财富效应的结论。在（3）~（4）列中，住房价格（lnhouse）的估计系数均为正，且显著，这表明在高消费水平城市，住房存在财富效应。而在（5）~（6）列中，lnhouse 的估计系数显著为负，这表明在低消费水平城市，住房总体上存在负财富效应。该结论也在一定程度上印证了本章此前的理论分析，中国住房总体财富效应是住房分类财富效应在不同传导路径上相互作用的合成结果，且不同区位城市住房财富效应是不同的。在整体上中国住房财富效应不显著，可能是高消费水平城市住房财富效应和低消费水平城市住房负财富效应相互抵消的结果。本章下一部分将具体探讨房价上涨是如何通过不同的传导路径影响不同种类的消费的。

回归结果也显示，五年以上中长期贷款利率与房价的交互项 loanh5 × lnhouse 均显著为负。这表明，房价结合利率的变动会通过流动性约束渠道对消费产生负向影响。这和之前的理论分析是一致的。对于低消费水平城市，时间哑变量与房价的交互项 timedum × lnhouse 在 5% 水平上显著为负。这在一定程度上印证了，低收入城市的住房财富效应的挤出效应传导机制主要是在 2004 年后形成的。2004 年后高速上涨的房价对低消费水平城市的当期消费具有抑制作用。

对于高消费水平城市，我们发现房价波动哑变量与房价的交互项 wavedum × lnhouse 的系数为 − 0.007，且在 5% 的水平上显著。这表明，高收入城市存在一定的住房财富效应的投资品效应传导机制。房价上涨会增加富裕家庭对房地产的投资意愿，以赚取更多的投资收益。在此情形下，房价上涨可能引发富裕家庭减少当期享受型消费，进而减少当期消费。

此外，除第（1）列居民家庭人均储蓄存款 lnsavings 回归系数在 10% 水平上显著，其他变量对当期消费均不存在显著性影响。事实上，正如之前的理论分析，不同变量可能对不同区位、不同类型的消费具有不同的影响。下面我们将进行进一步验证。

7.6.2　考虑消费结构的住房分类财富效应估计

表 7 - 4 中(1) ~ (2)列、(3) ~ (4)列和(5) ~ (6)列分别给出了高消费水平城市生存型、发展型和享受型消费的住房财富效应的估计与检验结果。模型 GMM 估计结果满足统计检验要求。

表 7 - 4　　　　　　　　　高消费水平城市的住房分类财富效应

	(1)	(2)	(3)	(4)	(5)	(6)
	生存型消费		发展型消费		享受型消费	
L. lnsc	0.739 *** (0.110)	0.774 *** (0.249)				
L. lnfz			0.317 ** (0.134)	0.476 *** (0.141)		
L. lnxs					0.602 *** (0.117)	0.496 *** (0.181)
lninc	0.210 *** (0.058)	0.219 * (0.139)	0.462 *** (0.148)	0.502 *** (0.192)	0.765 *** (0.269)	0.732 *** (0.215)
lnhouse	0.035 (0.028)	0.012 (0.030)	0.097 ** (0.039)	0.118 ** (0.052)	0.247 *** (0.047)	0.202 *** (0.030)
lnsavings	− 0.031 (0.052)	0.010 (0.009)	0.406 (0.345)	0.019 (0.026)	0.041 (0.076)	− 0.055 (0.066)
lnsp	− 0.010 (0.006)	− 0.003 (0.002)	0.003 (0.003)	0.008 ** (0.04)	0.021 ** (0.009)	0.017 ** (0.008)
ue	− 0.009 ** (0.004)	− 0.002 ** (0.001)	− 0.003 (0.056)	− 0.006 (0.049)	− 0.015 (0.030)	− 0.003 (0.008)
timedum × lnhouse		0.002 (0.002)		− 0.008 (0.009)		− 0.002 (0.003)
wavedum × lnhouse		− 0.003 (0.014)		− 0.009 (0.012)		− 0.014 ** (0.006)
loanh5 × lnhouse		0.008 (0.012)		− 0.014 ** (0.007)		− 0.008 (0.006)
_cons	− 0.057 (0.120)	0.022 (0.116)	− 1.968 *** (0.433)	− 2.460 *** (0.469)	− 0.028 (0.232)	− 0.360 * (0.231)

续表

	(1)	(2)	(3)	(4)	(5)	(6)
	生存型消费		发展型消费		享受型消费	
Arellano & Bond AR(1)	0.002	0.003	0.004	0.011	0.001	0.000
Arellano & Bond AR(2)	0.267	0.116	0.899	0.608	0.252	0.113
Hansen 检验	0.999	0.991	0.999	1	0.978	1
Diff-Hansen 检验	0.576	0.520	0.767	0.784	1	1
N	289	289	289	289	289	289

说明：样本区间为 1998 ~ 2014 年。*** 、** 和 * 分别表示在 1%、5% 和 10% 的水平上显著。小括号中的值为稳健标准误。AR(1)、AR(2)、Hansen 以及 Diff-Hansen 给出的都是相应统计量对应的 p 值。

资料来源：笔者计算而得。

对于高消费水平城市，由于人均收入水平较高，食品、衣着等生活必需品在居民总支出中所占比重较小，且较为稳定。在（1）~（2）列中，住房价格 lnhouse 的回归系数皆不显著，即在高消费水平城市，房价提高并不会显著推动生存性消费的增加，住房的生存型财富效应并不存在。住房价格的波动难以在短时间内增加高消费水平城市的居民基础性消费。在（3）~（6）列中，lnhouse 的回归系数分别为 0.097、0.118、0.247 和 0.202，即在高消费水平城市中，住房价格每上涨 1% 能引起居民发展型消费 0.097% ~ 0.118% 的增长；住房价格每上涨 1% 能引起居民享受型消费 0.202% ~ 0.247% 的增长。这显示，在高消费水平城市，住房影响消费的直接财富效应渠道是存在的，有房家庭的正向直接财富效应总体上是高于无房家庭的负向直接财富效应的。房价的上涨促进了高收入城市发展型和享受型消费的增加，尤其是享受型消费。

在第（4）列，长期利率与住房价格的交互项 loanh5 × lnhouse 的估计系数为 −0.014，且在 5% 水平上显著，但该项在第（2）和（6）列并不显著。这表明长期利率的提高会通过居民的流动性约束机制削弱发展型住房财富效应。这和之前的理论分析结果是高度吻合的。在第（6）列，房价波动哑变量与房价的交互项 wavedum × lnhouse 的估计系数为 −0.014，且在 5% 水平上显著，但该项在第（2）和（4）列并不显著。这印证了之前对住房财富效应的投资品效应传导机制的分析。由于住房具有投资品属性，高消费城市的富裕家庭在面临房价上涨预期时，会减少享受型消费以增加住房投资。但房价上涨预期对生存型和发展型消费的抑制作用并不明显。

此外，回归结果显示，对于高消费水平城市，股票市场的资产价格对发展型和享受型消费具有一定的正向影响，对生存型消费并无显著影响；登记失业率的提高仅对生存型消费有一定的负影响，而对发展型和享受型消费没有显著的影响。这与理论预期是吻合的。

表 7 – 5 中 (1) ~ (2) 列、(3) ~ (4) 列和 (5) ~ (6) 式分别给出了低消费水平城市生存型、发展型和享受型消费的住房财富效应的估计与检验结果。模型 GMM 估计结果也满足统计检验要求。

表 7 – 5　　　　　　　低消费水平城市的住房分类财富效应

	(1)	(2)	(3)	(4)	(5)	(6)
	生存型消费		发展型消费		享受型消费	
L. lnsc	0. 806 *** (0. 042)	0. 883 *** (0. 049)				
L. lnfz			0. 557 *** (0. 088)	0. 508 *** (0. 121)		
L. lnxs					0. 836 *** (0. 037)	0. 736 *** (0. 049)
lninc	0. 325 *** (0. 068)	0. 397 *** (0. 096)	0. 409 *** (0. 102)	0. 446 *** (0. 125)	0. 478 * (0. 252)	0. 544 *** (0. 202)
lnhouse	− 0. 021 ** (0. 009)	− 0. 031 * (0. 017)	− 0. 102 ** (0. 050)	− 0. 145 * (0. 083)	− 0. 116 *** (0. 028)	− 0. 089 ** (0. 034)
lnsavings	− 0. 003 (0. 016)	− 0. 011 (0. 011)	0. 003 (0. 014)	0. 013 (0. 017)	0. 008 (0. 015)	0. 012 (0. 021)
lnsp	− 0. 009 (0. 010)	− 0. 012 (0. 008)	− 0. 031 (0. 038)	− 0. 005 (0. 046)	− 0. 013 (0. 030)	0. 018 (0. 026)
ue	− 0. 017 *** (0. 003)	− 0. 027 *** (0. 010)	− 0. 014 *** (0. 004)	− 0. 008 ** (0. 004)	− 0. 003 (0. 015)	− 0. 001 (0. 008)
timedum × lnhouse		− 0. 008 (0. 009)		− 0. 021 *** (0. 007)		− 0. 024 *** (0. 004)
wavedum × lnhouse		− 0. 005 (0. 005)		0. 009 (0. 012)		0. 002 (0. 006)
loanh5 × lnhouse		0. 005 (0. 004)		− 0. 036 *** (0. 005)		− 0. 012 *** (0. 002)

续表

	（1）	（2）	（3）	（4）	（5）	（6）
	生存型消费		发展型消费		享受型消费	
_cons	−0.049 （0.037）	−0.222 （0.139）	−1.175*** （0.256）	−1.093** （0.455）	0.049 （0.179）	−0.466*** （0.139）
Arellano & Bond AR（1）	0.017	0.015	0.032	0.042	0.021	0.021
Arellano & Bond AR（2）	0.904	0.205	0.671	0.791	0.371	0.759
Hansen 检验	0.980	0.977	0.996	0.988	0.975	0.998
Diff-Hansen 检验	0.581	0.513	0.654	0.676	0.660	0.801
N	306	306	306	306	306	306

资料来源：笔者计算而得。

与高消费水平城市不同，低消费水平城市的居民收入水平相对较低，食品、服装等基本生活必需品方面的支出在总支出中所占比重相对较高。在（1）～（6）列中，住房价格 lnhouse 的回归系数分别为 −0.021、−0.031、−0.102、−0.145、−0.116 和 −0.089，且全部显著。这表明，当期住房价格上涨，对低消费水平城市的生存型、发展型和享受型消费都产生了明显的抑制作用，特别是发展型和享受型消费。这表明，低消费城市住房财富效应的直接财富效应传导机制相对较弱而挤出效应传导机制较强，因而整体上来看，住房价格上涨对居民的消费产生了明显的抑制作用。

在第（4）和（6）列，长期利率与住房价格的交互项 loanh5 × lnhouse 的回归系数分别为 −0.036 和 −0.012，且均在 5% 的水平上显著。这表明，借贷成本的提高对于低消费水平地区家庭大额耐用品的支出具有较强的影响，对发展型和享受型消费产生了流动性约束效应。住房财富效应的流动性约束传导机制在低消费水平城市依然是明显存在的。

在表 7-3 中，我们发现对于低消费水平城市，时间哑变量与房价的交互项 timedum × lnhouse 在 5% 水平上显著为负。与此类似，在表 7-5 中，我们发现对于发展型和享受型消费，timedum × lnhouse 的回归系数分别为 −0.021 和 −0.024，且均显著。这表明，对于低消费水平城市，房价对发展型和享受型消费的抑制作用在 2004 年之后显得尤为明显。

此外，回归结果显示，对于低消费水平城市，登记失业率对生存型和发展型消费具有一定的抑制作用（ue 的系数估计值介于 −0.008～−0.027 之间），但对享受型消费的抑制作用并不明显。这与理论预期也是吻合的。

　　综合以上模型估计的结果，我们可以看出，中国的住房财富效应是通过直接财富效应、流动性约束、挤出效应和投资品效应这四种传导机制相互作用的结果。并且，对于不同区位的城市，房价变动对生存型、发展型和享受型消费的影响是不同的，即存在住房的分类财富效应。中国住房财富效应的具体传导机制可见表 7 - 6。

表 7 - 6　　　　　　　　　　　中国住房财富效应传导机制研究结论

项目	消费类型	财富效应	直接的财富效应	流动性约束	挤出效应	投资品效应
全样本	总消费			↓		
高消费水平城市	总消费	↑	↑	↓		↓
	生存型					
	发展型	↑	↑	↓		
	享受型	↑	↑	↓		↓
低消费水平城市	总消费	↓		↓	↓	
	生存型	↓			↓	
	发展型	↓		↓	↓	
	享受型	↓		↓	↓	

注：表格为空代表传导机制不显著，↑表示正向影响，↓表示负向影响。
资料来源：笔者绘制。

7.7　结论和政策含义

　　本章基于 LC - PIH 分析框架，从理论上分析了中国住房财富效应可能存在的区位异质性以及房价变动对居民不同类型消费支出的差异性影响。通过对恩格尔系数的聚类分析，本章将 1998 ~ 2014 年中国 35 个大城市的面板数据分为低消费和高消费子样本，多角度实证研究了房价变动对总消费性支出、生存型、发展型和享受型消费支出影响，证实了之前的理论推论并得出以下主要结论。

　　第一，中国 35 个大城市总体上并没有表现出明显的住房财富效应。然而，这是高消费水平城市住房的财富效应和低消费水平城市住房的负财富效应相互抵消的结果。高消费水平城市房价每上涨 1% 对总消费性支出具有 0.03% ~ 0.064% 的正向促进作用；而低消费水平城市房价每上涨 1% 对总消费具有 0.024% ~ 0.044% 的负向抑制作用。

第二，高消费水平城市的住房财富效应主要体现在房价提高对发展型和享受型消费的正向促进作用上，而房价提高对生存型消费影响并不明显。此外，在高消费水平城市，房价提高通过投资品效应渠道会在一定程度上抑制享受型消费。

第三，低消费水平城市的住房负财富效应主要是由挤出效应渠道所引致的。低消费水平城市房价每上涨 1% 对生存型消费、发展型消费和享受型消费分别具有 0.021% ~ 0.031%、0.102% ~ 0.145% 和 0.089% ~ 0.116% 的负向抑制作用。此外，无论是低消费水平城市还是高消费水平城市，流动性约束渠道也在一定程度上对发展型和享受型消费存在抑制作用。

在中国经济新常态和扩大内需的背景下，本章的结论具有明确的政策含义。首先，中国住房整体上的财富效应并不明显，放任房价过快上涨，并不能通过住房财富效应显著拉动消费增长。因而，从民生角度，维持房价稳定应是政府的政策目标。其次，中国住房的财富效应具有明显的区位异质性特点。低消费水平城市，房价上涨对消费具有抑制作用，控制低消费水平城市房价的上涨尤为重要。高消费水平城市虽然存在住房财富效应，但流动性约束机制和投资品效应机制仍对消费存在抑制作用。最后，政府应根据住房财富效应对生存型、发展型和享受型居民消费的不同影响，采用不同的政策措施，比如出台针对不同种类消费的分类促进政策、实施差别化信贷政策等。

第三部分

微观政策对房地产市场的区位异质性影响

第8章

房价的空间影响因素及其对住房限购政策效果的影响：以北京市为例

8.1 导　　言

近年来，我国房价与经济协同增长，房地产的快速发展对我国经济的"增长奇迹"发挥了巨大的杠杆作用，但这种非常规的发展模式对我国未来经济社会的稳定与发展无疑会有巨大的负面作用。为此，中央和各地方政府先后出台了一系列宏观调控政策力图促使房地产市场朝着健康有序的方向发展，但都收效甚微。北京市于2011年2月17日起开始实施近年来最严厉的地方性房地产调控政策，俗称"京十五条"。该政策调控下，户籍成为购房门槛，无北京户籍或无法提供持续5年以上在北京市缴纳社会保险金或个人所得税证明的人将没有资格在北京购房。家庭购买第二套房的筹资成本也显著提高——首付比例不低于60%，贷款利率不低于基准利率的1.1倍。这就导致政策在压制投机性需求的同时严重挫伤了刚性需求，且这种压制只是暂时性地推迟了需求，并不能真正解决房地产市场供需的结构性失衡甚至可能引起需求的恶性爆发。同时，该政策在土地出让程序、竞买土地单位的资质审查、地方政府保证土地供应量、出让土地楼面价上限、保障性住房和公租房供应量等方面做了更明确的规范和要求，住宅年销售量和销售额出现了大幅下降（见图8-1）。① 但北京的限购政策忽视了房地产市场可能存在的市场分割现象，措施尽管严厉却失于笼统宽泛，它能否真正解决房地产市场中多样化的问题，成为房地产行业、经济发展方式转变的倒逼机制、实现

---

① 王长胜. 中国与世界经济发展报告（2012）[M]. 北京：社会科学文献出版社，2012.

调控效果突破，学术界目前缺乏探讨，并未给出理论上的分析。而本章试图通过空间分析方法对该政策的实施效果进行分析和探讨。

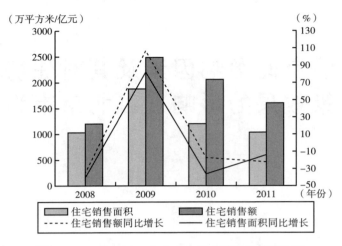

图 8-1　2008~2011 年北京市住宅销售量及销售额

在传统城市经济学中，一般认为城市房价是从中心往郊区依次递减的。然而，本章采用 2011 年 12 月北京市二手房交易挂牌数据，通过克里金插值法生成北京市房价等值线图后发现，北京市房价并非沿着单中心逐层向外递减，而是在城市内部分散着多个高房价区位。巴苏和瑟博都（Basu and Thibodeau，1998）通过统计分析将美国得克萨斯州达拉斯房地产市场划分成 8 个子市场，并将各子市场的 Hedonic 模型残差进行协方差矩阵分析和空间自相关分析，验证市场分割具有显著性。洪国志和李郇（2011）提出行政区经济尤其是地方政府因追求地方利益最大化而在公共设施、投资等方面展开竞争，是市场分割的重要原因；并从房地产价格空间溢出角度，利用半方差函数，验证广州市房地产市场存在明显的市场分割现象。鲍如萨等（Bourassa et al.，2007）基于新西兰奥克兰市的数据证实，无论在普通 OLS 回归还是空间回归中引入住宅子市场因素，都可以显著提高房价预测结果的可靠性。可以推测，北京市房地产市场在政府干预、市场机制等作用下同样存在市场分割现象，各个子市场之间极有可能存在空间相关性，而这种空间上的黏性，将使得调控作用在传递过程中发生扭曲，致使"一刀切"式的政策调控难以深入作用到各子市场，预期效果难以实现。本章将进一步用定量的方法分析北京市房地产市场的空间相关性和异质性，由此探讨政策失效的原因，并对今后政策的制定实施提出参考意见。

8.2　相关研究回顾

"京十五条"颁布至今已有 11 年多，学者从不同角度分析了该政策的效果和社会影响。方正（2010）认为尽管政策中的限购条款和信贷政策的收紧对打击炒房有较大力度，但政策仍存在一些漏洞——将商业地产排除在外；炒房者可以用轮番交易的手段规避政策约束；暂时的限购不会是永久的完全限制，新政的效果还有待观察。郎咸平（2011）认为政策一刀切会使得在北京生活多年、为北京做出重大贡献的外地人全被"一竿子"打倒；现在的问题不仅仅是简单的房地产问题，而是过去经济发展过程中一系列问题的积累，"京十五条"这类政策很有可能引起我国经济的二次探底，而若真的探底，政府很难再有拉回来的力量。耿娣（2011）指出在"京十五条"调控下，北京市区和周边板块出现市场行情"冷热不均"的现象，北京市区大量需求被挤出，给北京周边地区如燕郊等中高端楼盘带来了发展机遇。王浩（2011）认为该调控政策产生了一系列社会影响，如在北京市户口作用逐渐下降的过程中突然给户口赋予了重要的"房票"功能；限购约束会使个人更重视社保和个税，督促企业越来越规范；严厉的政策难有房价调控效果反而会进一步加剧"逃离北上广"的趋势。学者对政策效果的探讨主要基于自身的理论研究和经验判断，跳不出泛泛而谈的框架且缺少实证支持；仅从成交量变化情况判断政策效果未免太过狭隘；个别作者已经看到了房价的空间相关性和空间溢出效应，却没有进一步地分析论述。现有分析局限性较大，说服力不强。

房地产市场是否存在空间相关性在国内外也有诸多探讨，并且大部分学者通过实证研究证实在定量模型中引入空间因素变量能显著优化模型拟合效果。孟斌等（2005）采用点模式、空间自相关、空间插值法等空间分析方法研究北京市 2003 年房价发现北京市房地产发展在空间上具有强烈的集聚特点，房价也存在明显的空间自相关特性。但方法内在机理相似度高，缺乏进一步的实证检验。张洪和金杰（2007）借鉴西方城市空间结构均衡理论，论证昆明市地价随距市中心的距离增加而衰减，并有明显的空间变异性和方位差异。但文中所谓的空间特征价格模型只是普通的 Hedonic 模型而非空间模型，结果不具说服力。温海珍等（2011）基于 2008 年杭州市微观住宅数据，采用 SEM 和 SAR 空间计量模型，指出杭州市住宅价格存在显著的空间依赖性，邻近效应显著。周文兴和林新朗（2012）采用 1991～2008 年全国省级数据，应用空间计量模型分析住房价格与城市化水平的关系，发现住房价格存在空间依赖性和滞后效应，地理上存在显著的正相关关系。凯瑟琳（Catherine，2008）通过对空间计量模型（SEM）分析法国旧城改造和城市更新政策对第戎集聚社区（COMADI）地区的空间影响，证明政策施行后使得第戎集聚社区（COMADI）各个分区发展过程中房价存在显著地空间相关性。巴尔塔基和布瑞森（Baltagi and Bresson，2011）通过对巴黎 1990 ~ 2003 年间的房价数据分析指出，在 Hedonic SUR 系统模型中引入空间自回归扰动项和随机区效应可以很好地估计不同住宅的影子价格。

首先，国内学者对房地产发展的分析主要着眼于房地产市场整体，鲜有人论证小区域市场及市场分割现象；其次，大部分文章局限于论证空间相关性是否存在，而没有进一步探讨空间相关性的存在对我国房地产市场发展的影响和意义；再次，政策分析方法比较单一，房地产市场空间分析与房地产调控政策分析脱节较大，两者间的联系和影响多被忽视。本章对政策的空间效果分析正是填补了国内研究在这方面的空白。

8.3　变量描述

线性 Hedonic 模型变量主要分为三类：物理属性变量、通达性变量和邻里特征变量。物理属性变量描述房屋自身的结构特点，主要有房屋建筑面积、房间数、卫生间数量、房龄、朝向、楼层等。通达性变量在一定程度上反映房屋的区位特征，通常以房屋个体到某一标的物的最短距离描述，可选变量有距 CBD 的最近距离、距火车站的最近距离、距汽车站或公交车站的最近距离、距中学的最近距离、距就业中心的最近距离、距公园的最近距离等。邻里特征主要描述空间上邻近的因素对某一住房价格产生的影响，相邻住房之间乃至相邻区域、相邻城市的房地产市场之间会存在单向或双向影响。

国内住房往往标准化设计施工，故房间数、卫生间数和建筑面积之间存在较高的相关性。北京作为中国的首都，基础设施配套完善度高，住宅周边的小学、中学、公园、公交车站等城市公共设施和基础设施配套完善程度逐渐趋同，已不适合作为反映住宅差异化的典型代表。此外，与通常的单中心城市不同，北京在发展过程中形成了国贸、金融街及中关村三个独立成熟的 CBD 商圈，因此，本章以住宅距最近 CBD 的距离替代普通的房屋距 CBD 距离。全市有北京站、北京南站、北京西站和北京北站四个主要的火车站站点，同样以距离火车站的最近距

离替代通常的距火车站距离。因部分火车站与 CBD 位置相近，导致距 CBD 的最
近距离和距火车站的最近距离这两个变量间存在较高的相关性。通过综合的相关
系数分析，排除多重共线性，本章选取的变量为住宅建筑面积、房龄、距火车站
的最近距离、区域失业率、区域人均收入和区域房地产投资额。为显化成果，除
失业率以外，其他变量采用对数形式（表 8 – 1）。

表 8 – 1　　　　　　　　　　自变量间相关性系数表

		area	age	lts	Investment	Income	unemp
area	Pearson 相关性	1	− 0. 381 **	0. 142	0. 025	− 0. 011	0. 041
	显著性（双侧）		0. 000	0. 161	0. 802	0. 911	0. 690
	N	99	99	99	99	99	99
age	Pearson 相关性	− 0. 381 **	1	0. 078	0. 015	0. 103	− 0. 115
	显著性（双侧）	0. 000		0. 445	0. 884	0. 310	0. 259
	N	99	99	99	99	99	99
lts	Pearson 相关性	0. 142	0. 078	1	0. 203 *	− 0. 079	0. 288 **
	显著性（双侧）	0. 161	0. 445		0. 044	0. 438	0. 004
	N	99	99	99	99	99	99
Investment	Pearson 相关性	0. 025	0. 015	0. 203 *	1	0. 044	− 0. 412 **
	显著性（双侧）	0. 802	0. 884	0. 044		0. 667	0. 000
	N	99	99	99	99	99	99
Income	Pearson 相关性	− 0. 011	0. 103	− 0. 079	0. 044	1	− 0. 690 **
	显著性（双侧）	0. 911	0. 310	0. 438	0. 667		0. 000
	N	99	99	99	99	99	99
unemp	Pearson 相关性	0. 041	− 0. 115	0. 288 **	− 0. 412 **	− 0. 690 **	1
	显著性（双侧）	0. 690	0. 259	0. 004	0. 000	0. 000	
	N	99	99	99	99	99	99

注：**. 在 0.01 水平（双侧）上显著相关，*. 在 0.05 水平（双侧）上显著相关。
资料来源：笔者计算而得。

此外，北京市土地供给结构特殊，市区土地供给已接近饱和，存量土地主要
位于郊区，2010 年和 2011 年城市发展新区和生态涵养发展区的住宅竣工面积均
达到全市竣工面积的 60% 左右。因此在主城区，政策调控的直接和主要对象是
二手房市场；而公寓住宅相比于别墅、独户等受众更广、普适性更强。综上，本
章以北京市 2011 年 12 月交易的二手公寓住房为研究对象，研究区域为北京市东
城区、西城区、朝阳区、丰台区、石景山区和海淀区。按统计年鉴分类，前两者
属于首都功能核心区，后四者属于城市功能拓展区。其他变量说明见表 8 – 2。

表 8-2 变量说明

变量	均值	标准差	描述	数据来源
price	10. 1869	0. 2895	房价（元/平方米）	搜房网
area	4. 34378	0. 2726	建筑面积（平方米）	搜房网
age	2. 4491	0. 5091	房龄（年）	搜房网
lts	8. 6308	0. 8268	距火车站的最近距离（米）	Arcgis 计算
Income	10. 4361	0. 0685	区域人均收入（元）	北京市统计年鉴
unemp	1. 22817	0. 6749	失业率	北京市统计年鉴
Investment	5. 2028	0. 8717	区域房地产开发投资额（亿元）	北京市统计年鉴

资料来源：笔者自制。

8.4 空间分析

进行空间分析，首先需要对空间关系进行建模，即建立空间权重矩阵。根据对空间关系的描述不同，空间权重矩阵主要有基于距离的空间权重矩阵和基于最小邻近单元个数的空间权重矩阵等。本章采用基于距离倒数的空间权重矩阵，其一般形式为：

$$\begin{cases} w_{ij}^* = 0, & \text{if } i = j \\ w_{ij}^* = 1/d, & \text{if } i \neq j \end{cases} \quad \text{and} \quad w_{ij} = w_{ij}^* / \sum_i w_{ij}^*$$

其中，d 为任意两个住宅点之间的距离，取值后进行行标准化。

基于空间权重矩阵，本章通过计算全局 Moran's I 指数和局部 Moran's I 指数，从理论上分析北京市各区的房价是否存在空间自相关。

全局 Moran's I 指数反映空间邻接或邻近的区域单元属性值的相似程度。其计算公式如下：

$$\frac{n \sum_{i=1}^{n} \sum_{j=1}^{n} w_{ij}(x_i - \bar{x})(x_j - \bar{x})}{\sum_{i=1}^{n} \sum_{j=1}^{n} w_{ij} \sum_{k=1}^{n} (x_k - \bar{x})} = \frac{\sum_{i=1}^{n} \sum_{j \neq 1}^{n} w_{ij}(x_i - \bar{x})(x_j - \bar{x})}{S^2 \sum_{i=1}^{n} \sum_{j \neq 1}^{n} w_{ij}}$$

$$S^2 = \frac{1}{n} \sum_i (x_i - \bar{x})^2 \quad \bar{x} = \frac{1}{n} \sum_{i=1}^{n} x_i$$

其中，n 为研究对象数目，X_i 为观测值，$\overline{X}$ 为观测平均值。全局 Moran's I 指数取值在 $-1 \sim 1$ 之间，取值为 $-1 \sim 0$ 时存在空间负相关；取值为 $0 \sim 1$ 时存在空间正相关；取值为 0 时不存在空间自相关。北京市主城区全局 Moran's I 指数值为 0.3425，北京市房价确实存在空间相关性。

全局空间自相关分析整个大区域，并以空间同质假定为前提，即认为整个区域只存在同一种变化趋势。但住房本身作为一种典型的异质性商品，不可避免的将会导致区域房价的异质性。本章进一步通过局部 Moran's I 指数分析各区域的空间相关性。其计算公式如下：

$$I_i = \frac{x_i - \overline{x}}{S^2} \sum_i w_{ij}(x_j - \overline{x})$$

变量含义同全局 Moran's I 指数。局部 Moran's I 指数为正值时，表明存在空间自相关；存在负值时则否定了空间自相关。通过 LISA 图显示局部 Moran's I 指数结果，HH 表示的区域指本区域与周边区域均为高房价；LL 表示的区域为本区域和周边区域均为低房价；HL 表示本区域房价高、周边区域房价低；LH 表示本区域房价低、周边区域房价高。北京市房价存在显著空间正相关，LL 区域主要集中在海淀区和石景山区，HH 区域集中在主城区。在所有数据中，只有两个点呈显著空间负相关。北京城主城区的住房以四合院等旧式住宅为主，且不再有新增住宅的可能性，住宅间的替代性小，外加绝对的区位优势促使该区域房价普遍较高。石景山区虽然被划为城市功能拓展区，但地理位置相对偏远，区位优势较弱，住房建成时间短而设计格局相似度高，潜在住房供应量大，住宅替代性大，房价相对较低，并影响到海淀区部分与之相接近区域的房价。局部空间相关性的存在再一次印证了北京市房地产市场存在市场分割的现象，多个不同特质的子市场共存。

8.5　实证分析

8.5.1　模型说明

Hedonic 模型，是将住房价格分解以直接反映各特征的变动对住房价格的影响程度。

模型的一般形式为：

$$P = A \times \alpha + N \times \beta + D \times \gamma + \varepsilon, \quad \varepsilon \sim N(0, \sigma^2 I)$$

P 表示房价的 n×1 维向量，A 表示住房物理属性的 n×m 维向量，N 表示住房通达性的 n×t 维向量，D 表示邻里特征的 n×q 维向量。α、β、γ 为待估系数，即各特征的影响幅度；ε 为随机误差项。

本章所使用的空间模型包括广义空间自回归模型（SAC）、空间滞后模型（SAR）和空间误差模型（SEM）。

SAR 的一般形式为：

$$P = \rho \times W \times P + A \times \alpha + N \times \beta + D \times \gamma + \varepsilon, \quad \varepsilon \sim N(0, \sigma^2 I)$$

其中，W×P 为滞后因变量，是房价空间自相关的体现。ρ 为待估系数，表示空间自相关的强度。该模型主要认为某一房价会受到周围房价的影响，或某一地区的房价会受到周边区域房价的影响。

SEM 的一般形式为：

$$P = A \times \alpha + N \times \beta + D \times \gamma + \varepsilon, \quad \varepsilon \sim N(0, \sigma^2 I)$$
$$\varepsilon = \lambda \times W \times \varepsilon + u, \quad u \sim N(0, \sigma^2 I)$$

其中，ε 为空间误差项；λ 为待估系数，表示空间自相关的强度，它表明房地产市场的空间相关性是由于统计问题或受到其他不可观测因素的影响，如遗漏重要变量，经济、文化等在地理空间上的相互影响等。

SAC 模型的一般形式为：

$$P = \rho \times W \times P + A \times \alpha + N \times \beta + D \times \gamma + \varepsilon$$
$$\varepsilon = \lambda \times W \times \varepsilon + u, \quad u \sim N(0, \sigma^2 I)$$

该模型是 SAR 模型与 SEM 模型的综合，同时探讨了房价在一地区是否有扩散现象及邻近地区关于房价的误差冲击对本地区房价的影响程度。

8.5.2 实例分析

本章首先用 OLS 估计对数 Hedonic 方程：

$$\text{lnprice} = C + \beta_1 \text{lnarea} + \beta_2 \text{lnage} + \beta_3 \text{lndis\_train} + \beta_4 \text{lnincome}$$
$$+ \beta_5 \text{unemp} + \beta_6 \text{lninvestment}$$

从表 8-3 回归结果看，除常数项外，只有距火车站的最近距离、失业率、房地产开发投资三个变量回归系数显著。R² 和调整后 R² 都比较小，模型对现实的拟合度不高。可见，空间相关性存在的情况下，普通的 OLS 回归结果会产生偏误，已不适用。

表 8 − 3　　　　　　　　　　　　　Hedonic 模型的 OLS 回归结果

变量	Coefficient	Std. Error	t-Statistic	Prob.
C	11. 4896	5. 6802	2. 0228	0. 0460
area	0. 0437	0. 0939	0. 4661	0. 6422
age	− 0. 0594	0. 0506	− 1. 1728	0. 2439
dis_train	− 0. 0663	0. 0346	− 1. 9144	0. 0587
Income	0. 0052	0. 5369	0. 0096	0. 9924
unemp	− 0. 2501	0. 0661	− 3. 7858	0. 0003
Investment	− 0. 1003	0. 0357	− 2. 8107	0. 0060
R-squared	0. 4108	Mean dependent var		10. 1869
Adjusted R-squared	0. 3723	S. D. dependent var		0. 2895
S. E. of regression	0. 2294	Akaike info criterion		− 0. 0389
Sum squared resid	4. 8401	Schwarz criterion		0. 1446
Log likelihood	8. 9256	Hannan-Quinn criter.		0. 0353
F-statistic	10. 6888	Durbin-Watson stat		1. 8498
Prob （F-statistic）	0. 0000			

资料来源：笔者计算而得。

下面基于同一组数据空间计量模型回归，得到结果如表 8 − 4 所示。

表 8 − 4　　　　　　　　　　　　三个空间模型的回归结果

变量	sac		sar		sem	
	β	t	β	t	β	t
area	0. 0632	0. 7377	0. 0599	0. 6953	0. 0599	0. 6954
age	− 0. 0659	− 1. 4190	− 0. 0657	− 1. 4105	− 0. 0658	− 1. 4133
dis_train	− 0. 0534	− 1. 5622	− 0. 0521	− 1. 6766	− 0. 0518	− 1. 6688
Income	0. 4625	1. 7599	0. 4319	2. 9354	0. 4268	2. 9270

续表

变量	sac		sar		sem	
	β	t	β	t	β	t
unemp	− 0. 1441	− 3. 5510	− 0. 1417	− 3. 8232	− 0. 1472	− 3. 8245
Investment	− 0. 0783	− 2. 5991	− 0. 0802	− 2. 7691	− 0. 0803	− 2. 7741
ρ	0. 6170	2. 3737	0. 6500	4. 6211		
λ	0. 1859	0. 3670			0. 6500	4. 7018
R²	0. 4629		0. 4335		0. 4327	

注：基于本章样本数据量（n = 99），双侧 t 检验 5% 显著性水平的 t 值为 ± 1. 987，1% 显著性水平的 t 值为 ± 2. 632。

资料来源：笔者计算而得。

从空间回归结果分析，三个模型的 R² 都有一定程度的提高，证明引入空间因素能优化模型对现实的拟合效果。住房建筑面积、房龄、住宅距最近火车站的距离这三个变量的回归系数在三个模型中均不显著。人均收入水平的回归系数在 SAC 模型中不显著，但在 SAR 和 SEM 模型中均在 1% 显著性水平上显著。失业率和房地产投资额两个变量的回归系数在三个模型中都显著且通过 1% 的显著性水平检验。空间滞后系数在 SAR 和 SAC 模型中均在 1% 显著性水平上显著；空间误差项系数在 SAC 模型中不显著而在 SEM 模型中在 1% 显著性水平上显著。可见，北京市房价会同时受到邻近住房价格的影响及其他不可观测因素因地理上的相互联系而产生的空间影响，房价在区域间存在着扩散现象。

在对房价影响不显著的因素中，从客观条件分析建筑面积、房龄这两者是因为其区域分布逐渐均衡化。宏观调控实行多年，在国家保障刚性需求、打压投机性需求的基调下，北京市住房供应结构已经发生改变，中小户型逐渐成为各大房地产企业开发的主流户型。自 2007 年以来，户型面积在 90 平方米的商品住宅供应量占比从 33.1% 升至 2010 年的 42.5%，2011 年前四个月新增 6972 套，占全市新增住宅比重的 60.3%。从主观条件分析，大部分购房者为刚需，支付能力有限，户型目标明确。2011 年北京市二手房交易中，有 51.55% 的网友关注二居室，有将近 50% 的网友关注 70 ~ 90 平方米的住房。因此，相比于房龄、面积的细小差异，他们更关注小区配套、绿化、交通等因素。其次，距离因素的影响被弱化。北京作为我国首都，交通系统比较完善，火车站站点分布较多，人们出行比较便捷；在存在市场分割的情况下（见图 8 - 2），全市会有很多个高房价区位，房价不可能完全按照住宅竞价曲线的内容，随着距火车站或市中心的距离增加而逐层递减，距离因素的作用范围和效果很有限。

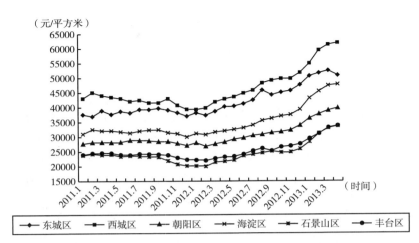

图 8 - 2 北京市主城六城区 2011 年 1 月 ~ 2014 年 4 月的房价月均价走势

资料来源：全国房价行情平台，https：//www.creprice.cn/.

其他对房价有显著影响的因素中，人均可支配收入对房价的影响最大——每增加1%能带动房价上涨约0.43%；失业率对房价则有比较显著的负向影响——每增加1%将导致房价下跌约0.15%。这两者从不同侧面反映出资金量对房价的影响。一方面，人均可支配收入的提高表明人们剩余资产增多，面对日渐趋高的通货膨胀，人们倾向于选择房地产作为保值增值的首要途径而产生过多的投资性乃至投机性需求；另一方面，一个区域的人均可支配收入水平的提高、失业率低，表明该区域平均生活水平和购买力的提高，易产生更多的改善性住房需求，加剧了中高档住房市场的供需失衡，两者共同作用推动房价不断高涨。反之，则导致房价下跌。这就从一定程度上反映资金充足是房价上涨的主要动因，政策打压投资性和投机性需求具有合理性，但压制需求并不等于消除需求，政府更应该研究如何发展和完善金融市场，提供更多的投资渠道，合理分散投资性、投机性需求。房地产问题不是一个孤立的问题，而是一个系统性问题，以点盖面显然不能从根本上解决问题，需要多部门的共同协作，才能真正平衡房地产市场供需，促进其健康发展。投资额每增加1%可以使房价下降约0.08%，房地产开发投资额的增加说明房地产开工数量多、住房供给量增加，这是有效控制房价上涨的手段之一。

8.6 结论和政策含义

本章通过空间计量模型证实北京市房价存在较高程度的空间相关性，且房地产市场存在市场分割现象，不同区域市场有着不同程度的空间依赖性。一个区域房地产市场的发展会对周边区域房地产市场产生影响，也可能受到周围房地产市场的影响，引入空间变量能显著提高模型对现实的拟合优度和解释力度。这是因为，一则包括专业估价师在内，人们对某一住宅的价值进行评估时往往会以周边相似住宅为参照；二则地区之间无法直接观测的经济、文化等地理行为往往存在一定的联系，正如托布勒（Tobler，1970）的地理第一定律所说："任何事物之间均相关，而离的较近的事物总比离的较远的事物相关性要高。"

各子市场的空间异质性决定了不同子市场对同一政策调控作用的反应并不相同，又因空间相关性的存在，这些不同的调控反应在传递过程中相互作用进而扭曲了政策原有的调控作用，如有些地区的房地产市场本就相对稳定，因周边地区受政策调控影响而房价上涨，也随之产生房价上涨的激励，偏离原有的发展轨道。没有对症下药就无法保障药到病除，宏观调控只能事倍功半。"京十五条"实施以后，六城区房价月均价走势（见图 8 - 2）虽然比较平稳但并未有显著的下降，自 2012 年开始，房价再次抬头，一路飙升，进入 2013 年房价更是呈现爆发趋势，房价上涨的势头依旧无法扼制。尽管是最严厉的地方性政策，因其忽视了房地产市场的空间相关性和异质性，仅仅通过"一刀切"的调控手段暂时性的压制需求并不能撼动高房价的标杆，效果并不显著。

目前，我国还处在经济结构、发展方式转型的重要阶段，看不见的手和看得见的手仍需相互配合对房地产这一关乎民生的重要行业的健康发展予以正确的指导。但"宏观调控"正如其名，政府过度关注宏观市场而忽视微观市场的异质性和空间相关性，政策往往"一刀切"，用行政手段强行斩断市场的自发调节机制，导致结果与初衷大相径庭。因此，政府在制定调控政策时，应关注房地产市场分割现象，切实研究不同子市场的特性，在政策实施细则中有针对性地确定不同的衡量和执行标准。尤其要区分调控力度的轻重缓急，首先针对房价上涨过快、总体房价较高的地区，主要是东城区、西城区等，制定严厉的控制性措施，通过规范房地产中介和住宅交易，拓宽投资渠道，合理分散投资性需求，增加房地产投资额以加大住房供给等措施，抑制房价上涨速度，防止房价进一步突破上限。而对于房价相对稳定、涨幅较小的石景山区、丰台区等区域，制定保障性措施，保证房价维持在合理的范围内，并努力促进房价回落，引导房地产市场向健康有序的方向发展。严控区域的调控效果一旦显现，会通过空间相关性对其他地区产生示范和引导作用；而保障性地区的房地产市场若能形成良性发展，也会使其他地区的房地产市场产生相应的预期和激励。在全市范围内，一方面应促进就业，降低失业率，提高人们的购买力，保证住有所居；另一方面应重点改善住房供求结构，2012 年北京市销供比为 1.37，供求还存在不小的缺口。严查房地产企业"捂盘"行为，加大保障房、中小户型商品房等满足刚需的市场供给，利用区域房价扩散效应引导需求从高密度区向周边区域有序转移。借助子市场之间的空间相关性进一步调动市场自发调节机制，政策可以达到事半功倍的效果。

此外，本章在数据选取、论证的过程中发现 Hedonic 模型在中国的应用有一定的局限性。马思心和李昂（2003）在用 Hedonic 模型分析北京市住宅价格影响因素时，所选用的区位、楼层数等9个变量在最终结果中只有3个变量系数显著，作者在结论中提出数据选择是影响模型效果的重要因素。Hedonic 模型的主要功能在于从房价中分离出各个对房价产生重要影响的因素并分析其影响程度。然而，由于我国和国外在文化传统和数据统计方面的差异，人们在选择住房时所做的一些潜在价值判断存在差异，国内选择住宅通常考虑的小区治安情况、环境情况、物业管理情况、邻里关系等变量很难进行指标量化，而如本章所选择的住房面积、房龄等影响并不显著。Heonic 模型在国外常用的一些指标如房间数、卫生间数、是否有阳台、是否有电梯等因素在国内住房市场中的差异并不明显。此外，房价泡沫也使得房价虚高，房价偏离了基本面，从而淡化了单一因素的影响。本章认为，Hedonic 模型在一些经济并不发达、住房市场相对发展健康、住房设计还未完全标准的城市应用较为合适，在北京、上海等这些大城市则并不适用。而国内很多学者在借鉴、引用该模型时往往忽视了以上这些问题。

第 9 章

城市行政区划调整对房地产区域
市场的影响：以上海市为例

9.1 导　　言

城市分区治理是各国普遍采用的城市行政管理模式。然而，城市内部的行政区划是一种刚性约束，会在一定程度阻碍要素流动和一体化市场的形成，制约城市的进一步发展（高翔和龙小宁，2016）。在我国，城市内部的区、县调整是行政区划设置改革的重要方面。2000 年以来，地方政府开始推动旨在弱化行政区边界壁垒、推动城市规模扩张的"撤县设区"型行政区划调整。"撤县设区"对区域经济发展的实际效果，学界存在较大的争议（唐为和王媛，2015；卢盛峰和陈思霞，2017；邵朝对等，2018）。除了"撤县设区"，中国一些大城市（直辖市和副省级城市）近年来为优化城市功能布局还实施了"两区合并"型的行政区划调整。这种"两区合并"往往发生在靠近市中心、对城市有举足轻重地位的两个区之间，对城市发展影响深远。"两区合并"的案例包括：2010 年北京市崇文区并入东城区，宣武区并入西城区；2014 年广州市萝岗区并入黄埔区；2015 年上海市闸北区并入静安区等。然而，目前学术界对城市辖区合并的关注非常有限。

城市辖区合并对城市发展的影响是多方面的，这种影响的实现也需要长期的过程，不会一蹴而就。但城市辖区合并却是房地产市场的短期热点事件，城市辖区合并的方案被确认后，房地产市场往往会即时反应，房价迅速变动。那么，这种房价的变动是市场对辖区合并后何种经济社会方面的变化做出的反应？如何准确测度城市辖区合并对相关区域房价的具体影响幅度？对上述问题的探讨，不仅具有重要的理论价值，同时也有着现实的政策含义。

　　房价攸关民生。近年来，中央对房价稳定高度重视，强调要坚持"房子是用来住的，不是用来炒的"定位，全面落实因城施策、"稳地价、稳房价、稳预期"的长效管理调控机制，并强化了对地方政府房地产市场调控效果的考核。虽然地方政府进行城市辖区合并的决策初衷并非针对房地产市场，但辖区合并可能对城市房价稳定产生较大影响。与"撤县设区"大多发生在城市的远郊不同，城市辖区合并往往发生在大城市人口稠密的核心区域。同时，城市辖区合并也是一种基本不可逆的政策。这要求政府做辖区合并决策时十分慎重，对各种潜在影响，特别是其对房价的潜在影响，做全面评估。比如，"强并弱"型辖区合并会在多大程度推升较落后辖区的房价，会在多大程度缓解较发达辖区的房价压力？本章精确测算了上海市静安区和闸北区的合并对相关区域房价的影响幅度，这为未来地方政府的辖区合并决策提供了参照。同时，本章深入探讨了城市辖区合并对房价产生影响的传导机制，这有助于地方政府在实施城市辖区合并时，有的放矢地制定针对性的政策，稳定房地产市场预期，避免合并信息公布后的房地产投机和房价短期大幅波动。

　　习近平总书记指出"行政区划本身也是一种重要资源"。"优化行政区划设置，提高中心城市和城市群综合承载和资源优化配置能力"为中央所高度重视。① 合理评估行政区划改革案例的得失，是做好行政区划优化的关键。过去文献认为细碎型和整合型城市行政区划结构各有利弊。细碎型结构有利于辖区竞争，能提供更多税收—公共服务组合，提升公共服务效率（Tiebout，1956；Ostrom et al.，1961）；整合型结构则有利于实现规模经济，整合公共服务，将区域问题内部化（Hawkins et al.，1991；Lowery，2000）。然而，过去文献并未关注细碎型和整合型行政区划结构对房价的影响。城市辖区合并是典型的细碎型行政区划结构向整合型结构的动态变化。本章基于上海市静安区和闸北区合并的准实验，提供了从细碎型行政区划结构向整合型结构转变后相关区域房价所受影响的经验证据，并分析了其背后的理论机制。这为优化城市区划设置研究提供了新的视角。

　　边界效应是行政区划研究的重要方面，但房价的行政边界效应很少被学界所关注。此外，过去文献基本是以"静态"角度估算经济和社会变量的边界效应，缺乏对边界"变化"的关注。城市辖区合并不仅意味着一条旧行政边界的"消

---

　　① 中国共产党十九届四中全会《中共中央关于坚持和完善中国特色社会主义制度推进国家治理体系和治理能力现代化若干重大问题的决定》，http：//www.xinhuanet.com/2019 – 11/05/c_1125195786.htm.

失",也意味着公共服务、要素等资源的配置边界改变。本章不仅测算了城市辖区合并前后房价边界效应的变化,而且从理论角度阐释了边界"消失"是如何通过影响居住便利性和生产便利性,改变集聚和公共产品分享,进而影响房价的传导机制,揭示了房价行政边界效应产生的来源。

从方法和数据角度,本章做了三个方面的工作。(1)本章基于公共服务资本化、经济集聚及外部性理论,构建了一个解释城市辖区合并是如何影响房价的一般均衡理论分析框架。(2)在实证方面,本章利用独特的真实二手房交易大样本数据,以2015年上海市静安区、闸北区合并为准实验,通过双重差分法精确测算了城市辖区合并对相关区域房价的影响幅度,通过断点回归测度了房价边界效应的变化。基于合成控制法,本章识别了城市辖区合并影响房价的机制,即房价变动是否基于对经济社会因素长期变化做出的理性选择。(3)过去文献多使用宏观房地产数据,数据频率较低,且无法刻画对房价有重要影响的区位和属性(如楼龄、户型等)因素。本章通过使用包含住房属性和地理信息的高频大样本微观数据,排除了住房区位和属性异质性对政策识别的干扰,实现了对政策引发的较小区域间内房价即时变动幅度的准确估计。

9.2 文献综述与事件背景

9.2.1 文献综述

学界对行政分划的关注由来已久。由于地方政府的权责被局限于一定的行政辖区内,行政区划的一个重要表现是地方政府间政策上的差异和竞争(Stigler,1972)。在公民可以"用脚投票"的情况下,其会选择迁移到提供地方公共服务与所征收税收的组合能够满足其偏好的地方,这会导致地区差异化均衡——公共服务较好的辖区税率较高,公共服务较差的辖区税率较低,但居民在不同辖区的效用水平是相同的(Tiebout,1956)。之后,蒂布特(Tiebout)模型的现实适用性在跨地区实证研究中得到了验证(Oates,1969)。作为两个行政区物理分割的边界会集中体现出两个行政区的差异,边界效应成为行政区划研究的重要方面。过去文献通常将行政边界作为虚拟变量,采用引力模型(McCallum,1995)、一价定律(Engel and Rogers,1996)、外部性模型(Sigman,2002)、社会网络(Combes et al.,2005)等方式去测度"静态"的行政边界效应。行政区划不仅引发了经济增长和居民福利的差异（Gaigné et al.，2016；周黎安和陶婧，2011），导致了市场分割及价格分异（Engel and Rogers，1996；Borraz et al.，2016；黄新飞等，2014），还带来了公共服务外部性的边界效应，在环境污染方面尤其突出（Cai et al.，2016；Lipscomb and Mobarak，2016）。

对于行政区划体系，过去文献将其主要归纳为细碎型结构和整合型结构两类。城市合并、市县合并和城市辖区合并可被视为典型的整合型行政区划调整。然而，实证文献对这类行政区划调整的效果存在较大争论。在个案研究方面，卡尔等（Carr et al.，2006）认为没有证据表明美国肯塔基州的市县合并带来了就业、制造业产出、零售和服务业的实质性发展。然而，瑟尔登和坎贝尔（Selden and Campbell，2000）发现美国佐治亚州的县域合并带来了效率提升，降低了政府支出和行政支出。菲洛克和卡尔（Feiock and Carr，1997）发现虽然美国佛罗里达州的市县合并对就业增长的创造作用并不显著，但对人均收入的提升有显著影响。高琳（2011）发现2000年上海市黄浦区和南市区的合并对经济增长有微弱的推动作用。此外，也有文献进行了大样本数据分析，但结论也不统一。布雷尔等（Blair et al.，1996）利用美国117个大都市区数据，发现中心城市吸收（annexation）或合并（consolidation）郊区的扩张对人均收入没有显著影响，对人口和就业有微弱促进作用。尼尔森和福斯特（Nelson and Foster，1999）基于美国287个大都市区数据发现中心城市的扩张对人均收入有正向影响。富尔克和斯切斯博格（Faulk and Schansberg，2009）使用面板数据方法分析了美国一组市县的合并，但发现合并对就业和企业设立没有显著影响。

近年来，一些文献开始关注行政区划调整对房价的影响。国外文献比较关注学区等小范围行政区划调整对房价的影响。布莱森顿（Brasington，2004）和敦康布等（Duncombe et al.，2015）认为学区合并对学区房价有不利影响，而胡越和英格尔（Hu and Yinger，2008）则认为学区合并对于乡村和普查区的低价房屋价格有正向影响，仅对普查区高价房屋有不利影响。阿赫菲尔特等（Ahlfeldt et al.，2015）利用柏林墙建立和拆除的自然实验，分析了墙两侧的土地价格和经济活动如何随该墙的建立和拆除而变化。关于中国的行政区划调整对房价的影响，目前学界大多基于宏观层面聚焦于撤县设区（王丰龙和张传勇，2017；张清源等，2018），仅有石忆邵和徐妍菲（2011）、王丰龙和张传勇（2017）涉及过城市辖区合并对房价的影响。石忆邵和徐妍菲（2011）基于上海市173个新楼盘的数据评估了南汇区并入浦东新区对房价的影响。但该文仅以区划调整虚拟变量在房价方程中的系数来衡量区划调整效应，方法缺乏严谨性。王丰龙和张传勇（2017）使用城市年度数据探讨辖区合并影响房价的研究也有较多值得商榷之处：

（1）该文使用的新建商品房价格，无法排除区位因素的影响，[①] 且该房价是用新建商品房销售金额除以销售面积得到，可能存在较大误差；（2）年度数据无法排除年内其他政策对结果的干扰；（3）该文使用城市平均房价难以观察城市辖区合并后城市内部不同区位房价的变动情况；（4）该文选取参与合并的一个区作为另一个区的控制组，由于两个区房价都会受合并影响，控制组的选取并不合理。

9.2.2 事件背景

改革开放以来，中国县、区行政区划调整主要分为两类：一类是区和县（县级市）行政级别或属性的调整，包括"撤县设市""撤县设区"等；另一类则是城市辖区的边界重组，包括辖区的合并与拆分。第一类调整往往涉及城区范围的变动，而第二类调整在行政区划意义上并未改变城区的范围。城市辖区合并，主要目标是精简行政机构，优化城市功能布局，推动区域间均衡发展。上海市自2000 年开始先后进行了四次城市辖区合并：2000 年将南市区并入黄浦区；2009年将南汇区并入浦东新区；2011 年将卢湾区并入黄浦区；2015 年将闸北区并入静安区。

原静安区是上海市最发达的市辖区之一，辖区基础设施完善、商业发达、交通便捷，是上海对外交流的重要窗口，且集中了上海市的大量优质教育、医疗等公共服务资源。由于历史原因，原闸北区虽然与上海市几个较发达的市辖区接壤，但其经济社会发展水平和公共服务相对于原静安区存在较大的差距，是上海人传统印象中的"下只角"。表 9 - 1 对比了 2015 年静安区和闸北区的部分经济和公共服务指标。可以看出，两区合并的当年，静安区在经济发展和基本公共服务的绝大多数人均指标上，都远高于闸北区。但静安区辖区小，人口密度高，缺乏可供开发的土地储备，进而导致商务成本高昂、经济发展遇到瓶颈等问题。

为进一步优化城市布局，提升城市功能，促进区域协调可持续发展，2015年 9 月 7 日，上海市静安区和闸北区同时召开区党政负责干部会议宣布，静安区与闸北区"撤二建一"，建设新"静安区"。媒体对此进行了广泛的报道。2015年 10 月，国务院正式批复了静安区和闸北区的合并。

---

① 比如某城市新建商品房今年主要位于郊区，去年主要位于市中心，这可能导致今年新建商品房价格低于去年。

表 9 - 1　　　　上海市静安区和闸北区 2015 年部分经济和社会发展指标

项目	静安区		闸北区	
	总量	人均值	总量	人均值
户籍人口	28.81		67.72	
常住人口	23.69		83.71	
国内生产总值	811.19	34.24	668.85	7.99
一般公共预算收入	106.24	4.48	88.13	1.05
一般公共预算支出	124.41	5.25	129.16	1.54
一般公共服务支出	6.61	0.28	5.91	0.07
公共安全支出	7.07	0.30	8.53	0.10
社会保障和就业支出	8.02	0.34	9.56	0.11
教育支出	17.39	0.73	19.66	0.23
医疗卫生支出	4.08	0.17	6.23	0.07
医生数		12.22		2.93
床位数		23.49		7.71
社会消费品零售总额	319.60	13.49	301.18	3.60
住宅投资	6.37	0.27	102.78	1.23

注：人口总量的单位为万人，其余总量单位为亿元。人均值以常住人口数计算。人均医生数和床位数的单位为每千人，其余人均指标单位为万元/人。

资料来源：2015 年静安区和闸北区《国民经济和社会发展统计公报》。

　　两区合并初期，媒体舆论虽然多数认为合并会推高原闸北区的房价，但也认为这种效果会很快"冷下来"。同时，媒体舆论认为合并会导致原静安区"身价降低"，房价被拉低。舆论判断是否符合事实，值得深入探讨。此外，合并对静安和闸北整体房价影响如何，舆论很少关注。

9.3　理论框架

　　本章借鉴阿赫菲尔特等（Ahlfeldt et al.，2015）的城市集聚模型，构建了城市内部不同辖区之间住房和经济社会变量相互影响的一般均衡模型，用以分析城市辖区合并对相关区域房价的影响机制。

　　首先，假定一个经济体中的城市 A 由 M 个辖区组成，城市中的劳动力数量为 N，且劳动力可以在辖区内自由流动。城市中辖区 i 可供利用的土地为 L_i，归政府所有。企业的产出为一种商品，且在城市中和经济体中交易成本均为 0。不同辖区之间的差异则主要来源于生产便利性、居住便利性等方面。为方便起见，假定辖区之间的差异是外生的。

9.3.1 消费者

假设辖区 i 的代表性居民 j 效用函数为柯布－道格拉斯函数：

$$U_{ij} = \frac{B_i z_{ij}}{d_i}\left(\frac{c_{ij}}{\alpha}\right)^{\alpha}\left(\frac{h_{ij}}{1-\alpha}\right)^{1-\alpha}, \ 0 < \alpha < 1 \qquad (9-1)$$

其中，c_{ij} 表示居民对商品的消费，h_{ij} 为对住房的消费，B_i 为居住地 i 的居住便利性，d_i 表示进入辖区 i 的机会成本。z_{ij} 表示居民的异质性偏好，假定服从 Fréchet 分布：$F(z_{ij}) = e^{-R_i z_{ij}^{-\varepsilon}}$。

其中，R_i 表示辖区 i 居民的平均效用水平，$\varepsilon > 1$ 表示分布的离散程度。

则代表性消费者的效用最大化问题可以描述为：

$$\max\ U_{ij} \qquad s.\,t.\ c_{ij} + P_{Hi}h_{ij} \leqslant w_i \qquad (9-2)$$

其中，P_{Hi} 表示辖区 i 的房价，w_i 表示辖区 i 的工资水平。求解可得：

$$c_{ij} = \alpha w_i\ , h_{ij} = (1-\alpha)\frac{w_i}{P_{Hi}} \qquad (9-3)$$

9.3.2 生产者

假定企业的生产函数为柯布—道格拉斯函数：

$$y_i = A_i N_{Di}^{\varphi_i} N_{Di}^{\gamma} L_{Di}^{1-\gamma} \qquad (9-4)$$

其中，L_{Di} 表示企业生产投入的土地数量，土地价格为 P_{Di}。A_i 表示辖区 j 的生产便利性，φ_i 为人口集聚带来的外部性，$\varphi_i < \dfrac{\gamma}{\varepsilon}\left(1 - \dfrac{1+\mu(\alpha-1)}{1-\gamma(1+\mu(\alpha-1))}\right)$。

则企业面临的最大化问题为：

$$\max\ A_i N_{Di}^{\varphi_i} N_{Di}^{\gamma} L_{Di}^{1-\gamma} - P_{Di}L_{Di} - w_i N_{Di} \qquad (9-5)$$

由于产品市场为完全竞争市场，可知：

$$w_i = \gamma \left(\frac{1-\gamma}{P_{Di}} \right)^{\frac{1-\gamma}{\gamma}} (A_i N_{Di}^{\varphi_i})^{\frac{1}{\gamma}}, \ P_{Di} = (1-\gamma) \left(\frac{\gamma}{w_i} \right)^{\frac{\gamma}{1-\gamma}} (A_i N_{Di}^{\varphi_i})^{\frac{1}{1-\gamma}} \quad (9-6)$$

9.3.3 开发商

假设辖区 i 中存在竞争性的住宅开发商，开发商的生产函数为：

$$H_i = K_i^{\mu} L_{Hi}^{1-\mu} \quad (9-7)$$

其中，K_i 为建筑住宅需要的资本总量，L_{Hi} 为所需要的住宅用地总量。假定 K_i 外生。由于在我国，地方政府在土地财政和经济增长的双重激励下，普遍存在高价出让住宅用地、低价出让工业用地的现象（雷潇雨和龚六堂，2014）。为简便起见，我们将住宅用地价格写为 $\tau_i P_{Di}$，$\tau_i > 1$，即开发商需要付出较高的成本来获取住宅用地，τ_i 外生给定。则开发商面临的最大化问题为：

$$\max \ P_{Li} K_i^{\mu} L_{Hi}^{1-\mu} - \tau_i P_{Di} L_{Hi} - K_i \quad (9-8)$$

求解可得：

$$K_i = ((1-\mu) P_{Hi})^{\frac{1}{\mu}} L_{Hi} = (1-\mu) P_{Hi} H_i, \ L_{Hi} = \frac{\mu}{\tau_i P_{Di}} P_{Hi} H_i \quad (9-9)$$

9.3.4 人口流动均衡

由于居民可以在各辖区之间自由流动，则在均衡状态时，居民选择辖区 i 获得的收益比其他所有辖区都更高，故居民选择辖区 i 的概率为：

$$p_i = P(V_i \geq \max\{V_k\}; \forall k \in \{1,2,\cdots,M\})$$
$$= \int_0^{\infty} \varepsilon R_i \left(\frac{B_i w_i P_{Hi}^{\alpha-1}}{d_i} \right)^{\varepsilon} u^{-(1+\varepsilon)} e^{-\Phi u^{-\varepsilon}} du \quad (9-10)$$

其中，$\Phi = \sum\limits_{k=1}^{M} R_k \left(\dfrac{B_k w_k P_{Hk}^{\alpha-1}}{d_k} \right)^{\varepsilon}$。整理后可得，$p_i = \dfrac{R_i (B_i w_i P_{Hi}^{\alpha-1} d_i^{-1})^{\varepsilon}}{\sum\limits_{k=1}^{M} R_k (B_k w_k P_{Hk}^{\alpha-1} d_k^{-1})^{\varepsilon}}$。

由上述分析可以看出，居民选择辖区 i 的概率取决于辖区 i 本身及所有其他辖区的工资、平均效用水平、居住便利性、住房价格以及迁移到该辖区的机会成本。同时，从整个城市而言，在人口不变时，居民选择辖区 i 的概率等于辖区 i 的居民占总人口的比例，则辖区 i 的人口数量为：

$$N_{Di} = \frac{R_i \left(B_i w_i P_{Hi}^{\alpha-1} d_i^{-1} \right)^\varepsilon}{\sum_{k=1}^{M} R_k \left(B_k w_k P_{Hk}^{\alpha-1} d_k^{-1} \right)^\varepsilon} N \qquad (9-11)$$

9.3.5 土地市场出清

土地市场出清时，全体居民消费住宅数量等于开发商开发数量 H_i，企业工业用地总量等于辖区 i 的工业用地总量，工业用地总量与住宅用地总量之和等于辖区 i 可供利用的土地 L_i。① 即：

$$P_{Hi} H_i = (1-\alpha) N_{Di} w_i$$

$$P_{Di} L_{Di} = \left(\frac{1-\gamma}{\gamma} \right) N_{Di} w_i \qquad (9-12)$$

$$L_{Hi} + L_{Di} = L_i$$

进一步与式（9-9）联立，可以得到均衡住宅价格：

$$P_{Hi} = \left(\frac{(1-\alpha) N_{Di} w_i}{(1-\mu)^{\frac{1-\mu}{\mu}} L_{Hi}} \right)^\mu = \frac{(\tau_i(1-\gamma) + \gamma\mu(1-\alpha))^{\gamma\mu} A_i^\mu N_{Di}^{(\gamma+\varphi_i)\mu}}{\mu^\mu (1-\mu)^{1-\mu} (1-\gamma)^{\mu(\gamma-1)} \tau_i^{\mu(\gamma-1)} L^{\mu\gamma}} \quad (9-13)$$

由式（9-13）可以看出，均衡住宅价格与辖区内可利用土地面积、辖区生产便利性、人口数量及集聚外部性、住宅用地和工业用地价格差距以及产出弹性相关。其中，$\frac{\partial P_{Hi}}{\partial w_i} > 0$，$\frac{\partial P_{Hi}}{\partial N_{Di}} > 0$，$\frac{\partial P_{Hi}}{\partial L_i} < 0$，即均衡住宅价格与辖区内的人口数量、平均工资水平成正比，与辖区内住宅用地供应面积成反比。

进一步联立式，可知，

$$N_{Di} = \left(\frac{Q_i B_i^\varepsilon A_i^{(1+\mu(\alpha-1))\varepsilon}}{\sum_{k=1}^{M} Q_k B_k^\varepsilon A_k^{(1+\mu(\alpha-1))\varepsilon} N_{Dk}^{[(1+\mu(\alpha-1))(\gamma+\varphi_k)-1]\varepsilon}} N \right)^{\frac{1}{1-[(1+\mu(\alpha-1))(\gamma+\varphi_i)-1]\varepsilon}}$$

$$(9-14)$$

其中，$Q_i = R_i \left[\gamma \left(\tau_j(1-\gamma)(\mu(1-\mu))^{-\frac{1-\mu}{\mu}} \right)^{\mu(\alpha-1)} d_i^{-1} L_{Di}^{1+(1-\alpha)\mu\gamma} \right]^\varepsilon$。

易知均衡解存在且唯一。其中，$\frac{\partial N_{Di}}{\partial B_i} > 0$，$\frac{\partial N_{Di}}{\partial B_k} < 0$，$k \neq i$。在其他条件不变

---

① 土地市场可能存在非出清，比如商品房滞销和工业用地闲置。但由于中国的城市辖区合并一般都发生在土地较为稀缺的大城市的中心城区，土地市场非出清并不常见，因而可以设定土地市场出清条件。

的情况下，

$$\frac{\partial P_{Hi}}{\partial B_i} = \frac{\partial P_{Hi}}{\partial w_i} \cdot \frac{\partial w_i}{\partial B_i} + \frac{\partial P_{Hi}}{\partial N_{Di}} \cdot \frac{\partial N_{Di}}{\partial B_i} = \frac{\partial P_{Hi}}{\partial w_i} \cdot \frac{\partial w_i}{\partial N_{Di}} \cdot \frac{\partial N_{Di}}{\partial B_i} + \frac{\partial P_{Hi}}{\partial N_{Di}} \cdot \frac{\partial N_{Di}}{\partial B_i}$$

$$\frac{\partial P_{Hi}}{\partial A_i} = \frac{\partial P_{Hi}}{\partial w_i} \cdot \frac{\partial w_i}{\partial A_i} + \frac{\partial P_{Hi}}{\partial w_i} \cdot \frac{\partial w_i}{\partial N_{Di}} \cdot \frac{\partial N_{Di}}{\partial A_i} + \frac{\partial P_{Hi}}{\partial N_{Di}} \cdot \frac{\partial N_{Di}}{\partial A_i} \qquad (9-15)$$

其中，$\frac{\partial P_{Hi}}{\partial w_i} > 0$，$\frac{\partial w_i}{\partial N_{Di}} > 0$，$\frac{\partial P_{Hi}}{\partial N_{Di}} > 0$，$\frac{\partial w_i}{\partial A_i} > 0$，$\frac{\partial N_{Di}}{\partial B_i} > 0$，$\frac{\partial N_{Di}}{\partial A_i} > 0$。

　　该一般均衡机制表明，辖区工资水平和人口的增加会推动辖区房价上涨，辖区的工资水平随人口增加而增加，而居住便利性和生产便利性的提高又会推动辖区工资水平和人口的增加。因而，提高居住便利性和生产便利性的政策冲击，会推动房价上涨；反之同理。

　　辖区合并对原闸北区的居住便利性和生产便利性均产生了正向影响。由于城市分区治理结构，教育、社会保障、治安等公共服务往往只能由本辖区居民所享受，辖区边界成为了这类公共服务的边界。对较落后的原闸北区而言，辖区合并打破了两区公共服务的壁垒，原闸北区得以分享原静安区更优质的公共服务。根据外部性理论，两区合并之后，原闸北区居民并未对原静安区已有的公共服务支付相应成本，居民享受公共服务的个人成本小于社会成本，使得原闸北区生活便利性相较于其他辖区得以提高。根据式（9-13）和式（9-15），辖区合并后原闸北区居住便利性的提高将促进人口集聚，进而推升原闸北区的房价水平。但是，对于原闸北区而言，传统的"下只角"标签使其难以实现人口与产业的集聚。两区合并后，原闸北区则得以承接原静安区的资源，生产便利性也得以提高。根据式（9-13）和式（9-15），生产便利性的提高将对原闸北区房价产生正向推动作用。此外，由于辖区一旦合并后几乎无法再拆分，民众的预期是稳定的，这会使市场需求提前释放，上述机制所引发的房价变动在短期内发生。基于以上分析，可以得到以下推论：

　　推论一：辖区合并后，较落后的原闸北区通过接受原静安区的公共服务提升了居住便利性，通过要素集聚机制提升了生产便利性。辖区合并对原闸北区的房价有即时的推升作用。

　　辖区合并对原静安区的居住便利性和生产便利性则产生了相反方向的影响。对较发达的原静安区而言，辖区合并后，其优质公共服务会面临稀释。这相当于原静安区居民为闸北区居民享受部分公共服务进行了支付，其享受公共服务的私人成本高于社会成本。因而辖区合并后，原静安区的居住便利性下降。根据式（9-11）和式（9-15），原静安区居住便利性的下降将会对房价产生负向影响。对于原静安区而言，其面积狭小，缺乏足够的发展空间和土地储备，高房价和高租金阻碍了集聚效应的发挥（邵朝对等，2016）。两区合并后，原静安区获得了"腾笼换鸟"的空间，有利于集聚效应的发挥和产业结构调整，提高了原静安区的生产便利性。根据式（9 – 13）和式（9 – 15），生产便利性的提高同样将对原静安区房价产生正向推动作用。基于民众对于城市辖区合并的稳定预期，市场需求的提前释放将使得房价在短期内发生变动。

推论二：辖区合并后，较发达的原静安区通过分享公共服务降低了居住便利性，但通过要素集聚机制提升了生产便利性。辖区合并对原静安区房价的影响取决于这两种反向作用的合力。

推论三：城市辖区合并并不改变整个合并区域的公共产品总量，但会通过要素集聚提高整个合并区域的生产便利性。辖区合并对整个合并区域的房价有即时的推升作用。

9.4 数据与方法

9.4.1 数据及描述性统计

本章使用了来自上海市场份额最高的上海链家房地产经纪有限公司（简称链家）的全部二手房交易数据。每条交易数据均记录了房屋的交易价格、成交时间、交易周期、所属行政区等信息，以及房屋的建筑面积、卧室数、房间朝向、是否配电梯等物理属性。数据的时间频率为天，能及时准确地反映二手房市场价格变动。

为准确识别静安区与闸北区合并对于房价的影响，需要在样本期间选择上尽可能地排除其他政策的影响。2015 年 3 月 30 日，财政部和国家税务总局出台了《关于调整个人住房转让营业税政策的通知》，对二手房交易环节的营业税进行了小幅调整；2016 年 3 月 24 日，上海市政府颁布了《关于进一步完善本市住房市场体系和保障体系促进房地产市场平稳健康发展的若干意见》，进一步强化了住房限购。为此，本章将样本期间设定为 2015 年 5 月到 2016 年 2 月，以两区合并明确宣布的时点，即 2015 年 9 月 7 日作为政策的实施时间。考虑到区位对于房价的重要性，本章识别了小区的经纬度，并通过 ArcGIS 10.6 软件计算了每个小区到其相邻区边界的最短距离。

　　本章被解释变量为单位面积房价的自然对数（lnprice）。控制变量则包括建筑面积、卧室数、厅数、卫生间数、户梯比等连续变量，以及是否有房间朝南、是否配电梯、楼龄及是否处于低、中、高楼层等二元分类变量。考虑到区位的影响，本章还控制了各房屋到行政边界的距离。其中，到新静安区距离表示与新静安区接壤地区的住房所在小区到新静安区行政边界的最短距离，静安闸北间距离对原静安区房屋而言为到原闸北区边界的最短距离，对原闸北区房屋则为到原静安区边界的最短距离。通过删除车位、商住两用、地下室等特殊物业，剔除缺失值和异常值后，本章最终使用了 37212 条包括房屋价值及房屋属性等特征的上海二手房交易记录（见表 9－2）。

表 9－2　　　　　　　　变量的描述性统计：微观房地产交易数据

变量名称	样本量	均值	标准差	最小值	最大值
房屋单价（元/平方米）	37212	35606. 190	14204. 060	4585. 446	141868. 300
是否位于新静安区	37212	0. 058	0. 233	0. 000	1. 000
是否成交于两区合并后	37212	0. 782	0. 413	0. 000	1. 000
建筑面积（平方米）	37212	88. 745	41. 572	9. 200	708. 870
卧室数（个）	37212	2. 097	0. 808	1. 000	7. 000
厅数（个）	37212	1. 500	0. 609	1. 000	5. 000
卫生间数（个）	37212	1. 260	0. 505	0. 000	6. 000
户梯比	37212	2. 800	1. 844	0. 333	96. 000
是否有房间朝南	37212	0. 862	0. 345	0. 000	1. 000
是否配电梯	37212	0. 499	0. 500	0. 000	1. 000
楼龄（年）	37212	15. 407	8. 583	0. 000	104. 000
楼层					
中楼层	37212	0. 341	0. 474	0. 000	1. 000
高楼层	37212	0. 365	0. 482	0. 000	1. 000
距离					
到新静安区距离（公里）	16441	－ 2. 812	2. 727	－ 18. 290	1. 668
静安闸北间距离（公里）	2141	－ 2. 187	3. 417	－ 8. 832	3. 069

　　资料来源：笔者计算而得。

9.4.2　模型设定

城市辖区合并并非是针对房地产市场的调控政策，这为估计辖区合并对房价的影响提供了一个准实验。本章利用如下双重差分模型来估计静安和闸北两区的合并对两区房价的整体影响：

$$\ln price_{irt} = \beta_0 + \beta_1 Adjustment_{irt} + \beta_2 Controls_{irt} + \delta_r + \gamma_t + \varepsilon_{irt} \qquad (9-16)$$

其中，下标 i 代表成交的住房，r 代表小区，t 代表成交月份，lnprice 为单位面积房价的自然对数。如果位于新静安区的住房 i 成交于 2015 年 9 月 7 日之后，则 $Adjustment_{irt}$ 取 1，否则取 0。δ_r 为小区固定效应，γ_t 为时间固定效应，$Controls_{irt}$ 则为表示住房特征的一系列控制变量。同时，本章将标准误聚类在小区层面。β_1 即为本章所关注的两区合并对房价的净影响。

为了排除样本中区位因素对房价的影响，本章参考达奇斯（Dachis et al.，2012）利用断点回归设计的思路，将样本限制在各市辖区区划边界的较小距离范围内，利用式（9-16）进行估计。为此，本章定义了 $Distance_r$，代表小区 r 到新静安区行政区划边界的最短距离，$Distance_r \geqslant 0$ 表示小区位于新静安区，$Distance_r < 0$ 表示小区位于与新静安区接壤的其他辖区。

为了验证行政区划带来的边界效应，本章针对两区合并这一准实验进行了断点回归。由于行政区划边界是政府根据行政管理需要设定，不受微观个体操纵，且具有明确的行政区划属地，因此，针对两区合并前后，本章均采取精确断点回归进行估计，估计方程如下：

$$\ln price_{ipt} = \beta_0 + \beta_1 Jingan_{ip} + \beta_2 Controls_{ipt} + f(Distance_r) + \delta_p + \gamma_t + \varepsilon_{ipt}$$
$$(9-17)$$

其中，p 代表商圈。若住宅 i 位于原静安区，则 $Jingan_{ip} = 1$，位于原闸北区则取 0。$Distance_r$ 代表到静安闸北边界的最短距离，$Distance_r \geqslant 0$ 表示小区位于原静安区，否则位于原闸北区。$f(Distance_r)$ 为 $Distance_r$ 的多项式函数。本章还控制了月份固定效应 γ_t 和商圈固定效应 δ_p。

为了检验城市辖区合并的动态效应，本章针对式（9-18）进行了估计：

$$\ln price_{irt} = \beta_0 + \sum_{k=-4}^{5} \beta_k Adjustment_{irt}^k + \beta_j Controls_{irt} + \delta_r + \gamma_t + \varepsilon_{irt} \qquad (9-18)$$

其中，$Adjustment_{irt}^k$ 是月份虚拟变量与 $Treat_i$ 的交互，k 表示距离 2015 年 9 月

7 日的月份数，k > 0 表示该住宅成交于 2015 年 9 月 7 日之后，反之则为 2015 年 9 月 7 日之前。也就是说，如果住宅 i 成交于 2015 年 7 月 4 日，则 k = -2，变量 $Adjustment_{irt}^{-2} = 1$，其余赋值为 0。如果住宅 i 成交于 2015 年 11 月 4 日，则 k = 2，变量 $Adjustment_{irt}^{2} = 1$，其余赋值为 0。则 β_5 至 β_9 衡量了在城市辖区合并信息公布后，该项政策对房价的影响，而 β_{-4} 至 β_{-1} 则衡量了相较于合并当月房价的变动，可以间接验证平行趋势假定是否成立。

双重差分估计有效的条件之一即为不存在溢出效应，但由于人口自由流动和跨区购房决策的存在，静安区和闸北区合并可能对于其他辖区的房价产生溢出效应，进而导致双重差分估计有偏。考虑到迁移成本和交通成本，从理论上而言，距离新静安区越远的区域选择迁入新静安区并购房的成本就越高，溢出效应就越小，故本章将上海市区域划分为新静安区及与其相邻的辖区、不与新静安区相邻的辖区两类，采用陆毅等（Lu et al.，2019）的做法，对溢出效应进行了估计，估计方程如下：

$$\ln price_{irt} = \beta_0 + \beta_1 Adjustment_{irt} + \beta_2 Adjustment_{irt} \times near_r + \beta_3 Controls_{irt} + \delta_r + \gamma_t + \varepsilon_{irt}$$
$$(9-19)$$

其中，$Adjustment_{irt}$ 定义与前述一致，若小区 r 位于新静安区或与其相邻的辖区，则 $near_r$ 取 1，否则取 0。则 β_1 衡量了在考虑溢出效应的情况下城市辖区合并对房价的影响，β_2 估计了溢出效应的大小。

9.5 实证结果

9.5.1 城市辖区合并对房价的总体影响

本章利用式（9-16）估计了静安区和闸北区合并对两区房价的整体影响，结果如表 9-3 所示。第（1）列结果表明，在不控制其他变量的条件下，两区合并使得合并区域整体房价短期内显著上升了 2.89%。第（2）列表明，在控制了房屋属性特征之后，得到的两区合并对合并区域整体房价的推升幅度为 2.39%，仍在 1% 水平上显著。这与理论分析部分推论三的结论是完全一致的。为进一步控制不同区位对于房价的影响，本章将样本范围缩小到距离新静安区边界小于 5km、3km、2km 的房屋交易数据，结果如第（3）~（5）列所示，随着距离行政区划边界越近，城市辖区合并对房价的影响在逐渐减弱，系数由 2.00% 缩小至 1.63%。

表 9 – 3　　　　　　　　　　两区合并对房价的总体影响

	(1)	(2)	(3)	(4)	(5)
Adjustment	0.0289 *** (0.0085)	0.0239 *** (0.0080)	0.0200 ** (0.0086)	0.0170 * (0.0089)	0.0163 * (0.0099)
控制变量	否	是	是	是	是
边界距离 (km)	否	否	5	3	2
时间固定效应	是	是	是	是	是
小区固定效应	是	是	是	是	是
样本量	37212	37212	13521	10527	7613
调整后的 R^2	0.9260	0.9365	0.9045	0.8999	0.8970

注：括号内为标准误，显著性水平分别为 *** $p < 0.01$、** $p < 0.05$、* $p < 0.1$。控制变量包括卧室数、卫生间数、户梯比、房间朝向、电梯配备、楼龄及楼层等。下表同。

资料来源：笔者计算而得。

9.5.2　城市辖区合并对房价的差异影响

根据理论分析，两区合并会改变两辖区的长期集聚效应和公共服务的相对水平，导致两辖区居住便利性和生产便利性的不同变化，进而对原闸北区和原静安区的房价产生差异化影响。

基于式（9 – 16），加入 Adjustment 与是否位于原静安区的交互项，表 9 – 4 估计了两区合并对原静安区和原闸北区房价的差异化影响。在不控制行政边界距离时，第（1）列表明，两区合并使得原闸北区房价显著上升 4.76%，但是原静安区相较于原闸北区的变化显著下降 5.29%，由此可得两区合并对原静安区房价的影响大约为 − 0.53%。但该影响仅为对原闸北区房价影响的十分之一左右，且无法仅通过系数大小判断是否显著，因此两区合并对原静安区的影响是否显著还需进一步检验。第（2）~（4）列控制边界距离的结果表明两区合并对原闸北区和原静安区房价的影响仍然保持稳健。

考虑到不同行政区经济发展水平、人口特征、房地产市场等差异，本章进一步选取宝山区作为原闸北区的控制组，长宁区作为原静安区的控制组，分样本探讨了城市辖区合并对被撤并区房价的影响。对原闸北区来说，从表 9 – 5 第（2）列可知，在控制房屋属性特征后，静安区和闸北区的合并使得原闸北区房价短期内显著提升 4.98%。在控制了边界距离后，结果仍保持稳健，两区合并对原闸北区房价的拉动在 4.06% 以上。这表明静安区和闸北区的合并对经济社会发展相对落后的原闸北区的房价短期内产生了显著的推动作用。该结果与理论分析部分的推论一完全吻合。

表 9 - 4　　　　　　　　两区合并对原静安区和原闸北区房价的差异化影响

	（1）	（2）	（3）	（4）
Adjustment	0.0476 *** （0.0072）	0.0438 *** （0.0079）	0.0414 *** （0.0083）	0.0408 *** （0.0092）
Adjustment × 静安	- 0.0529 *** （0.0137）	- 0.0529 *** （0.0138）	- 0.0545 *** （0.0139）	- 0.0547 *** （0.0139）
控制变量	是	是	是	是
边界距离（km）	否	5	3	2
时间固定效应	是	是	是	是
小区固定效应	是	是	是	是
样本量	37212	13521	10527	7613
调整后的 R^2	0.9366	0.9047	0.9002	0.8973

资料来源：笔者计算而得。

表 9 - 5　　　　　　　　两区合并对原闸北区房价的影响

	（1）	（2）	（3）	（4）	（5）
Adjustment	0.0563 *** （0.0105）	0.0498 *** （0.0099）	0.0526 *** （0.0101）	0.0568 *** （0.0130）	0.0406 ** （0.0174）
控制变量	否	是	是	是	是
边界距离（km）	否	否	5	3	2
时间固定效应	是	是	是	是	是
小区固定效应	是	是	是	是	是
样本量	4771	4771	3634	2585	1859
调整后的 R^2	0.8650	0.8961	0.8906	0.8523	0.7797

资料来源：笔者计算而得。

对原静安区来说，表9-6结果表明，不管是否控制房屋属性及行政区划边界范围，城市辖区合并对于相对发达的原静安区房价都没有显著影响，且系数接近于0。两区合并使得较发达的原静安区同时面临两种相互抵销的房价预期，即公共服务稀释效应对房价的负向影响以及集聚效应和经济增长对房价的正向影响，导致两区合并对于较发达的原静安区房价并未产生显著性影响。该结果意味着，较发达的原静安区的房价上涨压力并未因两区合并而缓解。

表9-6　　　　　　　　　　　　两区合并对原静安区房价的影响

	（1）	（2）	（3）	（4）	（5）
Adjustment	0.0121 （0.0126）	0.0065 （0.0152）	0.0041 （0.0154）	0.0081 （0.0159）	0.0209 （0.0180）
控制变量	否	是	是	是	是
边界距离（km）	否	否	5	3	2
时间固定效应	是	是	是	是	是
小区固定效应	是	是	是	是	是
样本量	3110	3110	2809	2017	1449
调整后的 R^2	0.8369	0.8572	0.8402	0.8399	0.8258

资料来源：笔者计算而得。

9.5.3　城市辖区合并对房价影响的边界效应

静安区和闸北区合并导致了边界在行政区划意义上的消失。对房地产市场而言，静安区和闸北区在边界上的鸿沟是否随两区合并在短期内消失呢？为此，本章进一步验证了两区合并带来的边界效应的变化。本章划分了两区合并前和合并后两组，并按式（9-17）进行了精确断点回归，结果如表9-7所示。根据盖尔曼和因本斯（Gelman and Imbens，2019）的建议，本章分别采取驱动变量的一次项和二次项进行估计。为控制区位因素的影响，本章进一步将样本限制在两区行政边界两侧各5km、3km范围内。

从表9-7的前两列可以看出，两区合并前后，行政区划的边界效应都是存在的。在采取驱动变量的一次项时，两区合并之前，原静安区房价相较原闸北区高49.42%，但两区合并后，该差距缩小至25.74%。在加入驱动变量的二次项及限制边界距离为3km后，结果仍保持稳健，两区房价差异由26.34%

下降至 15.05%。这表明，两区合并打破了行政边界壁垒，使得经济要素资源和公共服务再配置成为可能，改变了居民对房价变动的预期，进而使得两区房价差异短期内显著下降。但由于区位房地产品质差异及公共服务调整和经济协同存在时滞，原静安区和原闸北区的房价差异并未随着行政区划边界的取消而短期消失。

表 9 - 7 　　　　　　　　　　　两区合并对房价影响的边界效应

| | （1） | （2） | （3） | （4） | （5） | （6） |
	合并后	合并前	合并后	合并前	合并后	合并前
静安	0.2574 ***	0.4942 ***	0.1961 ***	0.2982 ***	0.1505 *	0.2634 ***
	（0.0652）	（0.0831）	（0.0739）	（0.0826）	（0.0778）	（0.0850）
驱动变量阶数	1	1	2	2	2	2
控制变量	是	是	是	是	是	是
带宽（km）	否	否	5	5	3	3
时间固定效应	是	是	是	是	是	是
商圈固定效应	是	是	是	是	是	是
样本量	1472	669	1073	588	821	436
调整后的 R^2	0.7295	0.6238	0.5687	0.5658	0.4904	0.5314

资料来源：笔者计算而得。

9.5.4　动态效应

前文结果表明，两区合并短期内并未缓解相对发达辖区的房价上涨压力，对相对欠发达辖区的房价存在提升作用，对合并区域整体房价也有一定的推升。随着时间推移，要素集聚和公共服务变动的逐渐显现可能进一步强化城市辖区合并对房价的推动作用。为验证该推测以及采取 2015 年 9 月作为政策实施点的合理性，本章利用式（9 - 18）检验了城市辖区合并对房价影响的动态效应。

从表 9 - 8 的第（1）列可以看出，整体而言，自 2015 年 10 月份开始，城市辖区合并对于房价的提升作用在不断扩大，由 2.39% 上升至 4.53%。在进一步控制边界距离后，结果仍比较稳健。对原闸北区而言，在采用宝山区作为控制组时，第（4）~（6）列结果表明，随着时间推移，城市辖区合并对房价的提升作用逐渐显著，由 2015 年 10 月的 2.82% 跃升至 11 月的 5.34%，最后提升至 7.16%。

表 9 – 8　　　　　　　　　　　　两区合并对房价影响的动态效应

	整体			闸北宝山		
	（1）	（2）	（3）	（4）	（5）	（6）
Adjustment – 4	– 0. 0034 （0. 0137）	0. 0021 （0. 0147）	0. 0078 （0. 0152）	– 0. 0351 （0. 0216）	– 0. 0381 * （0. 0219）	– 0. 0338 （0. 0281）
Adjustment – 3	0. 0018 （0. 0111）	– 0. 0038 （0. 0124）	0. 0079 （0. 0127）	– 0. 0367 ** （0. 0175）	– 0. 0419 ** （0. 0184）	– 0. 0283 （0. 0224）
Adjustment – 2	0. 0147 （0. 0170）	0. 0118 （0. 0183）	0. 0174 （0. 0194）	– 0. 0012 （0. 0166）	– 0. 0115 （0. 0171）	– 0. 0093 （0. 0237）
Adjustment – 1	0. 0030 （0. 0117）	0. 0029 （0. 0126）	0. 0045 （0. 0130）	0. 0095 （0. 0158）	0. 0006 （0. 0163）	0. 0101 （0. 0235）
Adjustment1	0. 0239 * （0. 0126）	0. 0231 * （0. 0135）	0. 0240 * （0. 0139）	0. 0388 ** （0. 0161）	0. 0307 * （0. 0165）	0. 0282 （0. 0229）
Adjustment2	0. 0312 *** （0. 0105）	0. 0277 ** （0. 0115）	0. 0272 ** （0. 0119）	0. 0399 *** （0. 0145）	0. 0358 ** （0. 0149）	0. 0534 *** （0. 0206）
Adjustment3	0. 0304 ** （0. 0118）	0. 0219 * （0. 0128）	0. 0258 ** （0. 0131）	0. 0411 *** （0. 0139）	0. 0428 *** （0. 0144）	0. 0449 ** （0. 0202）
Adjustment4	0. 0338 ** （0. 0135）	0. 0259 * （0. 0145）	0. 0306 ** （0. 0149）	0. 0451 *** （0. 0172）	0. 0450 ** （0. 0185）	0. 0502 ** （0. 0245）
Adjustment5	0. 0453 *** （0. 0173）	0. 0387 ** （0. 0185）	0. 0452 ** （0. 0189）	0. 0437 ** （0. 0190）	0. 0574 *** （0. 0205）	0. 0716 *** （0. 0258）
控制变量	是	是	是	是	是	是
边界距离（km）	否	5	3	否	5	3
时间固定效应	是	是	是	是	是	是
小区固定效应	是	是	是	是	是	是
样本量	37212	13521	10527	4771	3634	2585
调整后的 R^2	0. 9365	0. 9045	0. 9000	0. 8962	0. 8909	0. 8527

资料来源：笔者计算而得。

9.5.5　机制分析

按照理论模型，辖区合并会改变两辖区的居住便利性和生产便利性，进而通过公共服务和集聚机制影响房价。短期内房价变动是否遵循了上述理论机制，我们将在这部分给出验证。

（1）城市辖区合并与公共服务水平

城市辖区合并打破了原辖区之间的行政边界限制，使原公共服务水平较差的辖区得以分享另一辖区的优质公共服务，进而通过公共服务正外部性机制资本化到房价中（Oates，1969）。公共服务种类繁多，难以直接量化其数量和质量，且对不同公共服务进行加总较为困难。具体到静安区和闸北区的合并案例，更面临数据可得性限制。但是，通过一些间接证据，仍可验证两区合并是否会通过影响公共服务的机制来影响房价。本章根据原闸北区与原静安区的住宅到辖区边界的距离进行了异质性分析。从理论上而言，对原闸北区住宅而言，距离原静安区越近，越容易享受原静安区教育、医疗等公共服务；对于原静安区住宅而言，距离原闸北区越近则越可能面临公共服务的稀释。因此，若城市辖区合并提高了较落后的原闸北区的公共服务水平，进而提高了原闸北区居住便利性，则城市辖区合并对距离原静安区更近的原闸北区房价正向推动作用更明显，对距离原闸北区更近的原静安区住宅的负向影响更大。

为验证该机制，本章根据原静安和原闸北住宅到不同边界的距离进行了划分。对于原静安区住宅而言，本章以长宁区住宅作为控制组，分别选取距离原闸北区边界 0.5km 和 2km 范围内的住宅（"近距离 0.5km"组和"近距离 2km"组）及距离长宁区边界 2km 范围内的住宅（"远距离"组）作为处理组进行了分析，结果如表 9 - 9 第（1）~（3）列所示。结果表明，两区合并对原静安区靠近两区边界的房价产生负向影响，且越靠近此边界该负向影响越显著；但两区合并对原静安区远离两区边界的房价则有非显著的正向影响。这印证了原静安区公共产品在合并后的稀释效应。对于原闸北区住宅而言，本章则以宝山区住宅作为控制组，分别选取距离原静安区边界 0.5km 和 2km 范围内的住宅（"近距离 0.5km"组和"近距离 2km"组）以及距离宝山区边界 2km 范围内的住宅（"远距离"组）作为处理组进行了异质性分析，结果如表 9 - 9 第（4）~（6）列所示。结果表明，两区合并使得原闸北区距离两区边界 0.5km 和 2km 范围内房价分别显著上升了 4.61% 和 4.33%，使得距离宝山区边界 2km 范围内（远离静安和闸北边界）的房价上升了 3.54%。这印证了辖区合并使落后辖区得以分享发达辖区优质公共服务，进而推升落后辖区房价的机制。

（2）城市辖区合并与集聚效应、经济发展

由于数据可得性限制，本部分仅针对新静安区整体，采用阿巴迪和盖登扎巴尔（Abadie and Gardeazabal，2003）提出的合成控制法分析了城市辖区合并对集聚水平和经济发展的长期影响。合成控制法通过选取一系列控制变量并赋予权重，构建出"反事实"控制组，通过比较真实处理组与合成控制组之间的差异来评估政策效果。本章将新静安区整体设为处理组，其他未发生行政区划调整的市辖区作为控制组，利用 2006~2018 年上海市各市辖区数据进行了分析。通过《上海市统计年鉴》以及各区统计公报，本章选取人口密度、外贸开放度、产业结构、资本投入水平及一般公共财政预算支出等作为控制变量。其中，外贸开放度由出口总额占 GDP 比重衡量，产业结构由第三产业增加值占 GDP 比重衡量，资本投入水平由全社会固定资产投资额占 GDP 比重表示，价格均按照 2006 年不变价进行了调整。两区合并前的新静安区数据由原静安区和原闸北区相加得到。剔除统计数据缺失较多的虹口区及其他发生过行政区划调整的辖区后，共得到 11 个市辖区成为控制组。

表 9－9　　　　　　　　两辖区合并对房价影响的异质性分析

	原静安区			原闸北区		
	近距离 0.5km	近距离 2km	远距离	近距离 0.5km	近距离 2km	远距离
	(1)	(2)	(3)	(4)	(5)	(6)
Adjustment	−0.0371 * (0.0222)	−0.0013 (0.0165)	0.0182 (0.0153)	0.0461 * (0.0268)	0.0433 *** (0.0150)	0.0354 ** (0.0156)
控制变量	是	是	是	是	是	是
边界距离（km）	0.5	2	2	0.5	2	2
时间固定效应	是	是	是	是	是	是
小区固定效应	是	是	是	是	是	是
样本量	2453	2956	2898	3484	3754	3998
调整后的 R^2	0.8497	0.8600	0.8514	0.8431	0.8727	0.8373

资料来源：笔者计算而得。

我们先分析两区合并对新静安区经济发展的影响，被解释变量为 GDP 的自然对数，结果如图 9－1 所示。在两区合并之前，新静安区范围内的 GDP 实际变化路径与合成的新静安区 GDP 变化路径基本重合，说明合成的新静安区较好地拟合了新静安区的 GDP 变动。但两区合并后，新静安区的 GDP 变动曲线始终位于合成的曲线之上，表明新静安区的 GDP 增长高于合成的新静安区。因此，两市辖区合并确实推动了新静安区的经济发展，短期内新静安区房价的上涨是市场对辖区合并推动区域长期经济增长的即时反应。

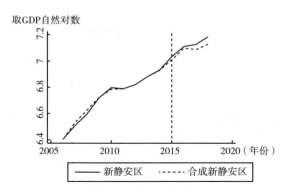

图9-1 城市辖区合并对经济发展的影响

资料来源：笔者绘制。

本章还检验了两区合并对新静安区资本与人口集聚水平的影响。在考察两区合并对新静安区资本集聚的影响上，本章借鉴汪冲（2012）的做法，被解释变量为固定资产投资额的自然对数，结果如图9-2（a）所示。可以看出，两区合并之前，合成的曲线较好地拟合了新静安区固定资产投资的变动。两区合并之后，新静安区的固定资产投资在当年及随后两年发生了大幅上涨。在考察两区合并对人口集聚的影响上，本章利用外来人口数据进行了估计，结果见图9-2（b）。可以看出，在两区合并之前，合成的新静安区较好地拟合了新静安区外来人口规模的变动；两区合并之后，新静安区的外来人口规模变动虽然较小，但曲线始终位于合成的新静安区上方，说明两区合并在一定程度上促进了外来人口集聚。因此，两区合并在长期内推动了新静安区的资本投入，促进了外来人口流入。短期内新静安区房价的上涨也是市场对辖区合并推动区域资本和人口集聚的即时反应。

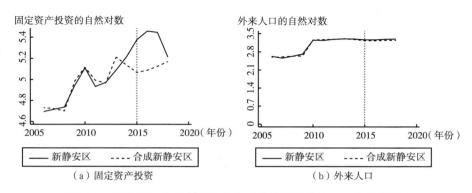

图9-2 城市辖区合并对固定资产投资水平和外来人口规模的影响

资料来源：笔者绘制。

9.6 稳健性检验

9.6.1 平行趋势检验

本章采取双重差分法估计了两区合并对房价的影响。但是，双重差分法的有效性依赖于平行趋势假设，即如果不存在两区合并的外部冲击，处理组和控制组的房价变化趋势是平行的。本章动态效应回归的结果，验证了平行趋势假设。由表 9-8 第（1）~（3）列可以看出，整体而言，在政策实施前，系数均接近于 0 且不显著，这表明在政策实施前，处理组相较于控制组的房价并不存在显著差异，验证了平行趋势假设的成立。对于闸北区来说，从第（4）~（6）列可以看出，平行趋势假设基本成立，虽然 Adjustment - 3 在未控制边界距离和 5km 边界范围内时显著，但是当边界距离进一步控制到 3km 后则不存在显著差异，且结果仍保持稳健。综上，本章认为平行趋势假设基本成立。

9.6.2 安慰剂检验

为进一步验证处理组和控制组的房价差异确实是由于城市辖区合并造成的，本章进行了安慰剂检验。本章选取 2015 年 7 月作为假想的政策实施时间，重新估计城市辖区合并对房价的影响。结果表明，不管是否控制房屋属性特征，是否控制边界范围，城市辖区合并都未对房价产生显著影响。

同时，本章假设合并发生在普陀区和长宁区，构造了假想的处理组，再次估计了城市辖区合并对房价的影响（见表 9-10）。结果表明，在假想条件下，不管是否控制边界范围，城市辖区合并的影响都不显著。这表明确实是由于静安区和闸北区的合并导致了房价上升，进一步证明了结果的稳健性。

表 9-10　　　　　　　　假想的政策实施时间和处理组：微观证据

	（1）	（2）	（3）	（4）	（5）	（6）	（7）	（8）
Adjustment	0.015 (0.011)	0.012 (0.011)	0.005 (0.012)	0.012 (0.013)	0.002 (0.005)	-0.001 (0.007)	-0.003 (0.008)	-0.008 (0.009)
控制变量	Yes	Yes	Yes	Yes	Yes	Yes	Yes	Yes

续表

	(1)	(2)	(3)	(4)	(5)	(6)	(7)	(8)
边界距离	No	50	30	20	No	50	30	20
时间固定效应	Yes	Yes	Yes	Yes	Yes	Yes	Yes	Yes
小区固定效应	Yes	Yes	Yes	Yes	Yes	Yes	Yes	Yes
样本量	8140	3839	3032	2205	35071	7324	5572	3933
调整后的 R^2	0.9328	0.8778	0.8725	0.8653	0.9352	0.8823	0.8908	0.9079

资料来源：笔者计算而得。

9.6.3　控制组有效性检验

（1）更换控制组。针对原闸北区，本章将控制组更换为虹口区。结果表明，不管是否控制边界距离，两辖区合并都使得原闸北区房价在短期内显著上升了4.94%。针对原静安区，本章将控制组更换为徐汇区。结果表明，城市辖区合并对于原静安区房价并无显著影响。

（2）溢出效应。考虑到静安区和闸北区合并对其他相邻区的房价可能存在溢出效应，本章借助不与新静安区相邻的区县数据，利用式（9-19）进行了溢出效应估计，结果仍保持稳健，且 Adjustment 与 near 的交互项均不显著且接近于0，表明城市辖区合并对房价影响的溢出效应并不严重，进一步验证了结果的稳健性（见表9-11）。

表 9-11　　　　　　　更换控制组后城市辖区合并对房价的影响

	(1)	(2)	(3)	(4)	(5)	(6)	(7)	(8)
Adjustment	0.049 *** (0.011)	0.049 *** (0.011)	0.050 *** (0.012)	0.061 *** (0.013)	-0.005 (0.012)	-0.009 (0.012)	-0.016 (0.013)	-0.028 (0.025)
控制变量	Yes	Yes	Yes	Yes	Yes	Yes	Yes	Yes
边界距离	No	50	30	20	No	50	30	20
时间固定效应	Yes	Yes	Yes	Yes	Yes	Yes	Yes	Yes
小区固定效应	Yes	Yes	Yes	Yes	Yes	Yes	Yes	Yes
样本量	2642	2642	2500	1902	3865	2768	1939	890
调整后的 R^2	0.8813	0.8813	0.8815	0.8845	0.8868	0.8459	0.8530	0.8193

资料来源：笔者计算而得。

9.6.4 城市辖区合并影响房价的宏观证据

为验证城市辖区合并影响相关区域房价并非上海的特例，本章还进一步利用 2012~2017 年全国城市辖区月度房价数据及城市辖区经济特征数据估计了城市辖区合并对于房价的影响，结果如表 9 - 12 所示。Panel A 的第（1）列结果表明，对整体而言，城市辖区合并使得合并后的整个合并区域房价上升了 12.17%。为了保证城市辖区房价的平行趋势更可能成立，本章进一步将样本限制在发生城市辖区合并的省份的所有城市辖区及发生城市辖区合并的城市的所有城市辖区，结果表明城市辖区合并对于房价的推升幅度在 8.45% 以上。这与理论分析部分的推论三是一致的。

表 9 - 12　　　城市辖区合并对房价的影响：全国城市辖区数据的证据

	（1）	（2）	（3）
	整体	发生合并省份	发生合并城市
Panel A：城市辖区合并对整体房价的影响			
Adjustment	0.1217 ** （0.0567）	0.1329 ** （0.0600）	0.0845 ** （0.0393）
样本量	31024	14288	3581
调整后的 R^2	0.9545	0.9671	0.9787
Panel B：城市辖区合并对原较发达市辖区房价的影响			
Adjustment	0.0495 （0.0916）	0.0265 （0.0908）	0.0477 （0.0525）
样本量	30179	13443	2736
调整后的 R^2	0.9545	0.9690	0.9816
Panel C：城市辖区合并对原较落后市辖区房价的影响			
Adjustment	0.1496 ** （0.0724）	0.1662 ** （0.0803）	0.0911 ** （0.0446）
控制变量	是	是	是
城市辖区固定效应	是	是	是
时间固定效应	是	是	是
样本量	30386	13650	2943
调整后的 R^2	0.9541	0.9677	0.9811

资料来源：笔者计算而得。

为了进一步验证推论一和推论二，本章将发生城市辖区合并的区域划分为原较为发达和较为落后的市辖区。鉴于城市辖区统计数据可得性限制，本章按照户籍人口的人均 GDP 的高低进行划分，数据均来自各市年鉴或统计年鉴。Panel B 和 Panel C 的第（1）列结果表明，城市辖区合并使得原较发达市辖区的房价上升了 4.95%，但是并不显著，使得原较落后的市辖区房价显著上升了 14.96%。在逐渐限制样本至发生城市辖区合并的城市后，结果仍保持稳健。这与理论分析部分的推论一和推论二也是一致的。上述结果进一步佐证了前文的微观实证证据。本章也进行了宏观实证证据的稳健性检验，结果仍比较稳健，限于文章篇幅不再赘述。

9.7　结论和政策建议

城市辖区合并是大城市优化行政区划设置的重要措施，在"房住不炒""稳预期"的背景下，准确测度其对相关区域房价的影响幅度并探讨其背后的理论机制，有重要的学术和政策意义。本章从公共服务资本化、经济集聚和外部性理论角度，构建了城市辖区合并影响房价的理论模型。模型表明，城市辖区合并后，（1）原较落后辖区的房价会同时受到生产便利性提高以及分享原较发达辖区的公共服务导致居住便利性提高的影响，合并对原较落后辖区房价有正向影响；（2）原较发达辖区的房价会同时受到生产便利性提高的正向影响以及存量公共服务稀释效应的负向影响，合并对原较发达辖区房价的影响并不确定；（3）在城市辖区合并后的短期内，合并辖区总的公共服务存量并不会改变，但由于生产便利性的提高，城市辖区合并会整体推高合并辖区的整体相对房价水平。由于辖区合并政策的不可逆性，市场会形成稳定性预期，辖区合并对房价的影响会在短期内集中释放。本章利用上海市二手房微观交易数据以及全国数据实证检验了城市辖区合并对相关区域房价的影响，并检验了产生这种影响的机制。实证结果与理论模型分析的结论高度一致。

本章的实证结果具体包括以下方面：（1）静安区和闸北区的合并使得合并区域的房价短期内整体上升了 2.39%，使较落后的原闸北区房价短期内显著上升了 4.98%，但该合并并未缓解原来较发达的静安区的房价上涨压力；（2）静安区和闸北区之间的房价存在由行政区划边界导致的边界效应。两区合并打破了原有行政区划分割，短期内边界效应有明显下降，但并未消失。精确断点回归显示，两区合并使得两区房价的边界效应由 26.34% 下降至 15.05%。这可能是由于两区房地产品质差异及公共服务和经济协同的时滞性导致的；（3）两区合并短期内迅速推升了原较落后的闸北区的房价，且随时间推移，合并对原闸北区房价的影响逐渐扩大；（4）机制分析表明，两区合并提高了原闸北区公共服务水平，促进了新静安区集聚效应的发挥，推动了新静安区经济发展，进而对房价产生了正向推动作用。该结果表明，两区合并初期舆论对房价的"预言"并未完全符合实际情况。基于全国数据，本章发现城市辖区合并对相关辖区房价的影响与上海市的案例结果类似。

基于本章的模型和实证结果，本章可以得到四个方面的政策启示。（1）对于辖区细碎化的大城市，辖区合并有助于要素集聚和公共产品分享，政府可有序推进部分辖区合并，优化行政区划设置。但在辖区合并前，政府应渐进式打破辖区间的藩篱，推动优质公共服务在全市范围的共享，避免合并引发的房价大幅波动。（2）应注重通过财政手段缩小相对落后的辖区与相对发达辖区之间的差距，促进区域协调发展，避免落后辖区仅成为辖区合并的土地供给者。（3）在实施部分辖区合并后，地方政府仍应出台针对合并辖区的配套政策（比如公共产品投资、鼓励要素流入等），促进未合并辖区的经济发展和民生改善，避免市场形成合并区域将出现经济极化现象的预期，进而达到稳定房价预期的目的。（4）在政府推出辖区方案时应全面评估，避免在房价上涨较快时期推出辖区合并方案，同时加强舆论引导，避免楼市形成炒作辖区合并议题的市场氛围。

第 10 章

学区政策调整对房地产区位价值的影响：
以北京"中考锁区"为例

10.1 导　　言

中国是世界上人口最多的国家，教育资源竞争激烈。2018 年，中国只有不到 1.68% 的高中毕业生能够进入属于"985 工程"的高校。由于进入重点高中被视为进入名牌大学的垫脚石，重点高中资源的稀缺也是导致学区房的价格极其高昂的重要原因。为缓解择校行为，保护教育公平，中国的地方政府过去二十年间出台了多项政策；然而，这些政策并没有取得预期的效果。2015 年 3 月 19 日，北京市政府颁布了"中考锁区政策"，这项政策几乎停止了西城区、东城区和海淀区的高中向其他地区的学生提供招生名额，而众所周知，西城区、东城区和海淀区是北京最优秀的高中所在地。这意味着这三个区的学校只能招收住在本区内的学生。与此相对，缺乏重点高中的区则可以招收其他地区的学生。"中考锁区"如何影响上述地区的房价是一个值得探讨的重要问题。

在过去，北京的学生可以选择不在他们居住的区的高中。也就是说，丰台区的一名学生有机会通过中考进入海淀区或西城区的一所重点高中，假设他们在上述考试中表现出色。就读于重点高中能增加学生进入名牌大学（如"985 工程"大学）的机会，而这可以给他们提供更好的工作机会，从而获得更高的工资和更好的生活质量。尽管过去北京市高中招生标准在不同的区之间并不平等，但西城区、东城区、海淀区的重点高中允许招收一定数量的区外学生。

然而，自 2015 年以来，由于"中考锁区"政策在西城区、东城区和海淀区的颁布，北京的中考制度发生了很大变化，除定向扶持远郊区县单独计划外，这三个区的重点高中不被允许招收其他地区的学生。此外，西城区、东城区和海淀区之间也不允许跨区招生。

"中考锁区"在促进重点高中附近的住房市场方面发挥着重要作用。2016 年 ~ 2019 年间，清华大学和北京大学（中国排名前两位的大学）在北京招收的 90% 以上的学生曾就读于"中考锁区"锁定的三个区的重点高中。① 这意味着居住在西城区、东城区和海淀区以外的学生几乎没有机会进入重点高中，因为他们所在的地区的教育资源相对较差。他们能进入这些重点高中的唯一途径是他们的父母在上述城区购买住房。因此，在 2015 年 3 月之后，许多在锁定区之外的家长涌入西城区、东城区和海淀区购买住房，以增加他们的孩子进入重点高中的机会。可以预见的是，这导致了这三个区的住房需求和房价大幅上升。锁定区和未锁定区之间的房价差距不断加大，成为一种趋势，这种趋势很可能在未来几代人中继续下去。图 10 - 1 显示了锁定区和未锁定区的房价动态变化。

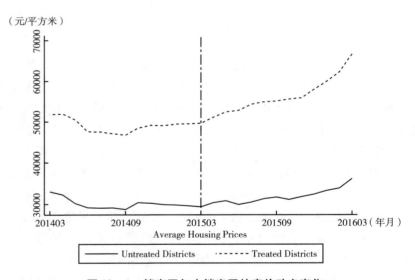

图 10 - 1　锁定区与未锁定区的房价动态变化

资料来源：笔者绘制。

虽然学校质量在房价中的资本化问题在经济学领域已经受到了广泛关注，但我们的研究旨在从多个方面为这一领域做出贡献。首先，以往的文献大多关注小学以及与其相关的政策。"中考锁区"政策与小学或初中无关，而重点高中的招

---

① 数据来源：清华大学和北京大学本科招生办公室。

生却受到这一政策的严格限制。这项针对北京的政策为研究重点高中对房价的影响提供了难得的机会。第二，将"中考锁区"政策作为估计重点高中入学机会的价值中的一个外生冲击，可以解决可能由反向因果关系产生的潜在的内生性问题。因此，"中考锁区"的颁布为我们提供了一个基准，以便在这种因果循环之外，更准确地衡量重点高中对房价的影响。因此，我们的研究提供了一个比以往使用传统特征模型的研究更可靠的对精英学校入学价值的估计，因为以往的研究不能控制在确定支付意愿中供给端的变化。第三，以往的研究将择校动机归因于追求高质量的教育，如学术环境、教师素质、设施、学科、学校/班级规模（Schneider et al.，2006）和同伴效应（Hoxby，2001）。本研究通过评估"中考锁区"对房价的影响，发现对未来的教育机会的追求是择校的一个重要动机，因为重点高中是通往顶尖大学和高薪工作的垫脚石。父母乐于为孩子创造更好的机会。第四，以前的文献依赖由于行政和/或地理边界产生的不连续性来控制未观察到的异质性（Gibbons and Machin，2003；2006；Fack and Grenet，2010；Gibbons et al.，2013；Wen et al.，2019；Chan et al.，2020）。这些研究主要依靠静态数据。然而，未观察到的异质性会随时间而变化；特别地，异质性会通过政策制定而改变。我们的研究不同于以往文献中基于双重查分（DID）和断点回归（RD）方法的动态分析。并且，我们使用了一个可信的二手房交易微观数据，这个数据包括了详细的房产特征和房屋的地理信息。数据以天为单位，这使我们能够及时发现房价的变化。微观数据丰富的信息保证了研究结果的可靠性。[①]

10.2 相关研究回顾

公共物品的资本化是房价的重要组成部分。著名的 Tiebout 假说表明，当个人有机会时，他们会根据当地公共物品与税收的组合来选择居住地（Tiebout，1956）。奥茨（Oates，1969）通过研究地方房地产税、地方公共支出和房地产价值之间的关系，证实了这一假设。

学校质量对房价的影响在经济学中受到了广泛的关注。几项研究（Downes

---

① 与西方国家的家庭住宅不同，北京的住房主要是公寓。通常，每个社区都由一家房地产公司开发，由风格相似的多层建筑组成，每栋建筑有几十到几百套公寓。因此，与西方家庭住宅相比，一个特定社区内的公寓之间是互为替代品的关系。此外，小区与相应学校之间存在一一的对应关系。这种一一对应意味着，对我们的实证分析而言，小区的固定效应在捕获大多数未观察到的异质性方面是有效的。

and Zabel, 2002; Gibbons and Machin, 2003; Cheshire and Sheppard, 2004; Bayer et al., 2007; Weber et al., 2016; Wen et al., 2019) 尝试运用罗森（Rosen, 1974）开发的特征价格模型评估学校质量。这些研究一致发现，在学校质量较高的地方，住房估价明显较高（Machin, 2011）。一般来说，学校质量的价值取决于两个方面：教育质量和同伴效应（Peer Effect）。许多指标用于衡量教育质量，包括学生的考试成绩、学术环境、教师质量、设施、学科和学校/班级规模（Schneider et al., 2006）。尽管使用了不同的数据和固定效应策略，但大多数研究报告了类似的结果：学生考试分数每增加一个标准差，住房价值就会增加1% ~ 4%（Nguyen-Hoang and Yinger, 2011）。同伴效应包括其他儿童通过其活动、行为和态度对一个特定儿童可能产生的广泛影响，这会对他们的个人成就施加影响（Burke and Sass, 2013）。勒格威尔和瓦尔什（LeGower and Walsh, 2017）指出，同伴效应在影响房价方面发挥了作用。此外，布雷森顿和豪瑞（Brasington and Haurin, 2009）根据俄亥俄州的房地产交易数据研究发现同伴效应影响房地产价值。考虑到当地社区是由"消费者选民"选择的，以满足他们对当地提供的产品与服务的偏好（Tiebout, 1956），高质量的学校从逻辑上讲对潜在购房者具有吸引力，尤其是对于那些有学龄儿童的家庭（Barrow, 2002）。由于短期内住房供给相对固定，他们的住房需求往往得不到充分满足，从而有高质量学校的社区的房产会产生溢价。除了教育质量和同伴效应外，父母对未来的精英教育机会的付费也是房价的重要组成部分。然而，以往的文献很少讨论高中教育机会对房地产市场的影响。本研究旨在填补这一空白。

关于学校质量对房价影响的研究往往面临着未观察到的异质性。为了解决这个问题，以前的文献都依赖于工具变量方法和边界效应分析。维梅尔和沃克夫（Weimer and Wolkoff, 2001）以及吉本斯和马钦（Gibbons and Machin, 2003）使用工具变量来处理未观察到的异质性。然而，不完全识别对该方法来说是一个挑战。继布莱克（Black, 1999）之后，许多研究依赖行政和/或地理边界造成的断点来控制未观察到的异质性（Gibbons and Machin, 2003, 2006; Fack and Grenet, 2010; Gibbons et al., 2013; Chan et al., 2020）。这种方法依赖于两个假设，第一个假设，均价的差异归因于学校的差异，因为这些房产的所有未被观察到的特征都均匀地分布在边界上。如果这一假设不成立，不可观察的跨边界差异（如小区质量）将会导致对学校质量对财产价值影响的有偏估计（Bayer et al., 2007; Clapp et al., 2008; Dhar and Ross, 2012）。第二个假设，学校质量的配置变量可以通过行政和/或地理边界清楚地确定。然而，在许多中国城市，学校区域在空间上不一定是连续的，学校区域也很难通过行政和/或地理边界来确定。①

近年来，在研究学校质量对房价的影响时，一种准实验方法被用来处理未观察到的异质性。在一些研究中，最常用的准实验识别方法是跨区公开招生政策（Reback，2005；Schwartz et al.，2014；Brunner et al.，2012；Bonilla-Mejía et al.，2020）。区内公开招生政策的研究也得出了类似的结论：有低质量学校的地区的平均房价上涨，有高质量学校的地区的平均房价下降。除了公开招生政策外，还采用了其他识别方法，包括开设新的特许学校（Andreyeva and Patrick，2017）、学校重新划区（Bogart and Cromwell，2000）、学校重新分区（Ries and Somerville，2010）、学校搬迁（Andreyeva and Patrick，2017），以及引入国家管理的学校评级制度（Figlio and Lucas，2004）。此外，温海珍等（Wen et al.，2017）还讨论了"零择校"政策对中国房价的影响。然而，以往的研究大多集中在针对小学或整个 K–12 教育的政策上，而针对高中的政策却鲜有讨论。本研究探索了一种完全不同的方法（以"中考锁区"政策为工具）来评估北京市一所重点高中入学机会的价值。"中考锁区"政策是一项独特的政策，它不影响教育质量，而是影响进入重点高中的机会。这一政策为我们提供了一个机会，用来探究家长在为子女争取重点高中教育机会时的择校选择。

一些研究对我国的学区问题进行了分析，但大多数只估计了静态的学区房溢价，例如胡婉旸等（Hu et al.，2014）和陈庆池等（Chan et al.，2020）。然而，学区住房价格会受到教育政策的影响，如"中考锁区"政策。这一政策是否会对房价产生影响值得研究。与以往的研究相比，本研究使用了更详细的微观数据（包括地理位置、时间趋势和住房特征）来估计教育质量对房价的影响。在本研究中，我们采用了达奇斯等（Dachis et al.，2011）提出的计量经济模型，将DID 估计法与一种类似于 RD 的距离函数相结合。该模型控制了边界地区房价对政策冲击的地理异质性响应，提供了更准确的估计。

10.3　数据与方法

本节介绍了本研究中使用的数据和方法。数据来自多个数据集。研究方法主要基于 DID 估计和 RD 方法的结合。

---

① 学区有不规则的几何形状。

10.3.1　数　据

本研究的数据来源于三个数据集：中国最大的房地产经纪公司北京链家房地产经纪有限公司提供的北京市住宅每日二手房交易数据；通过人工收集的北京高中的综合信息；以及每个小区到"中考锁区"边界（锁定区边界）和到每一个锁定区边界的距离的地理数据。

链家在北京二手房市场占有 60% 以上的市场份额。链家的北京二手房交易数据包括每套住房的详细信息，包括面积、楼层、房龄、户型、朝向、卧室和客厅的数量、是否配备电梯、装修情况、挂牌日期、挂牌价格、成交日期、成交价格、交易花费时间等。这些数据使我们能够控制大多数可能影响房价的变量。表 10-1 列出了北京各区房价的平均对数。我们可以观察到，锁定区（西城、东城和海淀）的平均房价高于未锁定区。自"中考锁区"政策颁布以来，锁定区的房价上涨趋势也更加明显。

表 10-1　　　　　　　　　　　北京市房价与高中的情况

区	对数（房价均值）			高中数量（所）	重点高中数量（所）	重点高中数量：第一批（所）	重点高中数量：第二批（所）	重点高中数量：第三批（所）	重点高中数量：第四批（所）
	2014 年	2015 年	2016 年						
海淀	10.71	10.78	11.06	48	11	3	3	1	4
西城	10.88	10.97	11.31	30	15	5	2	1	7
东城	10.79	10.87	11.18	27	12	1	2	1	8
朝阳	10.48	10.52	10.79	29	7	1	1	1	4
丰台	10.37	10.39	10.63	20	4	1	0	1	2
石景山	10.31	10.32	10.55	8	1	0	1	0	0
门头沟	9.91	9.86	10.11	6	1	0	0	1	0
房山	9.62	9.88	10.11	13	2	0	1	0	1
通州	9.99	10.05	10.45	10	3	1	0	1	1
顺义	9.91	9.95	10.26	8	3	1	1	1	0
昌平	10.05	10.03	10.33	15	2	0	0	2	0
大兴	10.05	10.10	10.36	17	2	1	0	0	1

注：重点高中及相关的四个批次的定义以 2002 年以来北京市教委公布的示范性高中名单为准。
资料来源：北京市教委公布的示范性高中名单。

根据 2002~2018 年北京市教委的公告中的重点高中名单，表 10-1 还显示了北京各区高中的分布情况。① 如表 10-1 所示，锁定区的高中数量远高于未锁定区。锁定区的重点高中数量甚至比未锁定区的高中数量还要多，特别是顶级高中（重点高中第一、第二批）。即使是处于同一批次的重点高中，锁定区的也比未锁定区的有更好的声誉。②

北京各区有不同的规模。与海淀区相比，西城区和东城区要小得多。因此，我们预期政策效果可能在区之间有差异。我们计算从每个小区到锁定区边界的最短距离和到每个锁定区边界的最短距离。③

10.3.2　方法

本研究使用了 DID、RD 方法和达奇斯等（Dachis et al.，2011）提出的计量经济模型，该模型将 DID 与一个类似于 RD 的距离函数相结合。我们使用 DID 方法比较了锁定区（西城、东城和海淀）和未锁定区（如朝阳、丰台、石景山、昌平、门头沟）的房价变化。我们使用 RD 方法计算了不同带宽下跨边界的锁定区和未锁定区之间的房价的断点。DID 的估计结果揭示了锁定区和未锁定区之间不同的总体房价趋势，而 RD 估计揭示了"中考锁区"边界附近的房价的局部变化率。采用达奇斯等（2011）使用的方法，我们通过控制边界附近的地理异质性来估计锁定区的房价变化。此外，通过缩小"中考锁区"边界两侧的带宽，我们估计了"中考锁区"对边界地区房价的局部影响。

在实证设计中，$T=1$ 表示"中考锁区"制定后的时间，$T=0$ 表示政策制定前的时间。$D=1$ 表示锁定区组，$D=0$ 表示对照组（包括未锁定区）。P 代表房价，P_0 和 P_1 分别表示"中考锁区"政策实施前后的房价。在随机性假设和其他条件不变的情况下，"中考锁区"对房价的因果关系可以表示为 $E(P_1)-E(P_0)$。但是，由于经济增长、移民、税收政策等因素对房价和时间趋势的影响，这种直接差异可能导致估计误差。如果确定了适当的对照组和处理组，就可以消除这个问题。"中考锁区"对房价的影响可以表示为：

$$[E(P|T=1,D=1)-E(P|T=0,D=1)]-[E(P|T=1,D=0)-$$
$$E(P|T=0,D=0)] \tag{10-1}$$

---

① 官方称作"示范高中"。

② 然而，没有证据表明锁定区的非重点高中的教育质量和升学率高于未锁定区。

③ 有些区可能只与一个锁定区相邻，而有些地区可能与两个甚至三个锁定区相邻。

根据式（10-1），"中考锁区"的因果关系可通过 DID 法进行鉴定。

$$\ln hp_{ibt} = \beta_0 + \beta_1 (\text{Treat}_i \times \text{Post}_t) + \beta_2 \text{Treat}_i + \beta_3 \text{Post}_t + \beta_4 \text{Controls}_{it} + \gamma_b + \varepsilon_{ibt}$$

$$(10-2)$$

其中，下标 i 表示每笔房屋交易，t 表示交易时间，$\ln hp_{ibt}$ 是房屋价格（人民币/平方米）的自然对数乘上 100 的值。[①] 此外，$\text{Treat}_i = 1$ 表示位于西城、东城或海淀的房屋 i。$\text{Treat}_i = 0$ 代表位于未锁定地区的住房 i。此外，$\text{Post}_t = 1$ 和 $\text{Post}_t = 0$ 分别代表在"中考锁区"政策实施之后与之前签订的房屋买卖合同。根据特征价格模型，Controls_{it} 表示控制变量，描述所考察房屋的特征。根据达哈尔和罗斯（Dhar 和 Ross，2012），我们增加了边界固定效应 γ_b，它控制着每个区边界的两侧，这是"中考锁区"边界的一部分。[②] ε_{ibt} 是残差。

在回归方程中加入小区固定效应和每月的时间固定效应。估计公式（10-2）如下：

$$\ln hp_{ibrt} = \beta_0 + \beta_1 (\text{Treat}_i \times \text{Post}_t) + \beta_2 \text{Treat}_i + \beta_3 \text{Post}_t + \beta_4 \text{Controls}_{it} + \nu_{bt} + \delta_r + \lambda_t + \varepsilon_{ibrt}$$

$$(10-3)$$

其中，r 表示小区，δ_r 表示小区固定效应，λ_t 表示时间固定效应。根据达哈尔和罗斯（2012），ν_{bt} 表示结合了线性时间趋势的时间不变边界效应（γ_b），因此 $\nu_{bt} = \gamma_b t$。其他变量与式中提到的变量相同。标准误在小区级别上聚类。参数 β_1 表示"中考锁区"对房价的净影响。

为了排除不同地区房价差异过大造成的不可比性，我们将观察范围限制在"中考锁区"边界附近。从给定小区（r）到"中考锁区"区域边界的最小距离定义为 Distance_r，$\text{Distance}_r \geqslant 0$ 表示给定的小区（r）在"中考锁区"区域之外（例如，在朝阳、丰台、石景山、昌平或门头沟）。此外，$\text{Distance}_r < 0$ 表示"中考锁区"区域内的给定小区（r）（例如，在东城、西城或海淀）。式（10-4）对不同的距离范围进行了估计。

最后，我们通过结合达奇斯等（2011）中的一个类似于 RD 的距离函数和 DID 方法，估计了"中考锁区"实施前后的边界效应。考虑到住房的不可移动性和单个交易不能改变行政区划，在这个模型中边界效应可以用类似精确 RD 的方法来控制。可以估计"中考锁区"颁布前后边界地区的房价变化。估计公

---

① 我们将对数乘以 100，以确保回归系数不会太小。随后，再将系数乘以 100，表示为百分比变化。

② "中考锁区"边界由朝阳—海淀、朝阳—西城、朝阳—东城、丰台—东城、丰台—西城、丰台—海淀、石景山—海淀、门头沟—海淀和昌平—海淀的边界组成。

式（10 – 3）如下：

$$lnhp_{ibrt} = \beta_0 + \beta_1 (Treat_i \times Post_t) + \beta_2 Treat_i + \beta_3 Post_t + \beta_4 Controls_{it}$$
$$+ (\alpha_1 t + \alpha_2 t^2 + \alpha_{xx} f(Distance_r) + \alpha_3 Distance_r \times t)$$
$$+ v_{bt} + \delta_r + \lambda_t + \varepsilon_{ibrt} \tag{10 – 4}$$

其中，r 表示小区。若小区 r 的住房 i 位于"中考锁区"区域内则取 $LDHSE_{ir}$ = 1，否则取 $LDHSE_{ir}$ = 0。从住房到"中考锁区"区域边界的最小距离表示为 $Distance_r$，$Distance_r \geq 0$ 表示房屋位于"中考锁区"区域外，$Distance_r < 0$ 表示房屋位于区域内。此外，t 代表交易日期，我们还加入了它的平方项。$f(Distance_r)$ 是 $Distance_r$ 的多项式函数，其中函数式在边界两侧应相同，但边界两侧的斜率可以不同。与达奇斯等（2011）只控制距离函数 $f(Distance_r)$ 的二阶多项式不同，我们考虑了交互项和距离函数可能有的高阶多项式，利用 AIC 信息准则选择最优阶数。具有时间趋势的边界效应 v_{bt}、小区固定效应 δ_r 和时间固定效应 λ_t 均受到控制。

10.4　"中考锁区"政策对二手房价格的影响

为了解"中考锁区"对房价的影响，我们首先分析了不同地区的房价差异。随后，我们使用我们的研究方法计算"中考锁区"对房价的影响。之后，我们使用更窄的带宽来计算结果。最后，我们计算了"中考锁区"对每个锁定区房价的影响。

10.4.1　区房价的溢价

如表 10 – 2 所示，我们对本研究中使用的主要变量进行了描述性统计。这些描述性统计显示了处理组和对照组（未锁定地区）之间房价和控制变量的差异，以及这些变量在"中考锁区"颁布前后的变化。[①] 在"中考锁区"颁布前后，锁定区的房价明显高于未锁定区的房价。然而，控制变量在锁定区和比较区之间的差异并不明显。

---

① 图 10 – 1 包括了除密云、平谷、延庆和怀柔以外的所有区，因为这四个区的二手房交易量非常低。

表 10 - 2 变量的描述性统计

变量名称	全样本				"中考锁区"实施前				"中考锁区"实施后			
	锁定区		未锁区		锁定区		未锁区		锁定区		未锁区	
	均值	标准差	均值	标准差	均值	标准差	均值	标准差	均值	标准差	均值	标准差
房屋单价（元/平方米）	54190	15255	31615	10176	49022	11959	29947	8853	56652	16022	32278	10584
面积（平方米）	74.99	34.94	86.38	34.89	73.37	32.15	85.48	33.56	75.77	36.17	86.73	35.40
房龄（年）	25.58	14.36	17.92	11.32	25.99	14.43	18.06	11.56	25.38	14.32	17.87	11.22
卧室（个）	1.981	0.752	2.034	0.744	1.987	0.730	2.049	0.724	1.978	0.763	2.028	0.752
卫生间（个）	1.120	0.353	1.202	0.435	1.105	0.326	1.194	0.423	1.127	0.365	1.206	0.439
朝南	0.712	0.453	0.800	0.400	0.739	0.439	0.818	0.386	0.699	0.459	0.793	0.405
通风良好	0.392	0.488	0.502	0.500	0.413	0.492	0.521	0.500	0.382	0.486	0.495	0.500
装修良好	0.445	0.497	0.507	0.500	0.403	0.491	0.458	0.498	0.464	0.499	0.526	0.499
楼层（层）	3.082	1.122	3.121	1.099	3.079	1.115	3.119	1.088	3.083	1.126	3.121	1.104
每层户数（户）	3.816	3.261	3.006	2.203	3.724	3.136	2.976	2.013	3.859	3.319	3.018	2.273
电梯	0.554	0.497	0.584	0.493	0.522	0.500	0.556	0.497	0.569	0.495	0.594	0.491
距边界距离	-2129	1764	3434	3080	-2158	1763	3300	3103	-2116	1764	3489	3069
N	43479		122788		14031		34928		29448		87860	

注：楼层包含五个值：1、2、3、4 和 5，分别表示底层、底层、中层、高层和顶层；朝南、通风良好、装修良好、电梯均为 0/1 型哑变量。

资料来源：笔者计算而得。

　　表 10 - 3 以大兴区（教育资源相对贫乏，房价相对稳定的地区）为对照组，估算了房价的地区溢价。我们还控制了几个变量，如交易日期（及其平方）、面积、卧室数量、卫生间数量、物业年限、主窗户是否朝南、是否通风良好、装修良好、是否配备电梯、楼层以及商业区的虚拟变量。

表 10 - 3   房价的区溢价

	（1）	（2）	（3）
	总体	"中考锁区"实施前	"中考锁区"实施后
东城	39. 211 *** （9. 271）	29. 180 *** （9. 896）	43. 177 *** （9. 229）
西城	54. 155 *** （8. 886）	42. 741 *** （9. 627）	59. 318 *** （8. 802）
海淀	28. 205 *** （9. 538）	21. 844 ** （10. 108）	30. 630 *** （9. 558）
朝阳	19. 576 ** （9. 045）	14. 546 （9. 661）	21. 428 ** （8. 980）
丰台	30. 397 *** （7. 823）	27. 018 *** （8. 298）	32. 189 *** （7. 758）
石景山	0. 781 （9. 939）	- 4. 398 （11. 154）	2. 946 （9. 833）
通州	- 19. 196 *** （5. 118）	- 17. 753 *** （5. 080）	- 19. 842 *** （5. 019）
顺义	8. 383 （10. 143）	5. 538 （11. 782）	10. 300 （9. 768）
昌平	- 4. 748 （12. 563）	- 4. 042 （11. 784）	- 4. 553 （12. 966）
交易日期	- 0. 404 *** （0. 046）	- 0. 565 *** （0. 152）	- 0. 627 *** （0. 104）
交易日期平方	0. 000 *** （0. 000）	0. 000 *** （0. 000）	0. 000 *** （0. 000）
面积对数	- 21. 756 *** （1. 171）	- 19. 367 *** （1. 355）	- 22. 667 *** （1. 212）
房龄对数	- 8. 675 *** （0. 696）	- 6. 871 *** （0. 779）	- 9. 497 *** （0. 704）
卧室数	8. 908 *** （0. 927）	6. 235 *** （1. 115）	10. 058 *** （0. 963）
卧室面积	- 1. 342 *** （0. 163）	- 0. 963 *** （0. 205）	- 1. 513 *** （0. 170）

续表

	（1）	（2）	（3）
	总体	"中考锁区"实施前	"中考锁区"实施后
卫生间数	1.549 （1.858）	−0.482 （2.637）	2.424 （1.910）
卫生间面积	1.038 ** （0.491）	1.539 ** （0.742）	0.806 （0.515）
每层户数	−0.564 ** （0.229）	−0.604 *** （0.221）	−0.545 ** （0.234）
是否朝南	5.434 *** （0.285）	4.766 *** （0.334）	5.733 *** （0.305）
是否通风良好	2.956 *** （0.303）	2.703 *** （0.357）	3.088 *** （0.317）
是否装修良好	4.806 *** （0.199）	4.486 *** （0.270）	4.930 *** （0.204）
是否有电梯	4.318 *** （0.587）	3.912 *** （0.624）	4.420 *** （0.604）
2nd floor	−2.306 *** （0.282）	−2.158 *** （0.428）	−2.291 *** （0.313）
3rd floor	−1.121 *** （0.268）	−0.850 ** （0.379）	−1.160 *** （0.304）
4th floor	−2.355 *** （0.297）	−2.076 *** （0.441）	−2.410 *** （0.330）
5th floor	−6.974 *** （0.345）	−6.754 *** （0.451）	−6.971 *** （0.377）
常数项	8996.522 *** （887.167）	12118.794 *** （2955.178）	13376.213 *** （2026.605）
商业区哑变量	Yes	Yes	Yes
年月效应	Yes	Yes	Yes
小区效应	Yes	Yes	Yes
N	153551	45824	107727
R^2	0.821	0.809	0.830

注：括号内为小区层面上的聚类稳健标准误；* $p < 0.1$、** $p < 0.05$、*** $p < 0.01$。数据包括北京的主要城区；一些郊区如密云和延庆，由于与锁定区没有联系且交易量低，已被排除在外。

资料来源：笔者计算而得。

表 10 - 3 中列出了三列。第 1、2 和 3 列分别显示了总体样本以及"中考锁区"实施前和实施后的结果。根据第 1 列的结果，东城、西城、海淀、朝阳、丰台四个地区的二手房价格溢价显著为正；石景山区、顺义区、通州区、昌平区为负或不显著。研究结果支持了房价受地理位置和学校资源影响的假设。西城和东城位于北京市中心，都有好的学校资源。与海淀相比，丰台虽然离市中心更近，但学校资源较差，因此丰台和海淀的区溢价结果相近。其余的区既没有好的地理位置，也没有优越的学校资源。

比较"中考锁区"实施前后的系数会发现有趣的结果。研究发现，"中考锁区"政策实施后，锁定区的房价溢价大幅上升，而大部分未锁定区的房价溢价变化不大。这些发现与我们的假设是一致的，即"中考锁区"政策会推高房价。

10.4.2   使用 RD 初步分析"中考锁区"政策对房价的影响

我们利用 RD 设计估算了锁定区与未锁定区之间的房价差距，为研究"中考锁区"对房价的影响提供了初步依据。在 RD 分析中，我们使用了四种带宽：因本斯和卡亚南拉曼（Imbens and Kalyanaraman，2012）的 IK 最优带宽、卡洛尼科等（Calonico et al.，2014）的 CCT 最优带宽以及人工设置的 2 千米和 5 千米的带宽。估计的 IK 最优带宽和 CCT 最优带宽分别为 2.687 千米和 1.680 千米。图 10 - 2 ~ 图 10 - 5 分别描述了使用 IK 最佳带宽、CCT 最佳带宽、2 千米和 5 千米带宽的 RD 的结果。[①] 图 10 - 2（a）、图 10 - 3（a）、图 10 - 4（a）和图 10 - 5（a）显示了从 2014 年 3 月 ~ 2016 年 3 月的两年间，小区到"中考锁区"边界的距离与住房交易价格之间的关系。每个图中的横轴描述了小区到"中考锁区"边界的距离。零刻度向左表示远离"中考锁区"边界的锁定区内的小区。零刻度向右表示远离"中考锁区"边界的未锁定区内的小区。这些数据表明，"中考锁区"边界两侧存在房价的不连续的间隔。使用四种带宽，估计图 10 - 2（a）、图 10 - 3（a）、图 10 - 4（a）和图 10 - 5（a）中的不连续间隔分别为 - 26.557、- 31.315、- 24.280 和 - 29.043。图 10 - 2（b）、图 10 - 3（b），图 10 - 4（b）和图 10 - 5（b）以及图 10 - 2（c）、图 10 - 3（c），图 10 - 4（c）和图 10 - 5（c）分别显示了使用了四种带宽的"中考锁区"颁布前后（超过 12 个月）的 RD 估计。在所有的带宽设置中，在"中考锁区"颁布之前，房价的不连续间隔都较小，在其颁布之后显著增大。这表明，锁定组和未锁定组之间日益扩大的跨边界的房价差距是由"中考锁区"造成的。

---

①   根据 AIC 准则选择方程的多项式阶。

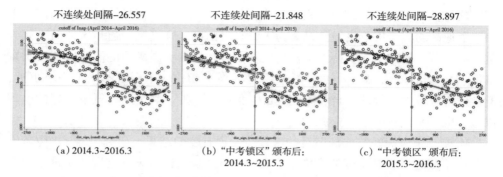

（a）2014.3~2016.3　　　　（b）"中考锁区"颁布后：　　　　（c）"中考锁区"颁布后：
2014.3~2015.3　　　　　　　　2015.3~2016.3

图 10 - 2　使用 IK 带宽估计的跨边界住房交易价格（2.687 千米）

资料来源：笔者计算而得。

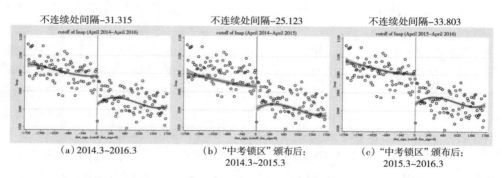

（a）2014.3~2016.3　　　　（b）"中考锁区"颁布后：　　　　（c）"中考锁区"颁布后：
2014.3~2015.3　　　　　　　　2015.3~2016.3

图 10 - 3　使用 CCT 带宽估计的跨边界住房交易价格（1.680 千米）

资料来源：笔者计算而得。

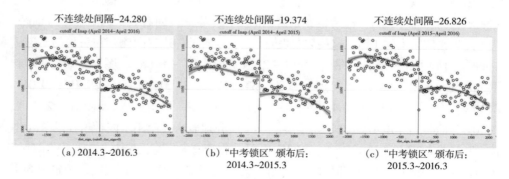

（a）2014.3~2016.3　　　　（b）"中考锁区"颁布后：　　　　（c）"中考锁区"颁布后：
2014.3~2015.3　　　　　　　　2015.3~2016.3

图 10 - 4　使用 2 千米带宽估计的跨边界住房交易价格

资料来源：笔者计算而得。

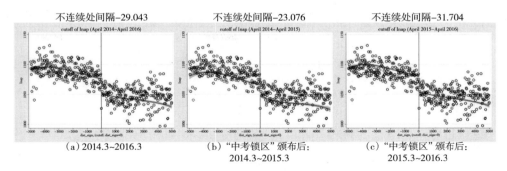

不连续处间隔−29.043　　　不连续处间隔−23.076　　　不连续处间隔−31.704

（a）2014.3~2016.3　　　　（b）"中考锁区"颁布后：　　　（c）"中考锁区"颁布后：
　　　　　　　　　　　　　　　2014.3~2015.3　　　　　　　　2015.3~2016.3

图 10 – 5　使用 5 千米带宽估计的跨边界住房交易价格

资料来源：笔者计算而得。

10.4.3 "中考锁区"政策对二手房价格的影响：DID

表 10 – 4 显示了"中考锁区"对锁定区和未锁定区房价的影响，仅使用 DID 估计。第 1 列显示了在不加入任何交互项的情况下的估计结果。我们发现 treat 和 time 的估计系数都是正的。第 2 列中的交互项（"中考锁区"变量）的系数显著为正，表明"中考锁区"对房价有正向影响。在第 3 列中，我们将 time 变量替换为每日的虚拟变量，以更精确地控制交易时间。"中考锁区"系数依旧显著为正，大小与第 2 列相近。在第 4 列中，我们将"中考锁区"time 的虚拟变量替换成一个连续变量，即自"中考锁区"颁布以来的时间，以观察政策的影响是暂时的还是持续的。同样的，交互项（"中考锁区2"）被设置为变量"treat"乘以距"中考锁区"锁区时间；结果表明，存在持续的影响。最后，在第 5 列中，我们将第 4 列中的 time 变量替换为每日的虚拟变量，发现与第 4 列的系数相近。

表 10 – 4　　"中考锁区"政策对锁定区和未锁定区房价的影响

	（1）	（2）	（3）	（4）	（5）
	房价对数	房价对数	房价对数	房价对数	房价对数
"中考锁区"		6.747 *** (0.417)	6.651 *** (0.406)		
"中考锁区2"				0.031 *** (0.002)	0.031 *** (0.002)
treat	21.746 *** (2.851)	17.146 *** (2.879)	17.290 *** (2.891)	17.780 *** (2.877)	17.763 *** (2.883)

续表

	（1）	（2）	（3）	（4）	（5）
	房价对数	房价对数	房价对数	房价对数	房价对数
time	2. 148 *** （0. 249）	- 0. 122 （0. 316）			
距 "中考锁区" 时间				- 0. 091 *** （0. 005）	
常数项	5328. 210 *** （108. 638）	5384. 485 *** （108. 567）	9699. 115 *** （1008. 658）	9802. 562 *** （299. 188）	8804. 529 *** （1013. 928）
控制变量	Yes	Yes	Yes	Yes	Yes
年月效应	No	No	Yes	No	Yes
小区效应	Yes	Yes	Yes	Yes	Yes
N	124814	124814	124814	124814	124814
R^2	0.779	0.781	0.783	0.783	0.784

注：括号内为小区层面上的聚类稳健标准误： * $p < 0.1$、 ** $p < 0.05$ 和 *** $p < 0.01$。本章中变量 "time" 定义为 "在……之后"，距 "中考锁区" 锁区时间是指 "中考锁区" 颁布时间与房屋交易时间之间的时间跨度。"中考锁区" 是 "treat" 和 "time" 的交互项。"中考锁区 2" 变量是 "treat" 和 "距'中考锁区'锁区时间" 的交互项。控制变量有面积、楼层、房龄、户型、朝向、卧室和客厅的数量、电梯和装修。
资料来源：笔者计算而得。

表 10 - 4 的结果表明，"中考锁区" 对房价有显著的正向影响，这种影响会持续一年以上（截止到我们的数据收集结束），这是一种持续的而不是暂时的影响。如表 10 - 1 所示，来自锁定区的学生进入重点高中的机会要大得多。因此，"中考锁区" 阻碍了锁定区以外的家庭进入这些精英学校，从而刺激了锁定区的住房需求，二手房的价格会随着 "中考锁区" 的颁布而上升。

"中考锁区" 是北京高中招生制度的一项里程碑式改革，因为它改变了未来的高质量教育机会在各区的分布。此外，住房交易需要相当长的时间和很多的资金，一些家庭会出售其在未锁定区的房产以在 "中考锁区" 内购买住房。因此，"中考锁区" 对房价的影响不仅仅是暂时的。这一政策实施后，影响可能会持续很长一段 "中考锁区" 时间。

在本小节中，我们只使用了 DID 方法。如 RD 设计所示，房价随着小区到 "中考锁区" 边界的距离的变化而变化。在估计 "中考锁区" 对房价的影响时，考虑跨边界的距离效应可以提供更准确的结果，因此下一小节将使用 DID + RD 的方法。

10.4.4　"中考锁区" 政策对二手房价格的影响：DID + RD

在 10.4.2 节中，RD 图显示了锁定区和未锁定区之间房价的跨边界的不连续性的初步存在，并且这种跨边界的不连续性在"中考锁区"颁布后增长。根据达奇斯等（Dachis et al.，2011 年），我们在估计"中考锁区"对房价的影响时考虑了 DID 与 RD 距离函数的整合。我们计算了每个小区到"中考锁区"边界的最短距离和到每个锁定区边界的最短距离。随后，我们使用公式（10-4）来估计"中考锁区"对房价的影响，这个公式引入了距离多项式、时间多项式以及距离与时间的交互项，详细结果见表 10-5。表 10-5 列中的估计系数与表 10-4 中的系数相近，表 10-5 的系数正负也与表 10-4 的一致，不过表 10-5 中系数的绝对值略小于表 10-4 中系数的绝对值。如表 10-5 第 2 列和第 3 列所示，在考虑跨边界的不连续性后，"中考锁区"导致二手房价格上涨 5.18% ~ 5.37%。

表 10-5　　"中考锁区"政策对锁定区和邻近区房价的影响：DID + RD

	（1）	（2）	（3）	（4）	（5）
	房价对数	房价对数	房价对数	房价对数	房价对数
"中考锁区"		5.368 *** (0.480)	5.181 *** (0.467)		
"中考锁区 2"				0.030 *** (0.002)	0.030 *** (0.002)
treat	19.138 *** (3.175)	15.405 *** (3.197)	15.655 *** (3.207)	15.126 *** (3.200)	15.156 *** (3.206)
time	2.117 *** (0.248)	0.315 (0.314)			
距"中考锁区"时间				-0.090 *** (0.005)	
常数项	5348.271 *** (107.507)	5381.283 *** (107.880)	9481.132 *** (1000.130)	9774.391 *** (296.934)	8699.700 *** (1007.387)
控制变量	Yes	Yes	Yes	Yes	Yes
距离、时间和其交互多项式	Yes	Yes	Yes	Yes	Yes
年月效应	No	No	Yes	No	Yes
小区效应	Yes	Yes	Yes	Yes	Yes
N	124814	124814	124814	124814	124814
R^2	0.782	0.782	0.785	0.784	0.785

注：括号内为小区层面上聚类的稳健标准误：＊p < 0.1、＊＊p < 0.05 和 ＊＊＊p < 0.01。本章中变量"time"定义为"post"，距"中考锁区"时间是指"中考锁区"颁布时间与房屋交易时间之间的时间跨度。"中考锁区"是"treat"和"time"的交互项。"中考锁区 2"变量是"treat"和"距'中考锁区'锁区时间"的交互项。控制变量有面积、楼层、房龄、户型、朝向、卧室和客厅的数量、电梯和装修。

资料来源：笔者计算而得。

考虑到距离函数，在缩小带宽后"中考锁区"对房价影响的估计一致性有待检验。在表 10 – 6 中，我们缩小了锁定区和未锁定区边界的带宽，并在 A、B、C、D、E 的面板中分别展示了 5 千米、2 千米、1 千米、IK 最佳带宽（2.687 千米）和 CCT 最佳带宽（1.680 千米）的结果。表 10 – 6 中的四列对应于表 10 – 5 中的第 2~5 列。不管距离"中考锁区"边界有多远，所有的结果都是稳健的，这证实了"中考锁区"对二手房价格的积极影响。当我们选择较窄的带宽时，系数会变小，面板 A、B、C、D 和 E 的系数分别约为 6.4%、3.4%、2.8%、3.5% 和 2.7%。即使是很小范围内的相似的小区，"中考锁区"边界两侧学校资源的差异也使得房价有很大差异。为保证结果的代表性和精确性，在下面的分析中，我们以 2 千米为带宽来识别跨边界效应，并对重点高中的入学机会进行估值。①

表 10 – 6　　　　　　　使用更窄带宽时"中考锁区"政策对锁定区
和邻近区房价的影响：DID + RD

	(1)	(2)	(3)	(4)
	房价对数	房价对数	房价对数	房价对数
A. 5 – 千米				
"中考锁区"	6.419 *** (0.835)	4.908 *** (0.673)		
"中考锁区 2"			0.034 *** (0.003)	0.034 *** (0.003)
距"中考锁区"锁区时间			– 0.096 *** (0.007)	
B. 2 – 千米				
"中考锁区"	3.374 *** (0.798)	3.129 *** (0.769)		
"中考锁区 2"			0.027 *** (0.003)	0.027 *** (0.003)
距"中考锁区"锁区时间			– 0.091 *** (0.006)	

① 虽然表 10 – 6 显示了使用不同带宽的分析结果，但也考虑了具体的地理环境。例如，对于小规模的东城区和西城区来说，5 千米的带宽太宽了，而 1 千米的带宽太窄了，因为有些小区超过 1 千米。由于 IK 和 CCT 的最佳带宽分别为 2.687 千米和 1.680 千米，因此我们选择 2 千米的带宽来估计第 10.7 章中的重点高中的价值。

续表

	（1）	（2）	（3）	（4）
	房价对数	房价对数	房价对数	房价对数
C. 1 - 千米				
"中考锁区"	2.839 ***	2.605 ***		
	(0.938)	(0.895)		
"中考锁区 2"			0.025 ***	0.025 ***
			(0.004)	(0.004)
距"中考锁区"锁区时间			- 0.084 ***	
			(0.008)	
D. 2.687 - 千米				
"中考锁区"	3.489 ***	3.367 ***		
	(0.712)	(0.690)		
"中考锁区 2"			0.028 ***	0.028 ***
			(0.003)	(0.003)
距"中考锁区"锁区时间			- 0.092 ***	
			(0.006)	
E. 1.680 - 千米				
"中考锁区"	2.702 ***	2.399 ***		
	(0.855)	(0.824)		
"中考锁区 2"			0.026 ***	0.026 ***
			(0.004)	(0.004)
距"中考锁区"锁区时间			- 0.092 ***	
			(0.007)	

注：括号内为小区层面上的聚类稳健标准误：$* p < 0.1$、$** p < 0.05$ 和 $*** p < 0.01$。本章将变量"time"定义为"在……后"，"距'中考锁区'锁区时间"是指"中考锁区"颁布时间与房屋交易时间之间的时间跨度。"中考锁区"是"treat"和"time"之间的交互项。"中考锁区 2"变量是"treat"和"距'中考锁区'锁区时间"之间的交互项。控制变量有面积、楼层、房龄、户型、朝向、卧室和客厅的数量、电梯和装修。5 千米、2 千米、1 千米的带宽，IK 最佳带宽 2.687 千米，CCT 最佳带宽 1.680 千米的结果分别显示在面板 A、B、C、D 和 E 中。

资料来源：笔者计算而得。

10.4.5　"中考锁区"对锁定区及邻近的未锁定区房价的影响

　　我们想确定在锁定区内"中考锁区"的作用是否不同。表 10 - 7 显示，无论重点高中的数量或比例如何，锁定区内的学校资源是不同的。在三个锁定区中，西城区是最好的，因为其重点高中的比例最高，而海淀区是最差的，因为其重点高中的比例最低。① 因此，我们假设学校资源更好的锁定区从政策中受益更多。

　　如表 10 - 7 所示，我们使用每个锁定区及其相邻区（其他锁定区除外）的子样本。该表中的四列分别对应于表 10 - 5 中的第 2 ~ 5 列。西城、东城和海淀房价的"中考锁区"系数分别为 5.4%、4.5% 和 3%，这支持了我们的假设，即学校资源较好的区房价涨幅较大，西城的学校资源最好，而海淀的最差。因此，锁定区之间"中考锁区"的影响不同。此外，"中考锁区"对西城区、东城区与海淀区在之后房价上涨速度的影响上也不同。这些发现证实了，自"中考锁区"政策颁布以来，进入重点高中的机会对房价的变化起着至关重要的作用。

表 10 - 7　"中考锁区"政策对锁定区和相邻未锁定区房价的影响：DID + RD

	(1)	(2)	(3)	(4)
	房价对数	房价对数	房价对数	房价对数
	西城区			
"中考锁区"	5.369 *** (1.228)	3.887 *** (1.049)		
"中考锁区 2"			0.044 *** (0.007)	0.045 *** (0.007)
距"中考锁区"锁区时间			- 0.104 *** (0.013)	

---

　　① 虽然北京市前十的重点高中里的大部分在海淀区，但海淀区的人口和面积都远大于西城区或东城区。平均起来，海淀区重点高中的比例低于西城区和东城区。

续表

	（1）	（2）	（3）	（4）
	房价对数	房价对数	房价对数	房价对数
东城区				
"中考锁区"	4.506 *** (0.937)	4.356 *** (0.894)		
"中考锁区2"			0.033 *** (0.004)	0.033 *** (0.004)
距"中考锁区" 锁区时间			−0.094 *** (0.010)	
海淀区				
"中考锁区"	2.953 ** (1.322)	1.701 * (1.033)		
"中考锁区2"			0.023 *** (0.005)	0.023 *** (0.005)
距"中考锁区" 锁区时间			−0.087 *** (0.009)	

注：括号内为小区层面上的聚类稳健标准误： * $p < 0.1$、** $p < 0.05$ 和 *** $p < 0.01$。本章将变量"time"定义为"在……后"，距"中考锁区"锁区时间是指"中考锁区"颁布时间与房屋交易时间之间的时间跨度。"中考锁区"是"treat"和"time"之间的交互项。"中考锁区2"变量是"treat"和"距'中考锁区'锁区时间"之间的交互项。控制变量有面积、楼层、房龄、户型、朝向、卧室和客厅的数量、电梯和装修。表中显示了西城、东城和海淀的结果。

资料来源：笔者计算而得。

10.5　稳健性试验

为了检验结果的稳健性，我们进行了一系列的实证分析。

10.5.1　RD 设计有效性检验

RD 设计的有效性检验取决于两个假设。首先，配置变量不受观测的操纵，这就要求配置变量的密度函数在断点前后没有明显的跳跃。因此，如图 10 − 6 所示我们使用不同的带宽估计配置变量（小区到"中考锁区"边界的距离）的核密度函数。无论选择哪种带宽，密度函数的95%置信区间在截止点的左侧和右侧重叠，表明在断点两侧配置变量的密度函数没有显著差异。因此，配置变量服从随机分布，满足非随机排序的要求（即不受人为操纵）。

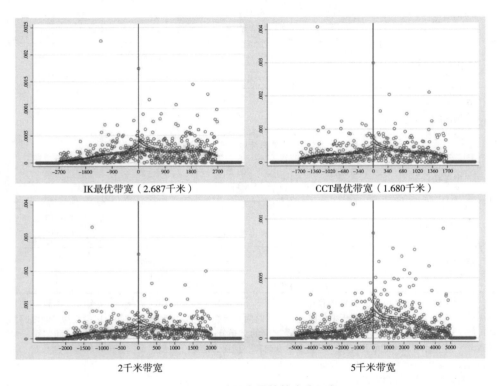

图 10 - 6   配置变量的核密度函数

资料来源：笔者计算而得。

其次，RD 有效性还依赖于控制变量的平滑性假设。因此，以小区到"中考锁区"边界的距离为配置变量，控制变量的边界点两侧不应存在明显的不连续性。图 10 - 7 显示了当选择 IK 最优带宽时，每个控制变量作为配置变量的 RD 估计值。[①] 在 95% 显著性水平下，控制变量在断点处不显示不连续间隔。因此，满足控制变量的平滑性假设。

---

① 如果选择其他带宽，控制变量平滑度的检验结果依旧是稳健的。由于篇幅的限制，这些选择其他带宽的结果没有列出。

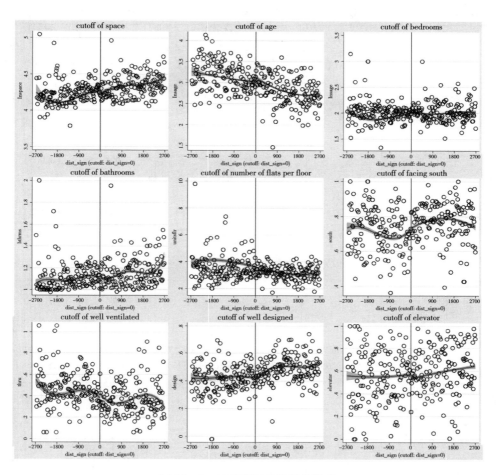

图 10 - 7　控制变量的平滑性检验

资料来源：笔者计算而得。

10.5.2　安慰剂检验

我们进行了一个安慰剂检验来检验我们的主要实证分析。首先，我们以朝阳和丰台为锁定区进行反事实分析，并用式（10 - 4）进行回归分析，结果见表 10 - 8。几乎所有的"中考锁区"变量的系数都不显著，表明反事实地将未锁定区作为锁定区将不会产生相似的显著结果。这些结果支持我们的研究结果，即锁定区的房价上涨是由于"中考锁区"的颁布，而不是因为巧合。

表 10 - 8　　　　　　　　安慰剂检验：以朝阳、丰台为锁定区 DID + RD

	(1)	(2)	(3)	(4)	(5)
	房价对数	房价对数	房价对数	房价对数	房价对数
"中考锁区"		0.696 (1.511)	0.719 (0.985)		
"中考锁区 2"				-0.009 * (0.005)	-0.008 (0.005)
treat	31.284 *** (5.542)	30.794 *** (5.807)	30.871 *** (5.675)	32.443 *** (5.609)	32.535 *** (5.572)
time	2.122 *** (0.292)	1.547 (1.311)			
距"中考锁区" 锁区时间				-0.069 *** (0.006)	
常数项	5465.049 *** (139.926)	5468.493 *** (143.248)	8030.806 *** (1247.726)	9475.823 *** (321.339)	8258.658 *** (1189.538)
控制变量	Yes	Yes	Yes	Yes	Yes
距离、时间和 其交互多项式	Yes	Yes	Yes	Yes	Yes
年月效应	No	No	Yes	No	Yes
小区效应	Yes	Yes	Yes	Yes	Yes
N	74050	74050	74050	74050	74050
R^2	0.698	0.698	0.701	0.699	0.702

注：括号内为小区层面上的聚类稳健标准误：* $p < 0.1$、** $p < 0.05$ 和 *** $p < 0.01$。本章将变量"time"定义为"在……后"，距"中考锁区"锁区时间是指"中考锁区"颁布时间与房屋交易时间之间的时间跨度。"中考锁区"是"treat"和"time"之间的交互项。"中考锁区 2"变量是"treat"和"距'中考锁区'锁区时间"之间的交互项。控制变量有面积、楼层、房龄、户型、朝向、卧室和客厅的数量、电梯和装修。

资料来源：笔者计算而得。

　　我们构建了另外三组反事实锁定区：门头沟、昌平和顺义；朝阳、通州、石景山；门头沟、房山、大兴。表 10 - 9 给出了这些反事实组的 DID 回归结果，所有结果均不显著，这进一步证实了"中考锁区"影响了东城、西城和海淀三个锁定区的住房需求。

表 10 - 9　　　　　　安慰剂检验：将其他未锁定区作为锁定区 DID + RD

	（1）	（2）	（3）
	房价对数	房价对数	房价对数
反事实锁定区	门头沟、昌平、顺义	朝阳、通州、石景山	门头沟、房山、大兴
"中考锁区"	- 0.275 （1.542）	0.542 （1.470）	- 0.459 （1.182）
控制变量	Yes	Yes	Yes
距离、时间和 其交互多项式	Yes	Yes	Yes
年月效应	Yes	Yes	Yes
小区效应	Yes	Yes	Yes
N	24034	25001	11331
R^2	0.472	0.601	0.622

　　注：括号内为小区层面上的聚类稳健标准误：* p < 0.1、** p < 0.05 和 *** p < 0.01。本章将变量"time"定义为"在……后"，"距'中考锁区'锁区时间"是指"中考锁区"颁布时间与房屋交易时间之间的时间跨度。"中考锁区"是"treat"和"time"之间的交互项。""中考锁区"2"变量是"treat"和"距'中考锁区'锁区时间"之间的交互项。控制变量有面积、楼层、房龄、户型、朝向、卧室和客厅的数量、电梯和装修。
　　资料来源：笔者计算而得。

　　我们还得到了反事实的政策时间的结果。我们构建了两个反事实"中考锁区"颁布时间：2014 年 9 月 19 日（"中考锁区"颁布前半年）和 2014 年 3 月 19 日（"中考锁区"颁布前一年）。在反事实政策时间的回归中使用了一个两年的样本区间，即取 2013 年 9 月 19 日 ~ 2015 年 9 月 18 日为反事实政策时间 2014 年 9 月 19 日的样本区间，取 2013 年 3 月 19 日 ~ 2015 年 3 月 18 日为反事实政策时间 2014 年 3 月 19 日的样本区间，具体结果见表 10 - 10。

　　在"中考锁区"颁布之前，在安慰剂处理组时间，使用我们的方法发现"中考锁区"的系数不显著。这些结果进一步表明，处理组时间是"中考锁区"

的颁布时间，而不是其他时间。

表 10 – 10　　安慰剂检验：将其他时间作为"中考锁区"时间 DID + RD

	（1）	（2）
	房价对数	房价对数
反事实时间	2014 年 9 月 19 日	2014 年 3 月 19 日
Treat * Time	2.398 （1.656）	1.356 （0.815）
控制变量	Yes	Yes
距离、时间和其交互多项式	Yes	Yes
年月效应	Yes	Yes
小区效应	Yes	Yes
N	54652	41784
R^2	0.595	0.559

注：括号内为小区层面上的聚类稳健标准误。本章将"time"变量定义为"在……之后"。控制变量有面积、楼层、房龄、户型、朝向、卧室和客厅的数量、电梯和装修。第（1）列和第（2）列中的样本区间分别为 2013 年 9 月 19 日 ~ 2015 年 9 月 18 日和 2013 年 3 月 19 日 ~ 2015 年 3 月 18 日。

资料来源：笔者计算而得。

10.5.3　平行趋势检验

共同趋势假设要求在"中考锁区"颁布之前，锁定组和未锁定组之间的价格差异在统计上不显著。我们引入"中考锁区"与一系列时间的虚拟变量的交互项引入式，通过事件研究法进行平行趋势检验。为了使说明更加直观，在图 10 – 8 中，我们用图表表示了点估计和相应的 95% 置信区间。在"中考锁区"颁布之前，估计系数与零（每个置信区间在横轴上）没有显著差异，而在"中考锁区"颁布之后，估计系数显著高于零。因此，锁定组和未锁定组之间的房价差异在"中考锁区"颁布之前是相当稳定的，但是在"中考锁区"实施之后，这个差异显著增加。事件研究法的结果支持平行趋势假设。

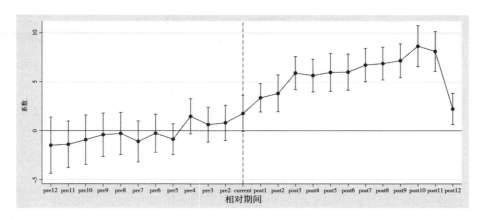

图 10 - 8　平行趋势检验

资料来源：笔者计算而得。

10.6　"中考锁区"政策对二手房交易量的影响

　　我们证明了"中考锁区"会导致锁定区的二手房价格上涨。锁定区房价飙升是否是由住房需求增加引起的值得我们去探讨。二手房交易量与住房需求高度相关，如果交易价格和成交量同时上升，"中考锁区"一定会增加有着更好高中的锁定区的住房需求。因此，我们计算了"中考锁区"对二手房交易量的影响。

　　我们使用了一个类似于式（10 - 2）的实证模型，并使用 DID 分析了每个小区的每日交易数据。考虑到每个小区的大小是不同的，我们使用加权的最小二乘法，以小区的大小作为权重。表 10 - 11 展示了不同的与边界距离的结果（1、2和3列分别为 2 千米、2.687 千米和 1.680 千米）。

　　"中考锁区"系数显著为正，这表明"中考锁区"增加了交易量。由于二手房的供给变化不大，住房价格的上涨归因于需求的增加。因此，我们总结得到："中考锁区"导致锁定区的住房需求增加，而这些区进入重点高中的机会更高。

　　有一种更精确的估计方法，使用固定大小的跨边界网格，而不是设置边界带宽，这使我们能够复制模型的主要形式。我们随机选取 12 个 4 平方千米的小区网格，如图 10 - 9 所示。表 10 - 12 提供了估计结果，虽然"中考锁区"的系数在某些网格中是不显著的，但在许多网格中是显著的。这些结果进一步证实了"中考锁区"增加了锁定区的交易量。

表 10 – 11   "中考锁区" 政策对房屋交易量的影响：DID

	(1)	(2)	(3)
	距边界 2 千米以内	距边界 2.687 千米以内	距边界 1.680 千米以内
"中考锁区"	1.512 ***	0.598 **	1.650 ***
	(0.265)	(0.239)	(0.290)
treat	– 1.120 ***	– 1.176 ***	– 0.699 ***
	(0.220)	(0.197)	(0.240)
time	2.256 ***	2.891 ***	2.304 ***
	(0.170)	(0.145)	(0.193)
控制变量	Yes	Yes	Yes
常数项	4.831 ***	4.773 ***	4.480 ***
	(0.141)	(0.120)	(0.160)
N	21875	27002	19382
R^2	0.023	0.028	0.024

注：括号内为小区层面上的聚类稳健标准误。本章将 "time" 变量定义为 "在……之后"。"中考锁区" 是 "treat" 和 "time" 的交互项，控制变量有面积、楼层、房龄、户型、朝向、卧室和客厅的数量、电梯和装修。

资料来源：笔者计算而得。

图 10 – 9   跨 "中考锁区" 边界的网格

资料来源：笔者绘制。

表 10 - 12　"中考锁区"政策对不同网格中房屋交易量的影响：DID

	(1)	(2)	(3)	(4)	(5)	(6)	(7)	(8)	(9)	(10)	(11)	(12)
LDHSE	-0.629	0.411	2.178***	-0.252	1.688*	0.304	2.095***	2.087**	1.220	-0.295	5.072***	3.838**
	(0.430)	(0.569)	(0.623)	(0.483)	(0.964)	(1.285)	(0.483)	(0.865)	(1.172)	(0.918)	(1.615)	(1.486)
treat	-0.353	-1.773***	-0.687	-0.612	-1.366*	-2.782***	-0.503	-2.908***	-2.347**	-0.736	6.660***	-3.564***
	(0.368)	(0.477)	(0.538)	(0.403)	(0.799)	(1.061)	(0.395)	(0.691)	(0.965)	(0.745)	(1.338)	(1.235)
time	2.248***	1.623***	3.099***	1.722***	2.543***	2.628***	2.341***	2.096***	2.629***	1.292**	4.042***	5.182***
	(0.274)	(0.427)	(0.536)	(0.299)	(0.351)	(0.384)	(0.294)	(0.461)	(0.686)	(0.607)	(1.247)	(0.984)
常数项	2.038***	4.511***	3.030***	2.416***	2.811***	5.015***	2.527***	5.264***	5.031***	4.220***	4.624***	5.922***
	(0.235)	(0.353)	(0.467)	(0.250)	(0.295)	(0.307)	(0.251)	(0.375)	(0.563)	(0.507)	(1.072)	(0.830)
N	637	619	462	494	476	597	457	569	440	450	204	183
R^2	0.148	0.106	0.207	0.111	0.155	0.110	0.243	0.184	0.081	0.026	0.124	0.390

注：括号内为小区层面上聚类的稳健标准误。本章将"time"变量定义为"在……之后"。LDHSE 是"treat"和"time"的交互项，控制变量有面积、楼层、房龄、户型、朝向、卧室和客厅的数量，电梯和装修。
资料来源：笔者计算而得。

10.7 北京重点高中入学机会的价值定价

我们根据平均房价、锁定区的住房溢价和获得重点高中入学资格的概率，估算了北京重点高中录取机会的价值。首先，我们计算了 2018 年锁定区住房交易价格的均值和中位数。[①] 在西城区，平均值和中位数分别为 676 万元和 610 万元人民币。在东城区，平均值和中位数分别为 643 万元和 560 万元人民币。在海淀区，平均值和中位数分别约为 663 万元和 556 万元人民币。总的来说，锁定区内二手房的平均成交金额为 660 万元人民币，中位数为 570 万元人民币。

其次，我们测量了锁定区的住房溢价，"中考锁区"造成的西城、东城和海淀的住房溢价分别约为 5.4%、4.5% 和 3%，锁定区的平均溢价约为 3.4%，如表 10-6 所示（B 组，2 千米）。

再次，从表 10-1 中可以计算出重点高中的入学概率，西城、东城、海淀的重点高中占所有高中的比例分别为 1/2、4/9、11/48，锁定区的重点高中的总体比例为 38/105，而未锁定区的这一比例为 25/126，如果一个孩子从未锁定区迁移到锁定区，那么进入重点高中的可能性增加了大约 16.4%。

最后，我们测量了北京市一所重点高中的入学机会价值。"中考锁区"导致二手房价格上涨 3.4%，而锁定区的二手房交易平均值和中位数分别为 660 万元和 570 万元人民币。因此，根据平均值或中位数，我们预计每套房屋的价值溢价约为 224400 元（平均值）或 193800 元（中位数）。此外，从未锁定的地区迁移到锁定的地区，重点高中的入学率增加了约 16.4%，因此我们估计，重点高中入学机会的平均增值和中位增值分别约为 137 万和 118 万元人民币。我们还计算了锁定区的重点高中的入学机会价值：西城约 132 万~147 万元人民币，东城约 102 万~116 万元人民币，海淀约 69 万~80 万元人民币。这些发现与以下事实相吻合：在所有锁定区中，西城区的重点高中比例最高，其次是东城区和海淀区。

我们之前的估计是基于 2 千米的带宽。当使用 5 千米的带宽时，我们估计进入重点高中的机会价值约为 222 万~258 万元人民币。然而，5 千米的带宽对于某些地区来说太大了，比如西城和东城，这使得估计不那么令人信服。使用 1 千米带宽，我们可以确定进入一所重点高中的机会价值约为 97 万~113 万元人民

---

① 在更早的年份成交价格略低；然而，户型是相似的。

币，这接近于 2 千米带宽的估计值 118 万 ~ 137 万元人民币。如前所述，北京的一些社区长度或宽度超过 1 千米；因此，1 千米带宽可能太小。因此，对北京市优秀高中入学机会价值的合理估计约为 118 万 ~ 137 万元人民币。

10.8 结论和政策含义

衡量重点高中对房价的影响，不仅是研究者的重要课题，也是关系到所有居民的重要课题。北京的"中考锁区"为我们提供了一个难得的"自然实验"，来评估进入一所重点高中的机会的价值。

运用 DID + RD 方法，我们探讨了"中考锁区"对房价的影响。使用 RD 方法发现"中考锁区"边界上的住房价格存在明显的跨边界不连续性，通过 DID 与类似于 RD 的距离函数的结合，发现锁定地区的二手房价格上涨了 5.2% ~ 5.4% 。在 RD 分析中缩小了带宽后，我们发现对于 5 千米、2 千米、1 千米、2.687 千米和 1.680 千米范围内的带宽，房价分别上涨了约 6.4% 、3.4% 、2.8% 、3.5% 和 2.7% 。一系列的检验使我们研究结果的稳健性得到验证。

"中考锁区"增加了拥有优质高中资源的锁定区的住房需求。我们发现，随着锁定区房价的飞涨，"中考锁区"的颁布增加了二手房的交易量。

根据平均房价、锁定区的住房溢价和进入重点高中的概率，我们估计进入北京市重点高中的机会大约值 118 万 ~ 137 万元人民币。考虑到北京市家庭年均收入在 20 万元以下，118 万 ~ 137 万元的房子就相当于一个家庭五年的收入。然而，重点高中是通往顶尖大学的重要垫脚石，许多家长愿意花巨资使孩子获得这样的机会。

"中考锁区"政策的初衷是减少家长有目的的择校行为。然而到目前为止，政策并没有实现预期。这项政策激励了家长跨区选择学校，导致锁定区的房价大幅上涨，并进一步加剧了家长之间的经济竞争。此外，虽然高中教育不是必需的，但"中考锁区"政策对家庭的生活质量有负面影响。

参考文献

［1］阿瑟·奥莎利文．城市经济学［M］．北京：北京大学出版社，2008．

［2］埃比尼泽·霍华德．明日的田园城市［M］．北京：商务印书馆，2009．

［3］奥古斯特·勒施．经济空间秩序［M］．北京：商务印书馆，1995．

［4］陈斌开，杨汝岱．土地供给、住房价格与中国城镇居民储蓄［J］．经济研究，2013（1）：110－122．

［5］陈峰，姚潇颖，李鲲鹏．中国中高收入家庭的住房财富效应及其结构性差异［J］．世界经济，2013，36（9）：139－160．

［6］陈诗一，王祥．融资成本、房地产价格波动与货币政策传导［J］．金融研究，2016（3）：1－14．

［7］甘犁，尹志超，贾男，徐舒，马双．中国家庭资产状况及住房需求分析［J］．金融研究，2013（4）：1－14．

［8］高波，王先柱．中国房地产市场货币政策传导机制的有效性分析：2000—2007［J］．财贸经济，2009（3）．

［9］高春亮，周晓艳．34 个城市的住宅财富效应：基于 panel data 的实证研究［J］．南开经济研究，2007（1）：36－44．

［10］高琳．大都市辖区合并的经济增长绩效——基于上海市黄浦区与南市区的合并案例研究［J］．经济管理，2011（5）：38－45．

［11］高翔，龙小宁．省级行政区划造成的文化分割会影响区域经济吗？［J］．经济学（季刊），2016（2）：647－674．

［12］胡婉旸，郑思齐，王锐．学区房的溢价究竟有多大：利用"租买不同权"和配对回归的实证估计［J］．经济学（季刊），2014，13（3）：1195－1214．

［13］黄静．基于 30 个城市非平稳面板计量的住房财富效应实证检验［J］．管理评论，2011，23（5）：18－24．

［14］黄静，屠梅曾．房地产财富与消费：来自于家庭微观调查数据的证据［J］．管理世界，2009（7）．

［15］黄新飞，陈珊珊，李腾．价格差异、市场分割与边界效应——基于长

三角 15 个城市的实证研究 [J]. 经济研究, 2014 (12): 18 - 32.

[16] 况伟大. 利率对房价的影响 [J]. 世界经济, 2010 (4): 134 - 145.

[17] 雷潇雨, 龚六堂. 基于土地出让的工业化与城镇化 [J]. 管理世界, 2014 (9): 29 - 41.

[18] 李成武. 中国房地产财富效应地区差异分析 [J]. 财经问题研究, 2010 (2): 124 - 129.

[19] 李凤, 罗建东, 路晓蒙, 邓博夫, 甘犁. 中国家庭资产状况、变动趋势及其影响因素 [J]. 管理世界, 2016 (2): 45 - 56.

[20] 李基铉. 中国住房双轨制改革及其不平等性 [J]. 社会主义研究, 2006 (3): 46 - 49.

[21] 李剑, 臧旭恒. 住房价格波动与中国城镇居民消费行为——基于 2004—2011 年省际动态面板数据的分析 [J]. 南开经济研究, 2015 (1): 89 - 101.

[22] 李健, 邓瑛. 推动房价上涨的货币因素研究——基于美国、日本、中国泡沫积聚时期的实证比较分析 [J]. 金融研究, 2011 (6): 18 - 32.

[23] 李亮. 房地产财富与消费关系研究新进展 [J]. 经济学动态, 2010 (11): 113 - 119.

[24] 梁琪, 郭娜, 郝项超. 房地产市场财富效应及其影响因素研究——基于我国省际面板数据的分析 [J]. 经济社会体制比较, 2011 (5): 179 - 184.

[25] 卢盛峰, 陈思霞. 政府偏袒缓解了企业融资约束吗? ——来自中国的准自然实验 [J]. 管理世界, 2017 (5): 51 - 65.

[26] 罗伯特·T·清崎. 富爸爸, 穷爸爸 [M]. 北京: 电子工业出版社, 2003.

[27] 骆祚炎. 住房支出、住房价格、财富效应与居民消费增长——兼论货币政策对资产价格波动的关注 [J]. 财经科学, 2010 (5): 31 - 38.

[28] 马思新, 李昂. 基于 Hedonic 模型的北京住宅价格影响因素分析 [J]. 土木工程学报, 2003, 36 (9).

[29] 孟斌, 张景秋, 王劲峰, 张文忠, 郝卫秋. 空间分析方法在房地产市场研究中的应用——以北京市为例 [J]. 地理研究, 2005 (6): 956 - 964.

[30] 钱净净. 中国城市间房价分化的经济学解释 [J]. 河南师范大学学报 (哲学社会科学版), 2016, 43 (3): 77 - 81.

[31] 邵朝对, 苏丹妮, 包群. 中国式分权下撤县设区的增长绩效评估 [J]. 世界经济, 2018, 41 (10): 101 - 125.

[32] 邵朝对，苏丹妮，邓宏图. 房价、土地财政与城市集聚特征：中国式城市发展之路 [J]. 管理世界，2016 (2)：19 – 31.

[33] 沈悦，周奎省，李善燊. 利率影响房价的有效性分析——基于 FAVAR 模型 [J]. 经济科学，2011 (1)：60 – 69.

[34] 石忆邵，徐妍菲. 行政区划调整对住宅价格变化的影响效应分析——以南汇并入浦东新区为例 [J]. 经济地理，2011，31 (9)：1452 – 1457.

[35] 宋伟轩，陈艳如，孙洁，何淼. 长三角一体化区域城市房价空间分异的模式与效应 [J]. 地理学报，2020，75 (10)：2109 – 2125.

[36] 谭政勋. 我国住宅业泡沫及其影响居民消费的理论与实证研究 [J]. 经济学家，2010 (3)：58 – 66.

[37] 唐为，王媛. 行政区划调整与人口城市化：来自撤县设区的经验证据 [J]. 经济研究，2015 (9)：72 – 85.

[38] 汪冲. 资本集聚、税收互动与纵向税收竞争 [J]. 经济学 (季刊)，2012 (1).

[39] 王丰龙，张传勇. 行政区划调整对大城市房价的影响研究 [J]. 地理研究，2017，36 (5)：913 – 925.

[40] 王浩. "京十五条" 带来的社会影响 [J]. 城市住宅，2011 (Z1)：29.

[41] 王曦，汪玲，彭玉磊，宋晓飞. 中国货币政策规则的比较分析——基于 DSGE 模型的三规则视角 [J]. 经济研究，2017 (9)：24 – 38.

[42] 王小鲁，樊纲，余静文. 中国分省份市场化指数报告 (2016) [M]. 北京：社会科学文献出版社，2017.

[43] 温海珍，张之礼，张凌. 基于空间计量模型的住宅价格空间效应实证分析：以杭州市为例 [J]. 系统工程理论与实践，2011，31 (9)：1661 – 1667.

[44] 徐忠，张雪春，邹传伟. 房价、通货膨胀与货币政策——基于中国数据的研究 [J]. 金融研究，2012 (6)：1 – 12.

[45] 严金海，丰雷. 中国住房价格变化对居民消费的影响研究 [J]. 厦门大学学报 (哲学社会科学版)，2012 (2)：71 – 78.

[46] 颜色，朱国钟. "房奴效应" 还是 "财富效应"？——房价上涨对国民消费影响的一个理论分析 [J]. 管理世界，2013 (3)：34 – 47.

[47] 姚明明，吴晓波，石涌江，戎珂，雷李楠. 技术追赶视角下商业模式设计与技术创新战略的匹配——一个多案例研究 [J]. 管理世界，2014 (10)：149 – 162.

[48] 余华义. 经济基本面还是房地产政策在影响中国的房价 [J]. 财贸经

济, 2010 (3)：116 - 122.

［49］余华义, 侯玉娟, 洪永淼. 城市辖区合并的区域一体化效应——来自房地产微观数据和城市辖区经济数据的证据 ［J］. 中国工业经济, 2021 (4)：119 - 137.

［50］余华义, 黄燕芬. 货币政策效果区域异质性、房价溢出效应与房价对通胀的跨区影响 ［J］. 金融研究, 2015 (2)：95 - 113.

［51］余华义, 黄燕芬. 利率效果区域异质性、收入跨区影响与房价溢出效应 ［J］. 经济理论与经济管理, 2015 (8)：65 - 80.

［52］余华义, 石亦霏. 房价空间相关性及其对住房限购政策效果的影响——以北京为例 ［J］. 公共管理与政策评论, 2014 (2)：57 - 66.

［53］余华义, 王科涵, 黄燕芬. 中国住房分类财富效应及其区位异质性——基于 35 个大城市数据的实证研究 ［J］. 中国软科学, 2017 (2)：88 - 101.

［54］余永定, 李军. 中国居民消费函数的理论与验证 ［J］. 中国社会科学, 2000 (1)：123 - 133.

［55］约翰·冯·杜能. 孤立国同农业和国民经济的关系 ［M］. 北京：商务印书馆, 1986.

［56］张洪, 金杰. 中国省会城市地价空间变化实证研究——以昆明市为例 ［J］. 中国土地科学, 2007 (1)：24 - 30.

［57］张清源, 苏国灿, 梁若冰. 增加土地供给能否有效抑制房价上涨——利用 "撤县设区" 的准实验研究 ［J］. 财贸经济, 2018, 39 (4)：20 - 34.

［58］张群. 居有其屋——中国住房权问题的历史考察 ［D］. 北京：中国社会科学院研究生院, 2008.

［59］张涛, 龚六堂, 卜永祥. 资产回报、住房按揭贷款与房地产均衡价格 ［J］. 金融研究, 2006 (2).

［60］周华东. 中国住房 "财富效应" 之谜：一个文献综述 ［J］. 消费经济, 2015, 31 (3)：79 - 85.

［61］周黎安, 陶婧. 官员晋升竞争与边界效应：以省区交界地带的经济发展为例 ［J］. 金融研究, 2011 (03)：15 - 26.

［62］周文兴, 林新朗. 中国住房价格与城市化水平的关系研究——动态面板和空间计量的实证分析 ［J］. 重庆大学学报 (社会科学版), 2012, 18 (5)：1 - 7.

［63］M·歌德伯戈, P·钦洛侬. 城市土地经济学 ［M］. 北京：中国人民大学出版社, 1990.

［64］ Abadie A, Gardeazabal J. The Economic Costs of Conflict: A Case Study of the Basque Country ［J］. American Economic Review, 2003, 93 (1): 113 - 132.

［65］ Abbott A, De Vita G. Testing for Long-run Convergence across Regional House Prices in the UK: a Pairwise Approach ［J］. Applied Economics, 2013, 45 (10): 1227 - 1238.

［66］ Ahlfeldt G M, Redding S J, Sturm D M, Wolf N. The Economics of Density: Evidence From the Berlin Wall ［J］. Econometrica, 2015, 83 (6): 2127 - 2189.

［67］ Alexander C, Barrow M. Seasonality and Cointegration of Regional House Prices in the UK ［J］. Urban Studies, 1994, 31 (10): 1667 - 1689.

［68］ Andreassen P B, Kraus S J. Judgmental Extrapolation and the Salience of Change ［J］. Journal of Forecasting, 1990, 9 (4): 347 - 372.

［69］ Andreyeva E, Patrick C. Paying for Priority in School Choice: Capitalization Effects of Charter School Admission Zones ［J］. Journal of Urban Economics, 2017, 100: 19 - 32.

［70］ Apergis N, Miller S M. Consumption Asymmetry and the Stock Market: Empirical Evidence ［J］. Economics Letters, 2006, 93 (3).

［71］ Arbel Y, Ben-Shahar D, Sulganik E. Mean Reversion and Momentum: Another Look at the Price-volume Correlation in the Real Estate Market ［J］. The Journal of Real Estate Finance and Economics, 2009, 39 (3): 316 - 335.

［72］ Arellano M, Bond S. Some Tests for Specification for Panel Data: Monte Carlo Evidence and an Application for Employment Equation ［J］. Review of Economic Studies, 1991, 58: 277 - 297.

［73］ Arias J E, Rubio-Ramírez J F, Waggoner D F. Inference Based on Structural Vector Autoregressions Identified With Sign and Zero Restrictions: Theory and Applications ［J］. Econometrica, 2018, 86 (2): 685 - 720.

［74］ Ashworth J, Parker S C. Modelling Regional House Prices in the UK ［J］. Scottish Journal of Political Economy, 1997, 44 (3): 225 - 246.

［75］ Baffoe-Bonnie J. The Dynamic Impact of Macroeconomic Aggregates on Housing Prices and Stock of Houses: A National and Regional Analysis ［J］. The Journal of Real Estate Finance and Economics, 1998, 17 (2): 179 - 197.

［76］ Baker M, Wurgler J. Investor Sentiment and the Cross-section of Stock Returns ［J］. The Journal of Finance, 2006, 61 (4): 1645 - 1680.

［77］ Baltagi B H, Bresson G. Maximum Likelihood Estimation and Lagrange

Multiplier Tests for Panel Seemingly Unrelated Regressions with Spatial Lag and Spatial Errors: An Application to Hedonic Housing Prices in Paris [J]. Journal of Urban Economics, 2011, 69 (1): 24 – 42.

[78] Barbara R, Andrea Z. Excess Money Growth and Inflation Dynamics [J]. International Finance, 2007, 10 (3): 241 – 280.

[79] Barberis N, Shleifer A, Vishny R. A Model of Investor Sentiment [J]. Journal of Financial Economics, 1998, 49 (3): 307 – 343.

[80] Barrow L. School Choice through Relocation: Evidence from the Washington, DC area [J]. Journal of Public Economics, 2002, 86 (2): 155 – 189.

[81] Bayer P, Ferreira F, Mcmillan R. A Unified Framework for Measuring Preferences for Schools and Neighborhoods [J]. Journal of Political Economy, 2007, 115 (4): 588 – 638.

[82] Beenstock M, Felsenstein D. Spatial Vector Autoregressions [J]. Spatial Economic Analysis, 2007, 2 (2): 167 – 196.

[83] Belke A, Orth W, Setzer R. Liquidity and the Dynamic Pattern of Asset Price Adjustment: A global view [J]. Journal of Banking & Finance, 2010, 34 (8): 1933 – 1945.

[84] Beraja M, Fuster A, Hurst E, Vavra J. Regional Heterogeneity and Monetary Policy [R]. National Bureau of Economic Research, No. w23270, 2017.

[85] Berg L. Prices on the Second – hand Market for Swedish Family Houses: Correlation, Causation and Determinants [J]. International Journal of Housing Policy, 2002, 2 (1): 1 – 24.

[86] Bernanke B. Inflation Targeting: Lessons from the International Experience [M]. Princeton, N. J. : Princeton University Press, 1999.

[87] Bernanke B, Gertler M, Gilchrist S. The Financial Accelerator and the Flight to Quality [J]. Review of Economics & Statistics, 1996, 78 (1): 1 – 15.

[88] Black S E. Do Better Schools Matter? Parental Valuation of Elementary Education [J]. The Quarterly Journal of Economics, 1999, 114 (2): 577 – 599.

[89] Blair J P, Staley S R, Zhang Z. The Central City Elasticity Hypothesis: A Critical Appraisal of Rusk's Theory of Urban Development [J]. Journal of the American Planning Association, 1996, 62 (3): 345 – 353.

[90] Blundell R, Bond S. GMM Estimation with Persistent Panel Data: an Application to Production Functions [J]. Econometric Reviews, 2000, 19 (3): 321 – 340.

[91] Bogart W T, Cromwell B A. How Much is a Neighborhood School Worth? [J]. Journal of Urban Economics, 2000, 47 (2): 280 – 305.

[92] Bonilla-Mejía L, Lopez E, Mcmillen D. House Prices and School Choice: Evidence from Chicago's Magnet Schools' Proximity Lottery [J]. Journal of Regional Science, 2020, 60 (1): 33 – 55.

[93] Bostic R, Gabriel S, Painter G. Housing Wealth, Financial Wealth, and Consumption: New Evidence from Micro Data [J]. Regional Science and Urban Economics, 2009, 39 (1): 79 – 89.

[94] Brasington David M. House Prices and the Structure of Local Government: An Application of Spatial Statistics. [J]. Journal of Real Estate Finance and Economics, 2004, 29 (2): 211 – 231.

[95] Brasington D M, Haurin D R. Parents, Peers, or School Inputs: Which Components of School Outcomes are Capitalized into House Value? [J]. Regional Science and Urban Economics, 2009, 39 (5): 523 – 529.

[96] Brown G W, Cliff M T. Investor Sentiment and Asset Valuation [J]. Journal of Business, 2005, 78 (2): 405 – 440.

[97] Brunner E J, Cho S, Reback R. Mobility, Housing Markets, and Schools: Estimating the Effects of Inter-district Choice Programs [J]. Journal of Public Economics, 2012, 96 (7): 604 – 614.

[98] Brunnermeier M K, Julliard C. Money Illusion and Housing Frenzies [J]. The Review of Financial Studies, 2008, 21 (1): 135 – 180.

[99] Burke M A, Sass T R. Classroom Peer Effects and Student Achievement [J]. Journal of Labor Economics, 2013, 31 (1): 51 – 82.

[100] Cai H, Chen Y, Gong Q. Polluting the Neighbor: Unintended Consequences of China's Pollution Reduction Mandates [J]. Journal of Environmental Economics and Management, 2016, 76: 86 – 104.

[101] Calonico S, Cattaneo M D, Titiunik R. Robust Nonparametric Confidence Intervals for Regression-discontinuity Designs [J]. Econometrica, 2014, 82 (6): 2295 – 2326.

[102] Canarella G, Miller S, Pollard S. Unit Roots and Structural Change: An Application to US House Price Indices [J]. Urban Studies, 2012, 49 (4): 757 – 776.

[103] Carlino G, Defina R. The Differential Regional Effects Of Monetary Policy

[J]. The Review of Economics and Statistics, 1998, 80 (4): 572 –587.

[104] Carr J B, Bae S S, Lu W. City-County Government and Promises of Economic Development: A Tale of Two Cities [J]. State and Local Government Review, 2006, 38 (3): 131 –141.

[105] Carroll C D. How Does Future Income Affect Current Consumption? [J]. The Quarterly Journal of Economics, 1994, 109 (1).

[106] Case K E, Quigley J M, Shiller R J. Comparing Wealth Effects: The Stock Market versus the Housing Market [J]. The B. E. Journal of Macroeconomics, 2005, 5 (1): 1 –34.

[107] Catherine B. Spatial Effects of Urban Public Policies on Housing Values [J]. Papers in Regional Science, 2009, 88 (2): 301 –326.

[108] Chan J, Fang X, Wang Z, Zai X, Zhang Q. Valuing Primary Schools in Urban China [J]. Journal of Urban Economics, 2020, 115: 103183.

[109] Chen S S. Does Monetary Policy Have Asymmetric Effects on Stock Returns? [J]. Journal of Money Credit & Banking, 2007, 39 (2/3): 667 –688.

[110] Cheshire P, Sheppard S. Capitalising the Value of Free Schools: the Impact of Supply Characteristics and Uncertainty [J]. The Economic Journal, 2004, 114 (499): F397 –F424.

[111] Chien M. Structural Breaks and the Convergence of Regional House Prices [J]. The Journal of Real Estate Finance and Economics, 2010, 40 (1): 77 –88.

[112] Cho D, Ma S. Dynamic Relationship between Housing Values and Interest Rates in the Korean Housing Market [J]. Journal of Real Estate Finance and Economics, 2006, 32 (2): 169 –184.

[113] Chow G C, Lin A L. Best Linear Unbiased Interpolation, Distribution, and Extrapolation of Time Series by Related Series [J]. Review of Economics & Statistics, 1971, 53 (4): 372 –375.

[114] Clapp J M, Nanda A, Ross S. L. Which School Attributes Matter? The Influence of School District Performance and Demographic Composition on Property Values [J]. Journal of Urban Economics, 2008, 63 (2): 451 –466.

[115] Clapp J M, Tirtiroglu D. Positive Feedback Trading and Diffusion of Asset Price Changes: Evidence from Housing Transactions [J]. Journal of Economic Behavior & Organization, 1994, 24 (3): 337 –355.

[116] Combes P, Lafourcade M, Mayer T. The Trade-creating Effects of Busi-

ness and Social Networks: Evidence from France [J]. Journal of International Economics, 2005, 66 (1): 1 – 29.

[117] Cooper A. The Impact of Interest Rates and The Housing Market on The UK Economy [J]. Economic Outlook, 2004, 28 (2): 10 – 18.

[118] Da Z, Engelberg J, Gao P. The Sum of all FEARS Investor Sentiment and Asset Prices [J]. The Review of Financial Studies, 2014, 28 (1): 1 – 32.

[119] Dachis B, Duranton G, Turner M A. The Effects of Land Transfer Taxes on Real Estate Markets: Evidence from a Natural Experiment in Toronto [J]. Journal of Economic Geography, 2011, 12 (2): 327 – 354.

[120] Danbolt J, Siganos A, Vagenas-Nanos E. Investor Sentiment and Bidder Announcement Abnormal Returns [J]. Journal of Corporate Finance, 2015, 33: 164 – 179.

[121] Daniel K, Hirshleifer D, Subrahmanyam A. Investor Psychology and Security Market Under-and Overreactions [J]. Journal of Finance, 1998, 53 (6): 1839 – 1885.

[122] De Bondt W F. Betting on Trends: Intuitive Forecasts of Financial Risk and Return [J]. International Journal of Forecasting, 1993, 9 (3): 355 – 371.

[123] Dees S, Mauro F, Pesaran H, Smith V. Exploring the International Linkages of the Euro Area: a Global VAR Analysis [J]. Journal of Applied Econometrics, 2007, 22 (1): 1 – 38.

[124] Delong J B, Shleifer A, Summers L H, Waldmann R. Noise Trader Risk in Financial Markets [J]. Journal of Political Economy, 1990, 98 (4): 703 – 738.

[125] Dhar P, Ross S L. School District Quality and Property Values: Examining Differences Along School District Boundaries [J]. Journal of Urban Economics, 2012, 71 (1): 18 – 25.

[126] Dornbusch R, Favero C, Giavazzi F. Immediate Challenges for the European Central Bank [J]. Economic Policy, 1998, 13 (26): 15 – 64.

[127] Downes T A, Zabel J E. The impact of School Characteristics on House Prices: Chicago 1987 – 1991 [J]. Journal of Urban Economics, 2002, 52 (1): 1 – 25.

[128] Drake L. Testing for Convergence between UK Regional House Prices [J]. Regional Studies, 1995, 29 (4): 357 – 366.

[129] Duncombe W D, Yinger J, Zhang P. How Does School District Consolida-

tion Affect Property Values? A Case Study of New York [J]. Public Finance Review, 2016, 44 (1): 52 – 79.

[130] Enders W, Lee J. The Flexible Fourier Form and Dickey-Fuller Type Unit Root Tests [J]. Economics Letters, 2012, 117 (1): 196 – 199.

[131] Engel C, Rogers J H. How Wide Is the Border? [J]. The American Economic Review, 1996, 86 (5): 1112 – 1125.

[132] Faulk D, Schansberg E. An Examination of Selected Economic Development Outcomes from Consolidation [J]. State and Local Government Review, 2009, 41 (3): 193 – 200.

[133] Feiock R C, Carr J B. A Reassessment of City/County Consolidation: Economic Development Impacts [J]. State and Local Government Review, 1997, 29 (3): 166 – 171.

[134] Fisher K L, Statman M. Investor Sentiment and Stock Returns [J]. Financial Analysts Journal, 2000, 56 (2): 16 – 23.

[135] Flavin M A. The Adjustment of Consumption to Changing Expectations About Future Income [J]. Journal of Political Economy, 1981, 89 (5): 974 – 1009.

[136] Francis N, Owyang M T, Sekhposyan T. The Local Effects of Monetary Policy [J]. The B. E. Journal of Macroeconomics, 2012, 12 (2): 1 – 38.

[137] Fratantoni M, Schuh S. Monetary Policy, Housing, and Heterogeneous Regional Markets [J]. Journal of Money, Credit and Banking, 2003, 35 (4): 557 – 589.

[138] Gaigné C, Riou S, Thisse J O. How to Make the Metropolitan Area Work? Neither Big Government, Nor Laissez-faire [J]. Journal of Public Economics, 2016, 134: 100 – 113.

[139] Gelman A, Imbens G. Why High-Order Polynomials Should Not Be Used in Regression Discontinuity Designs [J]. Journal of Business & Economic Statistics, 2019, 37 (3): 447 – 456.

[140] Genesove D, Mayer C. Loss Aversion and Seller Behavior: Evidence from the Housing Market [J]. The Quarterly Journal of Economics, 2001, 116 (4): 1233 – 1260.

[141] Gibbons S, Machin S. Paying for Primary Schools: Admission Constraints, School Popularity or Congestion? [J]. The Economic Journal, 2006, 116

(510): C77 – C92.

[142] Gibbons S, Machin S. Valuing English Primary Schools [J]. Journal of Urban Economics, 2003, 53 (2): 197 – 219.

[143] Gibbons S, Machin S, Silva O. Valuing School Quality Using Boundary Discontinuities [J]. Journal of Urban Economics, 2013, 75: 15 – 28.

[144] Greenwood R, Shleifer A. Expectations of Returns and Expected Returns [J]. The Review of Financial Studies, 2014, 27 (3): 714 – 746.

[145] Hall R E. Stochastic Implications of the Life Cycle-Permanent Income Hypothesis: Theory and Evidence [J]. Journal of Political Economy, 1978, 86 (6): 971 – 987.

[146] Harris J C. The effect of Real Rates of Interest on Housing Prices [J]. The Journal of Real Estate Finance and Economics, 1989, 2 (1): 47 – 60.

[147] Harvey D. Social Justice and the City [M]. Oxford: Blackwell, 1973.

[148] Hawkins B W, Ward K J, Becker M P. Governmental Consolidation as a Strategy for Metropolitan Development [J]. Public Administration Quarterly, 1991, 15 (2): 253 – 267.

[149] Hirshleifer D, Teoh S H. Limited Attention, Information Disclosure, and Financial Reporting [J]. Journal of Accounting and Economics, 2003, 36 (1 – 3): 337 – 386.

[150] Holly S, Pesaran M H, Yamagata T. The Spatial and Temporal Diffusion of House Prices in the UK [J]. Journal of Urban Economics, 2011, 69 (1): 2 – 23.

[151] Holly S, Pesaran M H, Yamagata T. A Spatio-temporal Model of House Prices in the USA [J]. Journal of Econometrics, 2010, 158 (1): 160 – 173.

[152] Holmes M J. Is There Long-run Convergence among Regional House Prices in the UK? [J]. Urban Studies, 2008, 45 (8): 1531 – 1544.

[153] Hoxby C. Peer Effects in the Classroom: Learning from Gender and Race Variation, Working Paper [R]. National Bureau of Economic Research, No. 7867, 2001.

[154] Hu Y, Yinger J. The Impact of School District Consolidation on Housing Prices [J]. National Tax Journal, 2008, 61 (4): 609 – 633.

[155] Hui E C, Wang Z. Market Sentiment in Private Housing Market [J]. Habitat International, 2014, 44: 375 – 385.

[156] Iacoviello M, Neri S. Housing Market Spillovers: Evidence from an Esti-

mated DSGE Model [J]. American Economic Journal: Macroeconomics, 2010, 2 (2): 125 – 164.

[157] Imbens G, Kalyanaraman K. Optimal Bandwidth Choice for the Regression Discontinuity Estimator [J]. The Review of Economic Studies, 2012, 79 (3): 933 – 959.

[158] Joseph K, Babajide Wintoki M, Zhang Z. Forecasting Abnormal Stock Returns and Trading Volume Using Investor Sentiment: Evidence from Online Search [J]. International Journal of Forecasting, 2011, 27 (4): 1116 – 1127.

[159] Kasai N, Gupta R. Financial Liberalization and the Effectiveness of Monetary Policy on House Prices in South Africa [J]. The IUP Journal of Monetary Economics, 2010, 8 (4): 59 – 74.

[160] Kau J B, Keenan D. The Theory of Housing and Interest Rates [J]. Journal of Financial and Quantitative Analysis, 1980, 15 (04): 833 – 847.

[161] Kearl J R, Mishkin F S. Illiquidity, the Demand for Residential Housing, and Monetary Policy [J]. The Journal of Finance, 1977, 32 (5): 1571 – 1586.

[162] Kuethe T H, Pede V O. Regional Housing Price Cycles: A Spatio-temporal Analysis Using US State-level Data [J]. Regional Studies, 2011, 45 (5): 563 – 574.

[163] Kurov A. Investor Sentiment and the Stock Market's Reaction to Monetary Policy [J]. Journal of Banking & Finance, 2010, 34 (1): 139 – 149.

[164] Lean H H, Smyth R. Regional House Prices and the Ripple Effect in Malaysia [J]. Urban Studies, 2013, 50 (5): 895 – 922.

[165] Lee W Y, Jiang C X, Indro D C. Stock Market Volatility, Excess Returns, and the Role of Investor Sentiment [J]. Journal of Banking & Finance, 2002, 26 (12): 2277 – 2299.

[166] Legower M, Walsh R. Promise Scholarship Programs as Place-making Policy: Evidence from School Enrollment and Housing Prices [J]. Journal of Urban Economics, 2017, 101: 74 – 89.

[167] Leung C. Macroeconomics and Housing: a Review of the Literature [J]. Journal of Housing Economics, 2004, 13 (4).

[168] Liang Q, Cao H. Property Prices and Bank Lending in China [J]. Journal of Asian Economics, 2007, 18: 63 – 75.

[169] Lipscomb M, Mobarak A M. Decentralization and Pollution Spillovers:

Evidence from the Re-drawing of County Borders in Brazil [J]. The Review of Economic Studies, 2017, 84 (1): 464 – 502.

[170] Lowery D. A Transactions Costs Model of Metropolitan Governance: Allocation Versus Redistribution in Urban America [J]. Journal of Public Administration Research and Theory, 2000, 10 (1): 49 – 78.

[171] Lu Y, Wang J, Zhu L. Place-Based Policies, Creation, and Agglomeration Economies: Evidence from China's Economic Zone Program [J]. American Economic Journal: Economic Policy, 2019, 11 (3): 325 – 360.

[172] Ludwig A, Sløk T. The Impact of Stock Prices and House Prices on Consumption in Oecd Countries [J]. IMF Working Paper, 2001, 10: 29 – 31.

[173] Lutz C. The Impact of Conventional and Unconventional Monetary Policy on Investor Sentiment [J]. Journal of Banking & Finance, 2015, 61: 89 – 105.

[174] Macdonald R, Taylor M P. Regional House Prices in Britain: Long-run Relationships and Short – run Dynamics [J]. Scottish Journal of Political Economy, 1993, 40 (1): 43 – 55.

[175] Machin S. Houses and Schools: Valuation of School Quality Through the Housing Market [J]. Labour Economics, 2011, 18 (6): 723 – 729.

[176] Marimon R, Spear S E, Sunder S. Expectationally Driven Market Volatility: An Experimental Study [J]. Journal of Economic Theory, 1993, 61 (1): 74 – 103.

[177] Maslow A H. A Theory of Human Motivation [J]. Psychological Review, 1943, 50 (4): 370 – 396.

[178] Mccallum J. National Borders Matter: Canada – U. S. Regional Trade Patterns [J]. The American Economic Review, 1995, 85 (3): 615 – 623.

[179] Mccarthy J, Peach R W. Monetary Policy Transmission to Residential Investment [J]. Economic Policy Review, 2002, 8 (1): 139 – 158.

[180] Meen G. Regional Housing Prices and the Ripple Effect: A New Interpretation [J]. Housing Studies, 1999, 14 (6): 733 – 753.

[181] Modigliani F, Tarantelli E. The Consumption Function in a Developing Economy and the Italian Experience [J]. The American Economic Review, 1975, 65 (5): 825 – 842.

[182] Mundell R A. A Theory of Optimum Currency Areas [J]. The American Economic Review, 1961, 51 (4): 657 – 665.

[183] Nelson A C, Foster K A. Metropolitan Governance Structure and Income

Growth [J]. Journal of Urban Affairs, 1999, 21 (3): 309 – 324.

[184] Nguyen-Hoang P, Yinger J. The Capitalization of School Quality into House Values: A Review [J]. Journal of Housing Economics, 2011, 20 (1): 30 – 48.

[185] Novy-Marx R. Hot and Cold Markets [J]. Real Estate Economics, 2009, 37 (1): 1 – 22.

[186] Oates W E. The Effects of Property Taxes and Local Public Spending on Property Values: An Empirical Study of Tax Capitalization and the Tiebout Hypothesis [J]. Journal of Political Economy, 1969, 77 (6): 957 – 971.

[187] Oikarinen E. The Diffusion of Housing Price Movements from Center to Surrounding Areas [J]. Journal of Housing Research, 2006, 15 (1): 3 – 28.

[188] Ostrom V, Tiebout C M, Warren, R. The Organization of Government in Metropolitan Areas: A Theoretical Inquiry [J]. The American Political Science Review, 1961, 55 (4): 831 – 842.

[189] Peltonen T A, Sousa R M, Vansteenkiste I S. Wealth Effects in Emerging Market Economies [J]. International Review of Economics and Finance, 2012, 24.

[190] Pesaran M H, Schuermann T, Smith L V. Rejoinder to Comments on Forecasting Economic and Financial Variables with Global VARs [J]. International Journal of Forecasting, 2009, 25 (4): 703 – 715.

[191] Pesaran M H, Schuermann T, Smith L V. Forecasting Economic and Financial Variables with Global VARs [J]. International Journal of Forecasting, 2009, 25 (4): 642 – 675.

[192] Pesaran M H, Schuermann T, Weiner S M. Modeling Regional Interdependencies Using a Global Error-Correcting Macroeconometric Model [J]. Journal of Business & Economic Statistics, 2004, 22 (2): 129 – 162.

[193] Piazzesi M, Schneider M. Momentum Traders in the Housing Market: Survey Evidence and a Search Model [J]. American Economic Review, 2009, 99 (2): 406 – 411.

[194] Pigou A C. Employment and Equilibrium [M]. London: Macmillan, 1941.

[195] Reback R. House Prices and the Provision of Local Public Services: Capitalization under School Choice Programs [J]. Journal of Urban Economics, 2005, 57 (2): 275 – 301.

[196] Ries J, Somerville T. School Quality and Residential Property Values: Evidence From Vancouver Rezoning [J]. The Review of Economics and Statistics, 2010, 92 (4): 928 – 944.

[197] Roche M J. The Rise in House Prices in Dublin: Bubble, Fad or just Fundamentals [J]. Economic Modelling, 2001, 18 (2): 281 – 295.

[198] Rosen S. Hedonic Prices and Implicit Markets: Product Differentiation in Pure Competition [J]. Journal of Political Economy, 1974, 82 (1): 34 – 55.

[199] Rubio M. Housing-market Heterogeneity in a Monetary Union [J]. Journal of International Money and Finance, 2014, 40: 163 – 184.

[200] Schmeling M. Investor Sentiment and Stock Returns: Some International Evidence [J]. Journal of Empirical Finance, 2009, 16 (3): 394 – 408.

[201] Schneider M, Elacqua G, Buckley J. School Choice in Chile: Is It Class or the Classroom? [J]. Journal of Policy Analysis and Management, 2006, 25 (3): 577 – 601.

[202] Schwartz A E, Voicu I, Horn K M. Do Choice Schools Break the Link between Public Schools and Property Values? Evidence from House Prices in New York City [J]. Regional Science and Urban Economics, 2014, 49: 1 – 10.

[203] Scott Jr I O. The Regional Impact of Monetary Policy [J]. The Quarterly Journal of Economics, 1955: 269 – 284.

[204] Shi S, Young M, Hargreaves B. The Ripple Effect of Local House Price Movements in New Zealand [J]. Journal of Property Research, 2009, 26 (1): 1 – 24.

[205] Shiller R J. From Efficient Markets Theory to Behavioral Finance [J]. Journal of Economic Perspectives, 2003, 17 (1): 83 – 104.

[206] Shiller R J. Understanding Recent Trends in House Prices and Home Ownership [R]. National Bureau of Economic Research, No. w13553, 2007.

[207] Siganos A, Vagenas-Nanos E, Verwijmeren P. Divergence of Sentiment and Stock Market Trading [J]. Journal of Banking & Finance, 2017, 78: 130 – 141.

[208] Sigman H. International Spillovers and Water Quality in Rivers: Do Countries Free Ride? [J]. The American Economic Review, 2002, 92 (4): 1152 – 1159.

[209] Stigler G J. Economic Competition and Political Competition [J]. Public Choice, 1972, 13 (1): 91 – 106.

[210] Tobler W. A Computer Movie Simulating Urban Growth in the Detroit Region [J]. Economic Geography, 1970, 46 (2): 234 – 240.

[211] Vansteenkiste I. Regional Housing Market Spillovers in the US: Lessons from Regional Divergences in a Common Monetary Policy Setting [R]. ECB Working Paper No. 708, 2007.

[212] Vansteenkiste I, Hiebert P. Do House Price Developments Spillover across Euro Area Countries? Evidence from a Global VAR [J]. Journal of Housing Economics, 2011, 20 (4): 299 – 314.

[213] Weber J G, Burnett J W, Xiarchos I M. Broadening Benefits from Natural Resource Extraction: Housing Values and Taxation of Natural Gas Wells as Property [J]. Journal of Policy Analysis and Management, 2016, 35 (3): 587 – 614.

[214] Weimer D L, Wolkoff M J. School Performance and Housing Values: Using Non-contiguous District and Incorporation Boundaries to Identify School Effects [J]. National Tax Journal, 2001: 231 – 253.

[215] Weinberg D H, Friedman J, Mayo S K. Intraurban Residential Mobility: The Role of Transactions Costs, Market Imperfections, and Household Disequilibrium [J]. Journal of Urban Economics, 1981, 9 (3): 332 – 348.

[216] Wen H, Xiao Y, Hui E C M. Quantile Effect of Educational Facilities on Housing Price: Do Homebuyers of Higher-priced Housing Pay More for Educational Resources? [J]. Cities, 2019, 90: 100 – 112.

[217] Wen H, Xiao Y, Zhang L. School District, Education Quality, and Housing Price: Evidence from a Natural Experiment in Hangzhou, China [J]. Cities, 2017, 66: 72 – 80.

[218] Yang Z, Wang S, Campbell R. Monetary Policy and Regional Price Boom in Sweden [J]. Journal of Policy Modeling, 2010, 32 (6): 865 – 879.

[219] Yu H, Hou Y. A Tale of Two Districts: The Impact of District Consolidation on Property Values in Shanghai [J]. Regional Science and Urban Economics, 2021, 87: 103647.

[220] Yu H, Huang Y. Regional Heterogeneity and the Trans-regional Interaction of Housing Prices and Inflation: Evidence from China's 35 Major Cities [J]. Urban Studies, 2016, 53 (16): 3472 – 3492.